G

当代经济学新系

总顾问　吴敬琏

顾问委员会(以姓氏拼音为序)
李　实　田国强　韦　森
夏　斌　许成钢　张　军
张俊森　张维迎

编辑委员会(以姓氏拼音为序)
秘书长　黄少卿
蔡　婧　陈　玲　何国俊
匡志宏　李志青　沈凯玲
王　雷　吴桂英　席天扬
杨其静　余典范　俞志宏
张　磊　张轶凡　张永璟

当代经济学新系

总顾问 ｜ 吴敬琏

重读凯恩斯
Rereading Keynes

韦森 著

上海三联书店

图书在版编目（CIP）数据

重读凯恩斯/韦森著. —上海：上海三联书店，
2023.10（2024.8 重印）
（当代经济学新系）
ISBN 978 - 7 - 5426 - 8180 - 5

Ⅰ．①重… Ⅱ．①韦… Ⅲ．①凯恩斯（Keynes，J. M.
1883 - 1946）—经济思想—研究 Ⅳ．①F091.348

中国国家版本馆 CIP 数据核字（2023）第 138230 号

重读凯恩斯

著　　者 / 韦　森

责任编辑 / 匡志宏
装帧设计 / ONE→ONE Studio
监　　制 / 姚　军
责任校对 / 王凌霄

出版发行 / 上海三联书店

　　　　　（200041）中国上海市静安区威海路 755 号 30 楼
邮　　箱 / sdxsanlian@sina.com
联系电话 / 编辑部：021 - 22895517
　　　　　发行部：021 - 22895559
印　　刷 / 上海展强印刷有限公司

版　　次 / 2023 年 10 月第 1 版
印　　次 / 2024 年 8 月第 2 次印刷
开　　本 / 640 mm×960 mm　1/16
字　　数 / 260 千字
印　　张 / 19.25
书　　号 / ISBN 978 - 7 - 5426 - 8180 - 5/F・897
定　　价 / 88.00 元

敬启读者，如发现本书有印装质量问题，请与印刷厂联系 021 - 66366565

约翰·梅纳德·凯恩斯
(John Maynard Keynes，1883 年 6 月 5 日—1946 年 4 月 21 日)

Most innovations and nearly all paradoxical opinions in matters of currency are foolish and dangerous, and deserve a deep distrust. And for those who have not made a special study of the subject, it is hard to distinguish between one thing and another.

——John Maynard Keynes[1]

---

① Keynes, John Maynard, 2013, *The Collective Writings of John Maynard Keynes*, Vol. 11, eds. by Elizabeth S. Johnson, Donald E. Moggridge for the Royal Economic Society, Cambridge: Cambridge University Press, p. 320.

序

　　凯恩斯与马克思、达尔文、弗洛伊德和爱因斯坦这些流芳百世的伟大思想家一样，为现代文明的传承、创新和发展作出了最卓越的贡献。凯恩斯不仅在经济学领域有着杰出的成果，而且在科学和公共政策领域也有极大的建树，这一系列的伟大思想都体现在凯恩斯最为瞩目的著作《就业、利息和货币通论》① 中。

——海曼·P. 明斯基②

　　这本小册子汇集了近十几年来笔者研读凯恩斯的著作和文章的一些笔记和感悟，并在自己理解的基础上力图还原一个接近真实的凯恩斯及其经济、政治和社会观的思想和理论，而我过去几年所关注和研究的重点，则是凯恩斯的货币与经济学理论。

　　凯恩斯是 20 世纪人类社会最伟大的经济学家，这几乎是为世人所公认的。然而，也许不大为世人所意识到的是，凯恩斯本人也是当代经济学殿堂中被误解最多的思想家。不但在原来的中央计划经济国家中，凯恩斯及其经济学被人们乃至经济学界内部普遍理解为是政府干预主义的鼻祖和积极倡导者，在西方国家中，大多数经济学家和民众也普遍相信这一点。尽管凯恩斯的名字大都为人们所知，但是，他既受到一些经济学家的赞扬，又更多地遭到很多人的批评和指责。这

---

① 本书中亦常简称为《通论》。

② Hyman P. Minsky, 2008, *John Maynard Keynes*, New York: McGraw-Hill, p.1.

一奇特和极其矛盾的现象是如何发生的？

稍微读过凯恩斯英文原著和各种语言翻译作品的人都知道，凯恩斯的思想极其鲜活、敏捷、深刻，且语言极其优美。如果读凯恩斯的英文原著，你会发现，凯恩斯的文字表述并不像康德、黑格尔以及米塞斯、哈耶克和熊彼特等德奥思想家那样晦涩难懂、佶屈聱牙。无论凯恩斯的经济学学术著作，还是他的文章、书评、政论和讲演稿，都是用非常优美和极普通的英语表达的。但是，整合起来，为什么凯恩斯的经济社会思想和政策主张却让人感到极其复杂、飘忽不定、扑朔迷离，甚至有些令人难以捉摸，以致被许多人误认为凯恩斯的思想前后多变（包括他的老朋友和论敌弗里德里希·奥古斯都·冯·哈耶克也是这样认为的）？这一切到底是如何发生的？原因何在？

究其原因，这主要是因为凯恩斯本人是位货币经济学家，而货币理论及货币在经济运行中的作用，是经济学中最为复杂和最令人难以认清和捉摸的。若一个人贸然进入货币是什么的问题以及想进一步弄清货币在市场经济运行中的作用，几乎没人会不先迷路的，接着常常会在一段时期陷入巨大的理论困惑之中。只有经过多年的研究和思考，反复研究经济思想史上各家各派的货币理论，并进行比较分析，再对各国的货币史和经济史有所了解，才能开始有所感悟，才能真正慢慢进入凯恩斯的思想世界。这是世界上这么多人乃至凯恩斯学派的经济学家们觉得凯恩斯的思想很难理解和把握，反过来也是凯恩斯本人的经济学理论乃至政策主张常常被人误识和误解的根本原因。

正是基于这一感悟，笔者作为一名几十年学习、研究乃至讲授经济学的大学教师，基于过去十几年中多次反复研读凯恩斯的中英文著作和文章，写出了这本《重读凯恩斯》的小册子，以期正本清源。笔者也期望通过这本通俗的小册子，为那些在经济学和财经界工作且学过一定的现代经济学但还没时间阅读凯恩斯原著的读者提供一个初步的入门阶梯。至于我自己所理解的凯恩斯及其思想，是否准确或者是否有误和失之偏颇，那就留给学界同仁和方家去判断并祈得到批评指正了。

回顾自己几十年走过的学术道路，笔者是在中国大陆"文革"结束恢复高考后，于1978年考入山东大学政治经济学系学习的。1980年左右，在山东大学经济学院选修西方经济学的课程时，曾读过萨缪尔森（Paul Samuelson）的《经济学》（第10版），也选修过胡世凯教授讲授的经济思想史的课程，在那时才初步知道凯恩斯的名字及其理论。大学毕业后，我也曾购买了商务印书馆出版的凯恩斯《就业、利息和货币通论》（徐毓枬译本）的中译本，但是并没读下去。1987年出国一直到1998年初次回国执教复旦后，都没认真阅读凯恩斯的著作。直到2008年8月，复旦大学哲学学院邀请我给他们的西学经典班讲授凯恩斯的《通论》，那时我才系统地研读了这本著作，同时也读了凯恩斯的《货币改革论》和《货币论》上、下卷。为了教好这门课，我曾仔细地研读，做了大量的标签和笔记。然而，今天回过头来看，虽然当时自己一字一句地仔细阅读了凯恩斯的《通论》《货币改革论》和《货币论》（简称"货币三论"），并感觉凯恩斯在文字和语句表达上并没有什么让人不懂的地方，但那时我并没有真正进入凯恩斯博大精深的经济学思想世界，也没有真正理解凯恩斯货币理论的精髓，因而基本上还是按照目前流行的《宏观经济学》的理论框架——尤其是曼昆（N. Gregory Mankiw）的《宏观经济学》中级教程（笔者一直比较喜欢这本教科书）——中的原理来讲述凯恩斯《通论》中的思想和理论。或者说，尽管我在讲课的PPT中放了不少凯恩斯《通论》中的术语和一些重要的论述和语句，但我还是以现有的宏观经济学的理论框架来讲述凯恩斯主义的经济学（the Keynesian economics），实际上并不是讲述凯恩斯（本人）的经济学（the economics of Keynes）。

　　2013年是哈耶克逝世20周年。《东方早报》曾邀请我写一系列专栏文章，来纪念这位在20世纪影响人类社会历史进程的伟大思想家。在这之前十几年间，我一直在研究新制度学派和哈耶克的政治与法律思想以及奥地利学派的经济学理论，仔细阅读了哈耶克的《通往奴役之路》《自由宪章》《法、立法与自由》和《致命的自负》（20世纪 90 年代我在澳洲悉尼大学读经济学博士时就读过《通往奴役之路》和《致命的自负》的英文版），并通读了哈耶克 1960 年之后出版的几乎所有著作。在对哈耶克的自发社会秩序理论以及法学与政治理论理解的基础上，撰写了我的第一本学术专著《社会制序的经济分析导论》（韦森，2001 年第一版，2020 年第二版）。而哈耶克的经济学著作（大都在 20 世纪三四十年代前出版），我还没读。哈耶克 20 世纪40 年代的著作，也只读了《个人主义经济秩序》。在 2013 年开始为《东方早报》《读书》《华尔街日报》中文网和其他国内外报刊和媒体撰写纪念哈耶克逝世 20 周年的专栏文章时，我才发现，到 2013 年，乃至到目前为止，国内经济学界和社会科学界真正认真阅读过并能读懂哈耶克在 20 世纪三四十年代的几本经济学专著的（目前除了哈耶克的《价格与生产》① 有南开大学前校长滕维藻先生的中译本外，其他著作到目前都还没有中译本）在国内几乎没有几个人。甚至在国际上，也没多少人真正认真阅读过哈耶克的这几本著作——包括现在仍然在世的一些奥地利学派的经济学家们。然而，哈耶克之所以获得诺贝尔经济学奖，并不是因为他的《通往奴役之路》《个人主义经济秩序》，以及《自由宪章》等后来的著作，而是他在 20 世纪三四十年代所撰写的几本经济学著作。基于这种情况，我决定借撰写专栏文章的机会，开始系统地阅读哈耶克 20 世纪三四十年代的经济学著作的英文原文。

在研读哈耶克从 20 世纪 30 年代到 40 年代的经济学著作时，我才发现他这一时期的经济学文著大部分是在与凯恩斯的理论论战中形成的。因此，在研读哈耶克的经济学思想和理论时，就不能不读凯恩斯，不然根本不知道哈耶克在说什么。为了做到这一点，我不得不再次研读了凯恩斯的"货币三论"，从而开始进入了凯恩斯经济学理论

---

① 这本书在 1958 年被滕维藻先生翻译为《物价与生产》，从这本书的内容来看，滕维藻先生的这个书名译法也许更合适。但目前经济学界一般不再用"物价"这个词了，故现在若再翻译这本书的话，当翻译为《价格与生产》。

的殿堂。从某种意义上，我是从研读哈耶克的经济学著作，同时仔细研读和对照哈耶克与凯恩斯的理论论战而开始进入凯恩斯的思想世界的。而我写的关于哈耶克与凯恩斯理论大论战的一些专栏文章，部分被汇集在了我的《重读哈耶克》之中。

恰好，自2019年开始，浙江工商大学的李井奎教授与复旦大学出版社的谷雨编辑在策划翻译一套《约翰·梅纳德·凯恩斯文集》，他们盛情邀我写个总序。因此，从2019年开始，我又系统地阅读了英文《凯恩斯全集》(*The Collective Writings of John Maynard Keynes*) 前14卷（著作和文集部分，但是凯恩斯的《概率论》至今我还没有阅读）以及第18卷、28卷和29卷，从而到目前为止可以说进入并较系统和全面地理解了凯恩斯本人的经济学的思想和理论全貌。

最近两三年，我啃读了凯恩斯绝大部分著作中英文版，并多次重复阅读了哈罗德、斯基德尔斯基、明斯基等人的凯恩斯传，才在这个基础上写出了这本《重读凯恩斯》的第一篇。

本书第二篇主要谈哈耶克与凯恩斯的关系以及二人之间的理论论战。我写的更多关于哈耶克与凯恩斯的理论论战的专栏文章在《东方早报》和《华尔街日报》中文网以及《读书》等报刊上发表过，并且有几篇文章已经收入我的《重读哈耶克》（韦森，2014）一书中。由于那些关于哈耶克与凯恩斯的理论论战的专栏文章是为广大金融、证券、银行从业者，财经媒体记者以及在校研究生和大学生撰写的，我力求做到通俗易懂，特别是因为专栏文章的要求不能放置引文出处和参考文献，以使读起来比较轻省和容易。学过经济学并多少读过凯恩斯的著作和文章的人都知道，凯恩斯的文字极其优美，但思想和论述理路却艰涩难懂，而对那些还没读过我的《重读哈耶克》一书的读者和朋友，我建议先读一下其中几篇关于我就哈耶克与凯恩斯的论战所写的一系列专栏文章，回头再来读本书，这样就可以比较容易地进入凯恩斯博大精深的思想世界了。

本书第三篇的第11、12章，并不直接与凯恩斯的理论著作有关。

但是，明眼的读者读后会立即觉察到，这两章很显然是从凯恩斯的货币理论的视角——尤其是希克斯和凯恩斯所提出的"记账货币"（money of account）概念和思想——讲述货币史、货币的本质，认为在当今世界应该从货币在经济运行中的作用来看待世界经济和各国经济的运作。[①] 这两章以凯恩斯的货币理论为基点，既向后回顾货币在人类社会的经济变迁中的作用，也向前看人类经济社会运行的未来。本书的附录是 2021 年 9 月 17 日在复旦大学经济学院大金报告厅我与张军教授和王永钦教授的讲演和对话的文字记录稿。笔者这里感谢张军院长安排了这次讲座和对话，感谢王永钦教授的主持和精彩的评论，也特别感谢他们二人同意把他们这次讲座和对话中的记录稿收入本书，并谨志李博博士等在整理这一长篇录音文字稿上所付出的辛劳。概言之，从本书的结构中，读者也许大致能解读出我对货币和经济运行的一些理论见解和思想观念的端倪来了。

目前，笔者正在集中全力阅读、研究和撰写世界货币制度史的比较研究文著，亦期望能在大范围的货币制度的历史比较研究及对人类社会经济制序的比较研究中，形成自己的理论框架。今天，刚过凯恩斯 97 岁忌辰（1946 年 4 月 21 日），恰逢德国伟大的古典哲学家伊曼纽尔·康德（Immanuel Kant）299 年的诞辰。故此，这里特别引用康德在晚年所撰写的《历史理性批判文集》中的一段话，与读者和朋友们一起分享："大自然迫使人类去加以解决的最大问题，就是建立起一个普遍法治的公民社会。惟有在社会里，并且惟有在一个具有最高度的自由，因之它的成员之间也就具有彻底的对抗性，但同时这种自由的界限却又具有最精确的规定和保证，从而这一自由便可以和别人的自由共存共处的社会里；——惟有在这样的一个社会里，大自然的最高目标，亦即她那全部禀赋的发展，才能在人类的身上得以实

---

① 最近几年我在"腾讯·大家"上发表了近 10 篇"货币的故事"系列专栏文章，并未收入此书。这一系列的专栏文章我还打算续写，但会发表在一些纸面或网络媒体中，以后打算汇集成一本《货币的故事和理论》的小册子。

现。大自然还要求人类自己本身就可以做到这一点，正如大自然所规定的一切目的那样；因而大自然给予人类的最高任务就必须是外界法律之下的自由与不可抗拒的权力这两者能以最大可能的限度相结合在一起的一个社会，那也就是一个完全正义的公民宪法；因为惟有通过这一任务的解决和实现，大自然才能够成就她对于我们人类的其他目标。"① 让我们重温并铭记康德所表达的这一伟大社会理想，精诚探索人类经济社会发展的一般法则并共勉。

是为序。

2023 年 3 月 29 日初识于沪上家中，2023 年 4 月 22 日补记

---

① 伊曼纽尔·康德：《世界公民观点之下的普遍历史理念》，载康德《历史理性批判文集》，何兆武译，北京：商务印书馆，1990 年，第 8—9 页。

目　录

附录

第一篇　凯恩斯的货币与经济理论

在这个世界中，有诸多构成我们的资本财富的实物资产——建筑物、商品存货，以及在正常制造和运输中的各类商品，如此等等。然而，这些资产的名义所有者，却在频繁地借入货币。从某种程度上说，财富的实际所有者要求的不是对实物资产的所有权，而是对货币的所有权。这种"融资"（financing）相当大一部分是通过银行系统来实现的。银行系统在存款人和借款人之间提供担保，存款人将货币借给银行，贷款人向银行借贷货币从而购买实际资产。实物资产与财富所有者之间的这层货币面纱，正是现代世界一个特别显著的特征。

——约翰·梅纳德·凯恩斯①

---

① 《劝说集》，见 Keynes, John Maynard, 2013, *The Collective Writings of John Maynard Keynes*, Vol. 9, eds. by Elizabeth S. Johnson, Donald E. Moggridge for the Royal Economic Society, Cambridge: Cambridge University Press, p. 151。

1 绪论：凯恩斯的生平及著作简介

> 他是我认识的一位真正的伟人，我对他的敬仰是无止境的。
> 这个世界没有他将会变得更糟糕。
>
> ——弗里德里希·冯·哈耶克[①]

约翰·梅纳德·凯恩斯（John Maynard Keynes，1883 年 6 月 5
日—1946 年 4 月 21 日）是 20 世纪上半叶英国最杰出的经济学家和现
代经济学理论的创新者，也是世界公认的 20 世纪最有影响力的经济
学家。凯恩斯因开创了现代经济学的"凯恩斯革命"而著称于世，被
后人称为"宏观经济学之父"。凯恩斯不但对现代经济学理论的发展
作出了许多原创性的贡献，也对二战后世界各国政府经济政策的制定
产生了巨大而深远的影响。50 年后，在 1998 年的美国经济学会年会
上，经过 150 名经济学家的投票，凯恩斯被评为 20 世纪最有影响力
的经济学家（芝加哥学派的经济学家米尔顿·弗里德曼则排名第二）。
1936 年，凯恩斯出版了他在经济学理论中革命性的著作《就业、利
息和货币通论》。凯恩斯《通论》的出版，不但导致了现代经济学中
的宏观经济学（现在宏观经济学的许多概念和原理本身就直接来源于
凯恩斯的这本著作）的产生，而且对西方世界各国政府的宏观经济政
策的制定以及一些国际组织的建立和随后的活动产生了深远和持久的
影响，从而在当代经济学中有"凯恩斯革命"之说[②]。正是因为凯恩

[①] 转引自斯基德尔斯基《凯恩斯传》（Skidelsky, 2003, p. 833）。

[②] 按照当代著名的美国经济学家海曼·明斯基（Hyman P. Minsky）（转下页）

斯的巨大影响，1971年，第三十七任美国总统尼克松（Richard M. Nixon）曾说："我们现在都是凯恩斯主义者了。"2009年，诺贝尔经济学奖得主罗伯特·卢卡斯（Robert E. Lucas, Jr.）也曾说过："我想人人都是藏而不露的凯恩斯主义者（a Keynesian in the foxhole）。"（转引自Skidelsky, 2009, p. xvi）

尽管从世界范围来看，20世纪以来在经济学中的影响中无人能超越凯恩斯，但是直到今天，很少人认真地去读凯恩斯的原著，而是人云亦云地去赞扬、反对或批评凯恩斯，而许多经济学家对凯恩斯本人的经济学论述并不熟悉，甚至根本不理解。究其原因，这主要是因为凯恩斯本人的两本主要著作《货币论》（上、下卷）和《通论》都是被世人公认的晦涩难懂的经济学著作。当代经济学泰斗萨缪尔森就曾承认一开始他读不懂《通论》，并回忆说："根据我个人记忆犹新的回忆，我敢断言，而我不算泄露什么秘密，如果我宣称：在该书出版后的一年半载中，在麻省剑桥（这里指哈佛、麻省理工等名牌大学汇聚的地方——引者注）没有人真正懂得该书的内容是什么。"[1]（见高

（接上页）的说法："如果说凯恩斯是与马克思、达尔文、弗洛伊德和爱因斯坦一样在人类思想的殿堂中的一位创造性思想家从而导致现代知识革命的话，这是由于他在《就业、利息和货币通论》中对作为一种科学和公共政策指导的经济学的贡献。"（Minsky, 2008, p. 1）实际上，不但明斯基作为一名比较激进的凯恩斯主义经济学家是这样认为的，凯恩斯是20世纪最伟大的经济学家这一点也是举世公认的。

　　[1]　按照后凯恩斯主义的代表人物保罗·戴维森（Paul Davidson）新近的研究，萨缪尔森说这话绝不是什么自谦和随便讲的。在2019年出版的《凯恩斯方案：通向全球经济复苏与繁荣之路》一书的附录中，戴维森曾写道，一位曾在1932年到1935年在剑桥大学听过凯恩斯的授课并参加过哈耶克在伦敦政治经济学院四个星期的"价格与生产"著名研讨班的经济学人罗伯特·布赖斯（Robert Bryce）在1935年到了哈佛大学后，曾在1936年春组织了一个讨论班来专门传播凯恩斯的思想，萨缪尔森也参加了这个讨论班，且萨缪尔森曾说他最初对凯恩斯思想的理解来自布赖斯。但萨缪尔森发现凯恩斯的理论分析是"令人不快地"难以读懂，并说"我最终说服我自己的办法是不再考虑它"。戴维森发现，甚至就连这位凯恩斯亲自教过的学生布赖斯，到1987年还说："任何读过那本书（指《通论》——引者注）的人都会被完全搞糊涂，那是一本引发争议而且晦涩难懂的书。"（见Davidson, 2009, 中译本，第164-169页）米尔顿·弗里德曼（Milton Friedman）则认为："尽管《通论》是一本伟大的著作，但我不认为他是凯恩斯最好的作品……我倾向于舍弃它……因为（转下页）

鸿业为凯恩斯《就业、利息和货币通论》写的"译者导读",见Keynes,1936,中译本,第2-3页)不但在20世纪50年代是如此,甚至到了20世纪后半期,乃至直到今天,按照后凯恩斯主义的经济学家保罗·戴维森的观察,目前"许多久负盛名的大学(尤其是美国的大学)的经济学教授都没读过这本书。事实上,自从二战开始,在许多名校的经济学院系中,学生们都被告知,《就业、利息和货币通论》是一本艰涩难懂、极易混淆的书,因此学生们不需要(和不应当)阅读这本书"。甚至连新凯恩斯主义理论的创始人、哈佛大学经济学教授曼昆也曾写道,"《通论》是一本晦涩难懂的书,……是一本过时的书"(见 Davidson,2007,p. 38)[1]。正因为凯恩斯本人的经济学理论晦涩难懂,凯恩斯也成了一个被误解最多的经济学家,从而凯恩斯本人的经济学也非同于今天所说的"凯恩斯主义经济学"[2]。

———————————

(接上页)我认为它和证据相矛盾。"(Friedman,1983)另外,著名的华人制度经济学家张五常先生也在他的一篇"凯恩斯的无妄之灾"的博客文章中,自谦地说他"一生都读不懂《通论》"。

① 作为当代新凯恩斯主义的代表人物曼昆本人无疑曾经仔细研读过凯恩斯的《通论》,并做了大量注释。例如,在曼昆阅读凯恩斯《通论》第一章的第一条阅读注释中就说:"如果为了理解经济目前面临的问题,你只打算向一位经济学家请教,毫无疑问,这位经济学家就是约翰·梅纳德·凯恩斯。尽管凯恩斯已经离开我们半个多世纪了,但是,他对经济衰退和萧条的精辟分析依然是当代宏观经济学的基石"。参见:凯恩斯:《就业、利息和货币通论》,金华译,上海:立信会计出版社,2017年,第3页。

② 在2009年出版的 Keynes:The Return of the Master 一书的"导言"中,研究凯恩斯生平的专家罗伯特·斯基德尔斯基(Robert Skidelsky)就明确指出,"我们首先要正确理解凯恩斯和凯恩斯主义"。接着他指出,在美国,以及在英国,凯恩斯被认为是一个社会主义者,但这是错误的。斯基德尔斯基发现,"凯恩斯不是国有化的支持者(a nationalizer),甚至也不是一个强调政府监管的人(a regulator)"。"凯恩斯还被认为是永久预算赤字的信徒。'赤字没有关系'——这都不是凯恩斯的观点。"斯基德尔斯基还指出,凯恩斯也不狂热地支持政府征税,并不认为所有的失业都是由于总需求不足造成的。凯恩斯更不主张通货膨胀:"他相信价格稳定,并在一生的职业生涯中都认为中央政府可以通过限制货币增长的方式达到物价稳定,这一点又与弗里德曼不谋而合。"斯基德尔斯基也指出,把凯恩斯看成是"萧条经济学家"未尝不可(见 Skidelsky,2009,pp. xvii - xviii)。从理论上说,对凯恩斯经济学理论最大的误解是现代宏观经济学中程式化的 IS-LM 模型,而这个理论模型被当作凯恩斯经济学思想的精粹在所有现代宏观经济学教科书中普遍讲解而使其(转下页)

在 20 世纪乃至今天，为什么对世界的经济学理论和各国的宏观经济政策影响最大的凯恩斯的最主要的经济学原著很少有人去阅读和研究？究其原因，这主要是因为凯恩斯本人的几本经济学著作（尤其是《货币论》和《通论》）确实极为难懂——尽管凯恩斯的英文语言文字极其优美。其难懂，一方面是因为凯恩斯的经济学所探讨的货币及其在经济运行中的作用问题本身就是经济学和现实经济运行中最难理解的问题；另一个原因是凯恩斯本人的经济学理论的形成，本身就是一个发展过程。从表面上来看，他的许多经济学理论及其观点前后有些变化，使用的术语也不断创新。这就导致许多经济学家都在谈论凯恩斯，但实际上很多人并不完全理解凯恩斯原初在讲什么，以致出现了现代凯恩斯主义流派和各种各样的"新凯恩斯主义"（Neo-Keynesian School)[1]、"后凯恩斯主义"（Post Keynesian School)[2] 以及"新的凯恩斯主义"（New Keynesian School)[3] 的经济学流派，甚

（接上页）大行其道。这实际上是对凯恩斯经济学的一个莫大的误解。因为凯恩斯的经济学说到底是一个非决定论的体系，一旦用货币供给和银行利率 R 来描述产品市场和货币市场之间存在线性关联关系，整个现代市场经济就是一个决定论的体系了。这应该不是凯恩斯的原意。

[1] Neo-Keynesian Economists 主要是指新古典综合派和新剑桥学派为代表的现代凯恩斯主义经济学流派，其主要代表人物有哈罗德（Roy F. Harrod)、卡尔多（Nicholas Kaldor)、琼·罗宾逊（Joan Robinson)、多马（Evesey D. Domar）以及阿尔文·汉森等，有人也把这些经济学家称作为"原凯恩斯主义经济学派"（the Original Keynesian Economics)。

[2] 后凯恩斯主义经济学家主要有马克尔·卡莱斯基（Michał Kalecki)、琼·罗宾逊、尼古拉斯·卡尔多、皮尔罗·斯拉法（Piero Sraffa)、西德尼·温特劳布（Sidney Weintraub)、保罗·戴维森，以及简·克莱格尔（Jan Kregel）等（这显然与上面说的 Neo-Keynesian Economists 有些重合)。温特劳布和他的学生保罗·戴维森二人在 1978 年创办了《后凯恩斯主义经济学杂志》。但是随着温特劳布 1983 年过世，这个学派近些年渐渐式微和被边缘化，许多这个学派的学者在西方著名的大学里谋不到终身教职（见 Skidelsky, 2003, p. 108)。"Post-Keynesian economics"这个术语是 Alfred Eichner 和 Jan Kregel（1975）最早在 *Journal of Economic Literature* 上发表的一篇长文中提出来的。有人把 Neo-Keynesian 的经济学家们也划入后凯恩斯经济学派。

[3] 新的凯恩斯主义（New Keynesian economists）的经济学家主要有埃德蒙·费尔普斯（Edmund Phelps)、约翰·泰勒（John Taylor)、劳伦斯·鲍尔（转下页）

至在西方经济学界出现了"凯恩斯（本人）的经济学"（Economics of Keynes）和"凯恩斯主义经济学"（Keynesian Economics）的两种划分（见 Leijonhufvud，1968）。

由于凯恩斯本人的经济学著作艰涩难懂，这本小册子将结合研读凯恩斯的主要著作，专门探讨凯恩斯几本经济学著作中对货币和现代市场经济中的商业周期理论的论述，也希望借此能给出对凯恩斯本人的经济学体系一个整体的理解和把握。

为了全面理解凯恩斯的经济学理论及其思想，这里首先介绍一下凯恩斯的生平和学术研究过程。1883 年 6 月 5 日，约翰·梅纳德·凯恩斯出生于英格兰的剑桥郡。父亲约翰·内维尔·凯恩斯（John Neville Keynes，1852—1949）是剑桥的一位经济学家，曾出版过《政治经济学的范围与方法》（1891）一书。母亲佛洛伦丝·艾达·凯恩斯（Florence Ada Keynes，1861—1958）也是剑桥大学的毕业生，曾在 20 世纪 30 年代做过剑桥市的市长。1897 年 9 月，年幼的凯恩斯以优异的成绩进入伊顿公学（Eton College），主修数学。1902 年，凯恩斯从伊顿公学毕业后，获得数学及古典文学奖学金，进入剑桥大学国王学院（Kings College）学习。1905 年毕业，获剑桥文学硕士学位。毕业后，凯恩斯又滞留剑桥一年，师从马歇尔（Alfred Marshall）和庇古（Arthur Cecil Pigou）学习经济学，并准备参加 1905 年 12 月的英国政府文官考试。凯恩斯以第二名的成绩通过了文官考试，于 1906 年 12 月入职英国政府的印度事务部。在任职期间，凯恩斯撰写了他的第一部经济著作《印度的通货与金融》（*Indian Currency and Finance*，1913）。

1908 年凯恩斯辞去印度事务部的职务，回到剑桥大学任经济学讲师，直至 1915 年。他在剑桥大学所讲授的部分课程的讲稿被保存

（接上页）（Lawrence Ball）、曼昆、戴维·罗默（David Romer），莱德勒（D. E. W. Laidler）。有人也把奥利维尔·布兰查德（Olivier Blanchard）、乔治·阿克洛夫（George Akerlof）、耶伦（Janet Yellen）、斯蒂格利茨（Joseph Stiglitz）、伯南克（Ben Bernanke）等经济学家划归为新凯恩斯主义学派。

了下来，现收录于英文版的《凯恩斯全集》（*The Collected Writings of John Maynard Keynes*，Cambridge：Cambridge University Press，2013）第 12 卷。

在剑桥任教期间，1909 年凯恩斯以一篇讨论概率论的论文入选剑桥大学国王学院院士（Fellow，亦可翻译为"院董"），而另一篇关于指数的论文曾获亚当·斯密奖。凯恩斯的这篇概率论的论文之后稍经补充，于 1921 年以"概率论"（A Treatise on Probability）为书名出版。这部著作至今仍被认为是这一领域中极具开拓性的著作。

第一次世界大战爆发不久，凯恩斯离开了剑桥，到英国财政部工作。1919 年初，凯恩斯作为英国财政部的首席代表出席巴黎和会。同年 6 月，由于对巴黎和会要签订的《凡尔赛合约》中有关德国战败赔偿及其疆界方面的苛刻条款强烈不满，凯恩斯辞去了英国谈判代表团中首席代表的职务，重回剑桥大学任教。随后，凯恩斯撰写并出版了《和平的经济后果》（*The Economic Consequences of the Peace*，1919）一书。这部著作随后被翻译成多种文字，使凯恩斯本人顷刻之间成了世界名人。自此以后，"在两次世界大战之间英国出现的一些经济问题上，更确切地说，在整个西方世界面临的所有重大经济问题上，都能听到凯恩斯的声音，于是他成了一个国际性的人物"。（Partinkin，2008，p. 687）这一时期，凯恩斯在剑桥大学任教的同时，也撰写了大量经济学的文章。

1923 年，凯恩斯出版了《货币改革论》（*Tract on Monetary Reform*，1923）。在这本书中，凯恩斯分析了货币价值的变化对经济社会的影响，提出在法定货币出现后，货币贬值实际上有一种政府征税的效应。凯恩斯还分析了通货膨胀和通货紧缩对投资者和社会各阶层的影响，讨论了货币购买力不稳定所造成的恶果以及政府财政紧迫所产生的社会福利影响。在这本著作中，凯恩斯还提出了他自己基于剑桥方程而修改的货币数量论，分析了一种货币的平价购买力与汇率的关系，最后提出政府货币政策的目标应该是保持币值的稳定。凯恩斯还明确指出，虽然通货膨胀和通货紧缩都有不公平的效应，但在一定情况下通货紧缩比通货膨胀更坏。在这本书中，凯恩斯还明确反对在一战前的水平上恢复金本位制，而主张实行政府人为管理的货币，以保证稳定的国内物价水平。

1925 年，凯恩斯与俄国芭蕾舞演员莉迪亚·洛波科娃（Lydia Lopokowa，1892—1981）结婚，婚后生活美满幸福，但没有子嗣。

在《货币改革论》出版不到一年后，凯恩斯就开始撰写他的两卷本著作《货币论》（*A Treatise on Money*，1930）。这部著作凯恩斯断断续续地写了 5 年多，到 1930 年 12 月才由英国的麦克米兰出版社出版。与《货币改革论》主要关心现行政策有所不同，《货币论》是一本纯货币理论的著作。从传统的学术观点来看，《货币论》确实是凯恩斯最雄心勃勃且最看重的一部著作。这部著作分为"货币的纯理论"和"货币的应用理论"上下两卷，旨在使他"能获得与他在公共事务中已经获得的声誉相匹配的学术声誉"。（Partinkin，2008，p. 689）该书出版后不久，凯恩斯在 1936 年 6 月哈里斯基金会所做的一场题为"论失业的经济分析"的讲演中，宣称"这本书就是我要向你们展示的秘密——一把科学地解释繁荣与衰退（以及其他我应该阐明的现象）的钥匙"（Keynes，2013，Vol. 13，p. 354）。但是凯恩斯的希望落了空。这部书一出版，就受到了丹尼斯·罗伯逊（Dennis Robertson）、哈耶克和冈纳·缪尔达尔（Gunnar Myrdal）等经济学家的尖锐批评。这些批评促使凯恩斯在《货币论》出版后不久就开始着手撰写另一本新书，这本书就是著名的《就业、利息和货币通论》（Keynes，1936）。

在这一时期，由于凯恩斯广泛参与了英国政府的各种经济政策的制定和各种公共活动，发表了多次讲演，在 1931 年凯恩斯出版了一部《劝说集》（*Essays in Persuasion*，1931），其中汇集了包括著名的《丘吉尔先生政策的经济后果》（*The Economic Consequence of Mr. Churchill*，1923）、《自由放任的终结》（*The End of Laissez-Faire*，1926）等小册子、论文和讲演稿，1933 年，凯恩斯出版了《通往繁荣之道》（*The Means to Prosperity*，1933），同年还出版了一本有关几位经济学家学术生平的《传记文集》（*Essays in Biography*, 1933）。

在极其繁忙的教学和财务管理、主编《经济学杂志》和广泛的社会公共事务活动中，凯恩斯在 1934 年底完成了《就业、利息和货币通论》的初稿。后来，经过反复修改和广泛征求经济学家同行们的批评意见和建议后，于 1936 年 1 月由英国麦克米兰出版社出版。在《通论》中，凯恩斯创造了许多经济学的新概念，如总供给、总需求、有效需求、流动性偏好、边际消费倾向、乘数、预期收益、资本边际效率、充分就业，等等，运用这些新的概念和总量分析方法，凯恩斯阐述了在现代市场经济中收入和就业波动之间的关系。他认为，按照古典经济学的市场法则，通过供给自行创造需求来实现市场自动调节的充分就业是不可能的。因为社会的就业量决定于有效需求的大小，后者由三个基本心理因素与货币量决定。这三个基本心理因素是：消费倾向，对资本资产未来收益的预期，对货币的流动偏好（用货币形式保持自己收入或财富的心理动机）。结果，消费增长往往赶不上收入的增长，储蓄在收入中所占的比重增大，这就引起消费需求不足。对资本资产未来收益的预期决定了资本的边际效率，企业家预期的信心不足往往会造成投资不足。流动偏好和货币数量决定利息率。利息率高，会对投资产生不利影响，也自然会造成投资不足。结果，社会就业量在未达到充分就业之前就停止增加了，而出现大量失业。凯恩斯在就业、利息和货币的一般理论分析基础上所得出的政策结论，就是应该放弃市场的自由放任原则，增加货币供给，降低利率以刺激消费，增加投资，从而保证社会有足够的有效需求，实现充分就业。这样，与古典经济学家和马歇尔的新古典经济学的理论分析有所不同，凯恩斯实际上开创了经济学的总量分析。凯恩斯本人也因之被称为"宏观经济学之父"。实际上，凯恩斯自己也更加看重这本著作。在广为引用的凯恩斯于 1935 年 1 月 1 日写给萧伯纳（George Bernard Shaw）的信中，在谈到他基本上完成了《就业、利息和货币通论》这部著作时，凯恩斯说："我相信自己正在撰写一本颇具革命性的经济理论的书，我不敢说这本书立即——但在未来10年中——将会在很大程度上改变全世界思考经济问题的方式。当我的崭新理论被人们所充分接受并与政治、情感和激情相结合，它对行动和事务所产生的影响的最后结果如何，我是难以预计的。但是肯定将会产生一个巨变……"（转引自Harrod，1950，p.545）诚如凯恩斯本人所预料的，这本书出版后，确实引发了经济学中的一场革命，这在后来被学界广泛称作"凯恩斯革命"。正如萨缪尔森在他的著名的《经济学》（第10版）中所言："新古典经济学的弱点在于它缺乏一个成熟的宏观经济学来与它过分成熟的微观经济学相适应。终于随着大萧条的出现而有了新的突破，约翰·梅纳德·凯恩斯出版了《就业、利息和货币通论》（1936）。从此以后，经济学就不再是以前的经济学了。"（Samuelson，1976，p.845）

在《通论》出版之后，凯恩斯立即成为了在全世界有巨大影响的经济学家，他本人也实际上成了一位英国的杰出政治家（stateman）。1940年，凯恩斯重新回到了英国财政部，担任财政部的顾问，参与二战时期英国政府一些财政、金融和货币问题的决策。自《通论》出版后到第二次世界大战期间，凯恩斯曾做过许多讲演，这一时期的讲演和论文，汇集成了一本小册子——《如何筹措战费》（*How to Pay for the War*，1940）。1940年2月，在凯恩斯的倡议下，英国政府开始编制国民收入统计，使国家经济政策的制定有了必要的工具。因为凯恩斯在经济学理论和英国政府经济政策制定方面的巨大贡献，加上他长期担任《经济学杂志》主编和英国皇家经济学会会长多年，1929年他被选为英国科学院院士，并于1942年被英国国王乔治六世（George VI）封为勋爵。

自从回到英国财政部，凯恩斯多次作为英国政府的特使和专家代表去美国进行谈判并参加各种国际会议。1944年7月，凯恩斯率英国政府代表团出席布雷顿森林会议，并成为国际货币基金组织和国际复兴与开发银行（后来的世界银行）的英国理事。在1946年3月召开的这两个组织的第一次会议上，凯恩斯当选为世界银行第一任总裁。

　　这一时期，凯恩斯除了继续担任《经济学杂志》的主编外，还大量参与英国政府的宏观经济政策的制定和社会公共活动。极其紧张的生活和工作节奏，以及代表英国在国际上的艰苦谈判，开始损害凯恩斯的健康。从 1943 年秋天开始，凯恩斯的身体健康开始走下坡路。到 1945 年从美国谈判回来后，凯恩斯已经疲惫不堪，处于半死不活的状态（Skidelsky，2003，part 7）。1946 年 4 月 21 日，凯恩斯因心脏病突发于萨塞克斯（Sussex）家中逝世。在凯恩斯逝世后，英国《泰晤士报》为凯恩斯所撰写的讣告中说："要想找到一位在影响上能与之相比的经济学家，我们必须上溯到亚当·斯密。"连长期与凯恩斯进行理论论战的学术对手哈耶克在悼念凯恩斯的文章中也写道："他是我认识的一位真正的伟人，我对他的敬仰是无止境的。这个世界没有他将变得更糟糕。"（同上书，p. 833）半个多世纪后，凯恩斯传记的权威作者罗伯特·斯基德尔斯基在其 1000 多页的《凯恩斯传》中最后说："思想是不会很快随风飘去的。只要这个世界有需要，凯恩斯的思想就会一直存在下去。"（同上书，p. 853）

2 凯恩斯学术探讨初始阶段上的货币经济学理论创新

> 企业自始至终都是与货币打交道。在这个世界上，企业的目的就是为了最终获得比开始时候更多的货币，这就是一个企业家经济的本质特征。
>
> ——约翰·梅纳德·凯恩斯①

自经济学作为一门学科诞生以来，在经济思想史上任何一个经济学家的理论创造、理论框架的建构乃至理论观点的形成，都离不开他（或她）生活其中的时代的经济制度实存和国家的经济发展状况、他（或她）自己的职业生涯以及他（或她）的理论关注点。亚当·斯密（Adam Smith, 1723—1790）、大卫·李嘉图（David Ricardo, 1772—1823）、托马斯·马尔萨斯（Thomas Robert Malthus, 1766—1834）、卡尔·马克思（Karl Marx, 1818—1883）、阿尔弗雷德·马歇尔（Alfred Marshall, 1842—1924）、里昂·瓦尔拉斯（Léon Walras, 1834—1910）和克努特·维克塞尔（Knut Wicksell, 1851—1926）② 是如此，凯恩斯、路德维希·米塞斯（Ludwig H. E. von Mises, 1881—1973）和弗里德里希·哈耶克（Friedrich August von Hayek, 1899—1992）也是

---

① 《就业的货币理论》，见 Keynes, 2013, *Collective Writings*, Vol. 29. p. 89。

② 瑞典经济学家 Knut Wicksell 的姓名在国内有多种译法，如魏克赛尔、维克赛尔、威克赛尔、维克塞尔等。在笔者以前的著作和文章中，我一直采用蔡受百、程伯撝在 1959 年翻译出版的 Knut Wicksell 的《利息与价格》中译本的译法，一律把 Wicksell 翻译为"魏克赛尔"。但是，最近我发现，可能由于百度百科将（转下页）

如此。故要全面理解凯恩斯的经济学理论体系，必须理解在凯恩斯四十多年的经济学研究和著述生涯期间，英国和世界其他主要资本主义国家的经济状况，当时的英国和西方国家的银行、金融和市场制度，凯恩斯自己的学习和职业生涯的变迁，以及他在不同时期的理论关注点。

凯恩斯 1902 年从伊顿公学毕业后，进入剑桥大学的国王学院主修数学本科，但开始对伦理学和哲学感兴趣，到 1905 年才在马歇尔的指导下开始学习经济学，但他的学术兴趣主要还是在道德哲学上（Harrod, 1951, Chap. 2; Skidelsky, 2003, p. 99）。尽管在剑桥大学，马歇尔一再催促凯恩斯获得经济学的荣誉学位（honours），但凯恩斯自己还是放弃了。在英国政府的印度事务部任职期间，凯恩斯撰写了他的第一部经济著作《印度的通货与金融》①。这是一本关于货币史和货币制度方面的著作。通过比较印度与英国其他国家的货币制度，凯恩斯主要讨论了金本位制、金汇兑本位制（the gold-exchange standard）和纸币制度的特征及其发展过程。在这本书中，年轻的凯恩斯就提出了四个新观点：

第一，在当时英国乃至主要欧美国家实行金本位货币制度并且社会主流对英国的金本位制大唱赞歌时，凯恩斯就认为金本位制并没有什么特别的长处。譬如，在第四章，凯恩斯在讨论了大卫·李嘉图和约翰·穆勒（John Mill）对金本位制的论述后，凯恩斯明确指出："尽管这不是什么新的理论，即民众手上的黄金与持有现钞准备绝对无用，但几乎直到最后，最高当局才相信，除非黄金在英国国内实际流通，金本位制实际上将不可能是稳定的。"（Keynes, 2013, *Collect-*

（接上页）Knut Wicksell 的条目翻译为"克努特·维克塞尔"，越来越多的学者把他的名字翻译为"维克塞尔"。遵循这一翻译惯例（convention）的演变，经反复考虑，我也决定在本书中把 Knut Wicksell 全部翻译为"克努特·维克塞尔"。

① 1909 年 3 月，凯恩斯在英国的《经济学杂志》（*Economic Journal*）上发表了他的第一篇论文：《印度新近的态势》，尝试用黄金的流入和流出的视角来解释印度的物价走势。

ive Writings, Vol.1, p.51)

第二，在 20 世纪初，凯恩斯在还不到 30 岁刚刚开始研究货币制度和货币理论时，就非常睿智和清醒地认识到，在人类社会历史上的黄金和黄金铸币，实际上——或言基本上——并不在国内（邦国、王朝和帝国之内）交易中流通使用，而只是族与族或国与国之间外部贸易的一种支付手段。凯恩斯曾确定地说："黄金是一种国际货币（international money），而不是一种本地货币（local currency——简称为本币）"；黄金主要功能是"以与本币最近似于固定价格的价格清偿债务"（同上书，p.21）。这就与马克斯·韦伯（Max Weber）后来在他的最后一部经济学著作《经济通史》所提出的"外部货币"（external money）是完全一致的或者说相通的（Weber, 1927, p.238)①。

第三，在凯恩斯的第一本著作中，他就有了今天人们所说的"内生货币"的思想，即商业银行通过自身创造的信用来创造货币。譬如，在第三章论述印度的货币制度与其他国家的货币制度不同时，凯恩斯说："印度境内的货币（外国进口的资金除外）绝对没有灵活性。没有任何方法可在印度采用某种信用工具**暂时性**扩张货币，以便满足正常的周期性季节贸易需求。使用支票的国家在面临这些难题时，都可以通过银行创造信用来解决，大多数使用纸币的国家则通过中央银行的贴现来实现，只要贴现比通常多的国内票据，就会增加流通中的临时货币，而不必相应地增加贵金属储备。"（Keynes, 2013, *Collective Writings*, Vol.1, p.40）

第四，通过比较英国和其他国家当时的货币制度，在这本著作中，凯恩斯就较早产生"管理货币"的思想，包括建议印度与西方一些国家一样建立中央银行（当时印度还没有中央银行和政府银行，同

---

① 在《经济通史》第 19 章，韦伯区分了早期人类社会中的两种货币，一种他称作为"对内货币"（internal money），一种叫外部货币（external money）。这与凯恩斯所说的国内货币（domestic money）和国际货币（international money）几乎完全对应，且他们使用的意思也完全相同。

上书，pp. 39 - 40）。

从以上这四点就可以看出，凯恩斯从开始从事经济学研究和著述时，他"就有离经叛道、不囿于流行观点的倾向"（方福前，1997，第3页），且如本书后面所述，凯恩斯的货币理论基本上是前后精神上连贯的并不断深入和发展的。通读过凯恩斯《印度的货币与金融》后，我们会发现，凯恩斯在1905年从剑桥大学毕业后到英国政府印度事务部工作的3年左右时间里，通过比较印度与各国的货币与金融制度，为他在1908年回剑桥讲授货币经济学的课程奠定了理论基础。之后，通过十几年的研究和教学，以及参加英国财政部的实际管理和运作，他为后来的"货币三论"中的经济学尤其是货币理论奠定了基础。

1908年6月凯恩斯从印度事务部辞职，在他父亲约翰·内维尔·凯恩斯和阿瑟·塞西尔·庇古的支持下重返剑桥任经济学讲师，教授货币经济学的课程，但他这一时期主要研究兴趣是在概率论与统计学上。凯恩斯并没有经济学专业的大学文凭，专业正规训练只限于在马歇尔手下做过一个学期的研究工作，但剑桥大学让他讲授的课程却是货币理论。这实际上也为他后来从货币、利息和就业的视角研究总体经济而独创出非同于古典经济学的经济学理论[1]奠定了基础。

在1919年12月，凯恩斯出版了《和平的经济后果》一书。在这

---

① 正是因为凯恩斯在大学期间并没接受过古典经济学的正规训练，在写作《通论》阶段他比较容易地抛弃了古典经济学的理论假说而开启他自己的理论创建。正如斯基德尔斯基在 *Keynes*：*The Retun of the Master* 一书中所言："凯恩斯的经济学理论很多是从他自己的商业生活的体验中提炼出来的：他首先是一个投机者（speculator）和一个投资者，然后才是一名政府官员 [这里应该加一句，凯恩斯最后才是一名大学的经济学教师和英国《经济学杂志》的主编——引者注]。……他的朋友和金融界同行尼古拉斯·达文波特（Nicholas Davenport）曾说：'对投机本能的深刻理解造就了伟大的经济学家凯恩斯'。凯恩斯在投资上的成功给了他足够的权威使他能大胆地提出经济问题。……凯恩斯总是在他生命期间的金融风暴眼的中心或靠近中心；从而导致他的通向'一般理论'的货币理论总是受到金融世界（the financial world）实际发生的事所启迪。他最后供职的地方是英格兰银行，任一名董事（a director）。"（Skidelsky, 2009, p. 60）

部著作中，凯恩斯严厉批评了《凡尔赛和约》，其中也包含一些经济学的论述，如对失业、通货膨胀和贸易失衡问题的讨论。这实际上为凯恩斯之后研究就业、利息和货币问题埋下了伏笔。

从近代史来看，英国是最早建立现代市场经济的国家。从 18 世纪末到 20 世纪初，是大英帝国的极盛时期。在第一次世界大战之前，英国已经历了四次大的系统性经济衰退周期，即 1819—1841 年、1842—1866 年、1867—1892 年、1893—1914 年的经济周期，其中每个周期都伴随着不同程度的金融危机（见 Dimsdale & Hotson, 2014, Table 3.1）。然而，1914—1918 年的第一次世界大战，对英国经济打击很大，大英帝国自此由强盛转向衰退，尤其是 1920—1922 年的经济衰退，重创了英国经济。这次萧条之后，英国一直未能完全恢复元气，失业率在整个 20 世纪 20 年代高居两位数，一直未能降下来。到 1929 年，英国经济才勉强恢复到战前 1913 年的水平，而同期美国经济总量差不多翻了一番，1929 年为 1913 年的 180%，法国为 142.7%，意大利为 181%，日本经济总量则翻了三倍，达到 324%。英国经济刚刚恢复，1929—1933 年的世界经济大危机又骤然而降，对英国经济产生了巨大打击。结果，在两次世界大战期间，英国的失业率一直很高，未能达到"充分就业"水平，"失业"成了英国的一种"慢性病"，也随之出现了"英国病"之说[①]。在这种情况下，凯恩斯通过多年探讨和研究货币、利息与就业的关系，提出了他的总量分析的宏观经济理论框架。从时代背景上来看，凯恩斯写作他的"货币三论"——《货币改革论》(1923)、《货币论》(1930) 和《就业、利息和货币通论》(1936)，并不是为 1929—1933 年的大萧条开出的"药方"，而是为探索如何根治"英国病"而提出的一些可行且实用的

---

① 按照现代经济史学家的研究，发生在两次世界大战之间的"英国病"，大致经历了三个阶段：(1) 从 1920—1922 年的经济衰退到 1925 年英国回复金本位制的初期阶段；(2) 从 1925 年到 1929 年世界性经济危机的爆发；(3) 1929—1933 年世界经济大萧条以及到第二次世界大战之后"英国病"的晚期阶段。凯恩斯的"货币三论"，恰好是对这三个阶段的"英国病"所开出的不同剂量的"药方"。

"济世之道"。

1923 年 11 月，凯恩斯出版了他的"货币三论"的第一本书《货币改革论》。在这本著作问世时，第一次世界大战才刚结束，英国经济还处在战后的恢复期。在战争结束后不久，英国陷入又一次经济萧条。到 1920 年，英国的失业率就高达 17%[①]，并且在整个 1920 年代的"英国病"时期，英国的失业人口常年在 100 万左右。在第一次世界大战期间，以及在第一次世界大战结束后，欧洲各国的币值波动都很大。按照凯恩斯本人在《货币改革论》中提供的数据，"在 1914 年之后，英国和西方各国的币值波动起伏之大，影响之广，堪称经济史上最重大的事件之一。无论是以金、银还是纸币来计算的币值标准，其波动的剧烈程度都是前无古人的"（Keynes, 2013, *Collective Writings*, Vol. 4, p. 1）。第一次世界大战后，实行金本位制的英国、美国和加拿大等国，控制住了通货膨胀，但战败国德国、意大利以及法国，仍然在通货膨胀之中，德国甚至陷入恶性通胀。凯恩斯说："自 1920 年以来，重新控制了金融局势的那些国家，不满足于只是结束通胀，又过分地缩减了货币供给，造成通货紧缩的苦果。其他一些还没有控制住金融局势的国家，其通胀的趋势较以往更是一发不可收拾。"（同上书，p. 2）在此情况下，当时传统的经济和金融观念仍然趋于保守[②]，在货币制度上的改革却变得非常急迫。因此，在《货币改革

---

① 在《货币改革论》中，凯恩斯还特别提到，"萧条时期的到来，不免使劳工阶层受到不利影响，但是这种不利影响更多地表现为失业，而不是实际工资的下降，而且有国家对失业的救济，这种状况当不至于变得十分严重。在这样的时期，货币工资自然会随着物价水平下降。但是，1921—1922 年的萧条并没有逆转……"（p. 24）。

② 对此，凯恩斯在《货币改革论》初版前言中就说："经常有人告诫我们：要想对货币进行科学的处理是不可能的，因为银行界从智识上也没有能力理解它自身的问题。如果真是如此，它们所支持的社会秩序就会衰败。"（p. xiv）在此后的分析中，凯恩斯还蛮风趣地说："人们似乎是不大容易看穿货币的真面目。它只不过是一种交易的媒介，本身没有什么重要意义，只是不断从一个人手中流到另外一个人手中，不断地收进来又被分散出去，最后，当它完成了自己的任务之后，就从一国财富中消失不见了。"（p. 124）凯恩斯的这些俏皮话，实际上道出了货币的本质。正因为货币的本质难以理解，从货币的角度解释人们的经济活动也变得困难。

论》这本小册子中，凯恩斯的核心思想是通过管理货币来稳定物价。怎么才能稳定物价呢？在《货币改革论》最后一章，凯恩斯指出："我们已经达到了货币演化的这样一个阶段，在这个阶段上，'管理'通货势在必行，然而，我们还没有达到可以把通货管理权完全委托给一个权威机构的阶段。"（同上书，p. 159）"在纸币和银行信贷流行的现代世界里，不管我们喜欢还是不喜欢，我们没有任何办法可以逃脱'管理'通货；纸币转化为黄金也不会改变黄金的价值取决于中央银行的政策这一事实。"（同上书，p. 136）

在这本小册子中，凯恩斯还有两个极其重要的货币理论和经济学理论贡献①：（1）一国内的价格水平主要是由银行信贷所决定的（注意，在这里凯恩斯不是说由央行"超发"基础货币造成的——引者注），而由商业银行"如此创造出来的信贷数量，反过来大致可以由银行的存款数量来衡量——因为银行存款总量的变化必定是与它们的投资、所持票据和预付款项（advances）的总量的变化相对应的"。（同上书，pp. 141 - 142）（2）凯恩斯十分清楚地提出现代货币银行制度下货币主要是内生的理论："以纸币和银行券所表现的现金是可以按照第（1）条确立的国内价格水平所要求的现金量来随意（ad libitum）供应的。"（同上书，p. 145）因此，凯恩斯主张，**"当今的趋势是——我认为这是对的——密切关注和控制信贷的创造，让货币按照信贷创造做，而不是像以前那样，去关注和控制货币创造而让信贷的创造按照货币创造去做"**。（同上书，p. 146）凯恩斯的这些重要的理论洞见和货币改革的建议，对今天各国政府和央行的宏观政策的制定仍然有重要的指导意义，**且许多经济学家和政府政策的制定者和指导者到今天还不能明白这一点，还以为货币全是中央银行印发出来的。**

正是因为一开始就从货币经济学的视角研究现实经济问题，凯恩

---

① 凯恩斯的这两个重要的理论贡献直到今天还没有引起人们的重视，也还不为大多数经济学家所理解。

斯在《货币改革论》中也是从货币的视角开始论述资本主义经济中的商业周期。在《货币改革论》第一章，凯恩斯就探讨了币值变动的社会后果。他把社会分成三个阶层：投资者阶层、工商业界人士阶层和工薪阶层。并在"前言"开篇第一段话就指出："我们把储蓄交给了私人投资者，鼓励他们主要以货币的形式来储蓄。我们把生产运行之责交给了工商业界人士（business men）①，这些人则主要以货币计量的预期利润增加来行事。那些不主张对现存的社会组织进行激烈变革的人士认为，这些安排符合人类的本性，有着巨大的优势。但是，如果这些我们原来认为是稳定的测量尺度的货币变得不再那么可靠，那么现存的社会组织就无法良好地运行。失业、工人生活的不安定、预期的落空、储蓄的突然蒸发、降临在个人头上的意外横财、投机分子和暴发户——所有在很大程度上都是由于价值标准不稳定造成的。"（同上书，p. xiv）

基于对社会阶层的这三个划分，凯恩斯在"货币三论"中，对资本主义经济中经济周期的论述，几乎全是从工商业界人士的债权与债务关系和企业家的预期来论述资本主义经济中的繁荣和萧条的，且他特别强调工商业界人士的预期在经济周期中的作用。并且，这一点从20年代初凯恩斯写作《货币改革论》② 到《货币论》和《通论》，乃

---

① 在凯恩斯的早期著作中，凯恩斯一直用 "business men" 这一概念，而把他们看成是经济活动的主角。这个词有点相当于熊彼特经济学理论中的 "entrepreneurs"，又相当于马克思经济学中的 "capitalists" 和新古典经济学教科书中的 "producers"。这个词，国内有学者把它翻译为"企业家"或"实业家"，我们还是按照高鸿业教授的直译法把它翻译为"工商业界人士"。实际上，这个词今天被人们用多了，使人们忽视了它是凯恩斯经济学的一个重要术语。但是，到了《通论》阶段，凯恩斯就较多地用"企业家"（entrepreneurs）这个概念了。按照凯恩斯经济学的基本理论，资本的边际效率就取决于企业家或工商业界人士的预期，而资本的边际效率的突然崩溃则是资本主义经济中商业衰退的主要原因。这是成熟时期的凯恩斯经济学理论的核心思想。

② 《货币改革论》实际上是凯恩斯根据 1922 年他发表在《曼彻斯特卫报》商业副刊上的"欧洲之重建"版面上的一组文章压缩改写而成书的。（见方福前，1997，第 3 页）

至到他1946年逝世前，实际上没有发生过变化，只不过论述这一观点的叙述方式和使用的经济学术语（有些是他后来独创的）不同而已。理解这一点特别重要。因为这不但是贯穿凯恩斯前后有所变化的经济学思想的一根红线，而且是准确理解凯恩斯经济学理论的一把钥匙。

在《货币改革论》中，凯恩斯从币值变化的不同社会后果，来初步论述资本主义经济中的萧条："……当价格上涨时，但凡有着债务关系的工商业界人士总会居于有利地位的；……也就是说，一旦实际利率降到了负值水平，借款人就会取得相应的好处。只要价格上涨可以预见，那么，增加贷款以从中牟利的企图就会迫使货币利率上升，这一点是确定无疑的。"（同上书，pp. 19 - 20）但是，他也同时发现，货币的贬值（通货膨胀）对现存的经济秩序也有另外一个干扰："如果货币贬值不鼓励投资，也同样对企业有损害。""即便在繁荣时期，也并不容许工商业界人士独自享有全部超额利润。有诸多流行的办法来试图革除时弊——诸如各种补贴、限定价格和租金、取缔不当谋利者，以及征收超额利润税——等等。但是这些办法常常是无用的，甚至到最后它们自身也变成了积弊当中的一部分。"接着，凯恩斯说："繁荣之后接着是萧条，价格下降，对那些拥有存货的人来说，所产生的作用，与价格上涨时恰恰相反。超预期的亏损，取代了意外之所得，而这种状况与生意的效率毫无关系；此时人人都尽可能地减少存货，与之前人们过度兴奋时期尽可能地囤积存货一样，这就使整个工业陷入停顿。接着失业取代大家都在盈利而成为一个时下的问题。不过，在那些通货运行良好的国家，贸易与信贷周期变化至少此时已经恢复到1920年的巨大增长上来，而那些持续通货膨胀的国家，这仅在货币贬值的激流中增添了一道涟漪而已。"（同上书，p. 25）这样，从专门探讨资本主义经济中的商业周期问题伊始，凯恩斯就把经济萧条归结到由于货币价值的波动引起工商业界人士的预期上了。实际上这一点在后来的《货币论》和《通论》中只不过用不同的经济学语言和新的术语重新表达出来而已。

经过 1919—1921 年的萧条，到 1922 年，英国经济已经有了一定程度的恢复，并在其后四年中，经济一直保持着正增长（Dimsdale & Hotson, 2014, Table 3.10, 见中译本第 81 - 82 页）。这一时期，"世界贸易和国内消费相对来说均不错——维持在萧条和繁荣之间的一种平稳状态"。美国和其他国家经济则在高速增长，法国、意大利、德国的失业问题几乎不存在，印度和其他英联邦国家的经济也趋于繁荣（Keynes, 1925, in *Collective Writings*, 2013, Vol. 9, p. 207）。但是，这一时期英国的失业率仍然高达 10%，尤其是英国纺织业和煤矿业中失业率更高。究其原因，凯恩斯认为，是因为英镑价值被高估，英国出口商品的价格太高。在此情况下，时任英国财长丘吉尔（Winston Churchill）又代表英国政府在 1925 年 4 月 29 日宣布恢复金本位制，这一举措立刻遭到了素来认为金本位制已经过时的凯恩斯的激烈批评，于是写出了《丘吉尔先生的经济后果》这本小册子，提出英国的通货紧缩阻碍了国内资本的扩张，从而使失业问题更加恶化。凯恩斯认为，在当时的英国经济情况下，英格兰银行限制信贷规模必定会进一步扩大失业。因此，凯恩斯提出，"我们今天要恢复繁荣，所需要的是放松信贷政策。我们要鼓励工商业界人士去创立新企业，而不是像现在我们所做的那样去打击他们。通货紧缩并不会'自动地'降低工资。它会通过引起失业而降低工资。高利率货币（dear money）的真正效果是遏制正在启动的繁荣。那些因信奉错误信念而利用通货紧缩政策来助长萧条的人，当受到诅咒"（同上书，p. 220）。

1926 年 7 月，凯恩斯出版了《自由放任的终结》一书。在这本小册子中，凯恩斯追溯了亚当·斯密、大卫·李嘉图、托马斯·马尔萨斯的经济学，认为他们都不是自由放任主义者。只是到功利主义经济学家杰里米·边沁（Jeremy Bentham）那里，才发现了自由放任主义的原则。凯恩斯引述边沁的话说，"政府什么也不应该去做，或试图去做，这是一条普遍性的原则。在这些场合，政府的座右铭或格言应该是清静无为（be quiet）……"（同上书，p. 279）到这时候，凯恩斯认为自由放任主义已经过时，形成了他初步的政府干预主义的思想："尽管个人主义和自由放任主义在 18 世纪晚期和 19 世纪早期的政治哲学和道德哲学中根深蒂固，但是，假如它不能与时代的商界的需要和愿望相一致，那就不能确保对公共事务的影响力。"（同上书，p. 64）凯恩斯之所以形成政府干预经济过程的思想，是因为他相信："我们这个时代的诸多最大经济灾难（economic evils），大多数源自风险、不确定性和无知。这些灾难的发生，是由于某些个人凭借他们的地位或才能，能从不确定性和无知中牟利；也出于同样的原因，大企业经常是在风险的分布之下的幸运儿，造成财富分配程度上的巨大不平等。这些因素也造成工人失业、企业理性预期的失望，以及效率和生产受损。然而，要使这些弊端得到矫正，却不是个人的运作所能办得到的。不但如此，甚至一些个人的利益追求会恶化这种病症。我认为，要消除这些病症，部分在于中央机构对货币和信贷的审慎控制，部分在于将与企业有关的资料大规模地收集并予以传布，包括如若必要用法律规定将与商业有关的有用的全部事实公开。有了这些措施，就可以使社会通过某种适当的行动组织来对有着内部错综复杂情况的企业进行指导，而让私人的主动性和企业的运营未受到阻碍。"（同上书，p. 292）由此，凯恩斯在《自由放任的终结》中提出在资本主义制度下政府有三种"任务"（agenda）：（1）必须区分那些技术上属于社会性的服务和属于个人的服务，政府要做的是提供第一种服务。（2）就整个社会来说，储蓄达到多大规模才是合适的，储蓄是否最有效率地转化为投资而有利于生产，乃至储蓄中有多大比例以对外投资的形式流到国外，"这些事情不应当像现在这样完全留给私人判断和私人利润的机遇来决定"。（3）人口规模和素质的控制需要有一个审慎的国家政策。（同上书，pp. 291 - 292）概言之，凯恩斯主张，"上述这些问题导致凭借集体行动的作用（agency）来对现代资本主义做出尽可能的技术上的改进"（同上书，pp. 292 - 293）。

在《自由放任的终结》之末尾，凯恩斯表达了这样的信念："在我看来，资本主义在明智的管理之下，有可能比任何其他现有可供选择的制度更能有效率地达到其经济目标；不过就这一制度本身而言，在许多方面是极为不可取的（extremely objectionable）。我们的问题是要设计出（work out）一种社会组织，既不与我们所满意的生活方式的观念相抵触，而又尽可能地有效率。"（同上书，p. 294）这一信念实际上支配着凯恩斯一生的政治活动和经济学理论。他在政府机构、国际组织中所做的一切，乃至他的经济学理论，均是在为实现这种信念所做的不懈努力。而在第二次世界大战后的西方各国政府对经济过程的干预，又恰恰是凯恩斯这些理想和信念的现实实践。从这个意义上，人们又可以理解为什么凯恩斯会成为20世纪世界上最有影响力的经济学家了。

3 凯恩斯在《货币论》中对货币理论及历史的解释

> 一种普遍的幻觉（有时候甚至延伸到经济学家那里）是，在经济中存在着一个固定数量的货币，而这是由国家通过其中央银行提供的。这当然是无稽之谈。
>
> ——西蒙·格里森①

《货币改革论》面世不到一年，凯恩斯就着手撰写他的两卷本《货币论》②。在这本书的序言中，凯恩斯诚实地说："当我校阅本书校样时，深感其中大有缺点所在。写作此书，耗费了我好几年的时间，我还一边做着其他的工作。在这个过程中，我的思想不断发展变化，结果是各部分之间彼此不完全协调。……尽管如此，我还是希望将书呈现给世界，即使本书仅代表着一种材料汇编，而不是一部完善的作品，就现阶段而言，此书出版仍有其价值。"（Keynes, 2013, *Collective Writings*, Vol. 5, pp. xvii-xviii）在 1930 年 9 月 14 日写给母亲的信中（Keynes, Vol. 13. p. 176），凯恩斯承认："这本书在艺术上是一个失败。在本书整个书稿的写作过程中，我的思想已经发生

---

① 《货币的法律概念》（Gleeson, 2018, p. 93）。

② 在 1924 年 11 月 30 日，凯恩斯从剑桥写信给莉迪亚，告诉她说："今天我开始撰写新书，已经写了一页。下面是第一句话：本书开始不是以逻辑顺序为准，而是为了要尽快让读者明白我要说的主要问题是什么。"（见 Skidelsky, 2003, p. 395）斯基德尔斯基还发现，从凯恩斯本人早先拟定的该书目录的草稿中，可以看出凯恩斯写作这本书的目的就是研究货币理论与"信贷周期的变化"所导致的繁荣与萧条的关系。

了很大变化，因而它还不是一个合宜的整体。但是我认为它包含了丰富的思想和材料。"

尽管《货币论》出版后受到了许多经济学家的批评，凯恩斯自己也承认这不是一本完善的著作，乃至今天很少有人花时间去啃读这本著作，但是仔细读来，笔者发现这是一部伟大的作品，其中包含着许许多多重要的思想和理论见解，在今天仍有理论价值和现实意义。正如凯恩斯在这本书的"序言"中所言："**尽管就我的研究领域而言，世界各大学都在开设这门课程，但令人备感奇怪的是，据我所知，对现代世界中存在的指代货币（representative money）**①**的理论与事实**

---

① "representative money"是凯恩斯在《货币论》中使用很多的一个概念。从目前所查到的资料看，最早使用这个概念的是英国古典经济学家杰文斯（William Stanley Jevons, 1835—1882）。在1875年出版的《货币与交换机制》这本书中，杰文斯（Jevons, 1875）就使用了这个概念，并认为代用（铸）币（token coins）、纸币、银行支票和其他与金和银有固定价值比例的所有"货币"，都可以称作"representative money"。另外，杰文斯在该书第十六章还特别指出，古代斯巴达人和拜占庭的铁币，迦太基人、俄罗斯人的皮币、中国汉代的白鹿皮币以及元代的纸币，都是"representative money"。1895年，另一位英国经济学家尼克尔森（Joseph Shield Nicholson）在其专著《货币论与货币问题的文集》第六章，也专门论述了"representative money"，并明确指出，信用的扩张和收缩实际上是"representative money"的扩张和收缩（Nicholson, 1895, pp. 72 - 74）。"representative money"这个概念确实很难翻译成中文。这主要是因为，在英文中，"representation"和"representative"比较难翻译成中文。"representation"在英文语境里是很清楚的："a description or statement as thing is true or alleged"，或"the expression or designation by some term, character, symbol or the like"。在中文中，有用书写文字写下、陈述、表明、表诠而确定下来的意思。这里把它翻译为"表征货币""代用货币"或"象征货币"（姚曾廙先生在翻译韦伯《经济通史》中的译法），显然都有些勉强和生硬，且可能让中文读者望文生义而产生误解。在写作此文时，我也曾考虑比较直译为"代表性货币"，但通过阅读凯恩斯《货币论》的上下文，我最后决定用"指代货币"一词来对译凯恩斯在《货币论》中所用的"representative money"。按照《汉语大词典》的解释，"指代"在中文中的意思：是"用抽象概念代替具体事物"（在《汉语大词典》中，有梁启超《论纪年》中的一段话："凡天地间事物之名号，其根源莫不出于指代，而纪年亦其一端也"的释例）。我这里用一个"指代性"作为形容词放在"货币"之前形成一个概念"指代货币"来对译从杰文斯到凯恩斯所用的"representative money"。按照凯恩斯自己的解释，"representative money"是指国家发的法定纸币、国家与中央银行担保在对其本身支付中被法律强制接受的货币（compulsory legal-tender money）。凯恩斯还在第一章第3节中具体解释道，（转下页）

做系统而彻底的研究，在任何语言中都没有出版过系统而透彻的专论。我希望能利用我现在已经获得的经验，以较小的规模提供一些东西，并尝试发现解释这一问题的最好的方法。"凯恩斯本人还认为，"正确理解本书的论题对整个世界的福祉具有巨大的实际意义"。（同上书，pp. xviii‑xix）①今天重读凯恩斯的《货币论》，确实感到此言不虚。

凯恩斯的《货币论》出版后，之所以遭受到哈耶克、罗伯逊、缪尔达尔等许多经济学家的批评②，很大程度上因为忙于国家事务、社会活动和剑桥的教学及行政事务而没有时间对这本书精雕细琢。而1929年10月突然爆发的世界性经济危机实际上又促使凯恩斯匆匆把这本不成熟的著作付梓于世。尽管这部著作有些粗糙并有不少问题，但仍然包含着许多珍贵的思想和经济理论，直到今天仍有其价值，且这些理论迄今为止还为人们所忽视。

在这本书一开始，凯恩斯就对货币的本质作了深刻的论述，提出了"记账货币"的概念，并从交易媒介和清偿债务两个方面阐述了货币的本质："表示债务、物价与一般购买力的记账货币（money of account）③，乃是货币理论中的原初概念。""记账货币是与债务以及价目单一起诞生的，债务是延期支付的契约，价目单则是购销时约定的货价。这种债务和价目单不论是用口传的，还是在烧制的砖块或记载的文件上做成的账面目录，都只能以记账货币来表示。由于债务和

（接上页）现代银行的钞票、中央银行的存款都是国家货币，而主要由商业银行存款构成的银行货币也都被凯恩斯称为"representative money"（见 Keynes, 2013, *Collective Writings*, Vol. 5, pp. 5‑6）。由此看来，只有理解了凯恩斯在《货币论》的"指代货币"，才能很好地理解凯恩斯的《货币论》中的基本思想。

① 在下卷第30章，凯恩斯也感叹道："追思既往，就我的记忆而言，我对到目前为止所发生的一切理论见解的不足而感到震惊，大家对货币数量论也只是生吞活剥地运用的。我想不起任何人曾经清楚和明白地提出过当前我们所见到的境况的基本特征。"（Vol. 6, p. 152）

② 哈耶克的批评详见本书第8章。

③ 从目前查到的资料看，最早也是英国古典经济学家杰文斯在《货币与交换机制》一书中最早使用了"记账货币"这个概念。（见 Jevons, 1875，第八章）

价格首先必须用记账货币来表示，所以，货币的性质是从其与记账货币的关系中衍生出来的。货币本身是交割后可清付债务契约和价目契约的东西，而且是储存一般购买力的形式。"（p.3）凯恩斯在这里提出的"记账货币"，是个非常的重要概念。这个词在目前经济学中使用不多，但是，它非常能帮助我们理解货币的本质，理解货币在市场经济中的功能和作用，以及当下世界各国的货币制度乃至各国政府的宏观经济政策的制定。值得注意的是，凯恩斯在这里首先就特别指出，货币是用来清偿债务及与商品和劳务交换计价的东西。这可以视为凯恩斯提出了货币债务起源说（不仅仅是商品交换导致货币的产生）。不但从货币史上说是如此，在现代社会，一国的货币总量和一国的债务总量常常是联系在一起的。

　　无论是从经济学理论，还是从社会经济运行的现实来说，能认识货币的本质和计算一个社会的货币总量都是件困难的事①。正因为如此，在这部著作第一卷"货币的纯理论"第一章第二节，凯恩斯就讨论了正式货币（money proper）与银行货币（bank money）："前文我们已经看到，引入记账货币，便产生了两个派生范畴：一个是按照记账货币约定的契约要价、契约和债务认可书（contract and acknowledgements of debt）；第二个范畴是相应于记账货币的正式货币（money proper），这种货币的交割，可以清偿债务和负债。……债务

---

　　① 正因为货币的本质，实际经济运行中的货币是个非常难以统计出来总量的数字，在《货币论》第一章凯恩斯一下子列出了许多种货币的概念和分类，从记账货币，纸币、债务支付凭证（acknowledgment of debts）、国家货币、银行货币、商品货币、指代货币（representative money）、管理货币（managed money）、法币（fiat money）。这些概念有些互相交叉，故一些经济学家一看凯恩斯的这些货币的分类可能就晕头了，更觉其思想和论述混乱。但是如果考虑到凯恩斯写作《货币论》时英国和其他国家还在实行金本位的纸币制度，加上他是从货币史的角度在论述货币的本质，就可以理解他为什么会有这么多货币的分类了，也会理解货币是如何创造出来的了。甚至到今天，英国与美国和中国不同，仍在使用 M3 和 M4（M0＝流通中现金，M1＝M0＋企事业单位活期存款，M2＝M1＋单位定期存款和储蓄存款，M3＝M2＋金融界信用保证金，M4＝M3＋央行票据）。读者就可以知道货币分类是件多麻烦的事情，以及能理解各种货币分类的现实意义了。

认可书本身在交易清偿中可以起到有效替代正式货币的作用。当债务认可书被这样使用时，我们可以称其为银行货币（bank money），然而我们不要忘记，它们并非正式货币。简单来说，银行货币就是以记账货币来表示的私人债务的认可书。这种认可书从一个人的手中转到另一个人手中，与正式货币交替使用。因此，国家货币或正式货币与银行货币或债务认可书同时被使用。"（p. 5）

区分了国家货币和银行货币，凯恩斯又把二者统归于流通货币（current money）："货币理论中一个基本因素是公众手中所持有的货币总量，至于有关的货币是国家货币还是银行货币，却往往没有什么关系。二者的总和可以统称为**流通货币**。"（p. 8）接着，凯恩斯又把流通货币（货币总量）区分于"收入货币（income money）、营业货币（business money）和储蓄货币（saving money）"。在对货币予以历史的和现实的分类和探索之后，凯恩斯在第二章专门探讨了银行货币，尤其是详细地分析了"银行货币的创造"。在从债务清偿角度理解了货币本质后，凯恩斯发现，"货币债权的转移与货币本身的转移对交易清算过程同样有用。因此一旦公众确信了这一点，他们往往更愿意持有可转移债权的所有权，因而不会设法将其兑换为现金。加之，持有银行货币比持有现金更便捷，并有许多好处"。（p. 20）凯恩斯同时也发现，"银行以两种方式在货币支付中创造自己的债权——在下文我们将其称之为存款。第一种方式是根据本身以现金的方式或以转移某些银行（另一银行或本行）的存款通知（如支票）的方式所接受的价值，使个人存款者具有债权。公众中的某人带着现金或某一银行的一张支票来存入时，其条件是由此能获得对现金（即存款）的债权；其债权可以自己行使，也可以转让给他人"。"但是，银行还有另外一种方式对自己创造债权。它可以自己购置资产，即自己增加投资，并为其付账，至少在初始阶段是如此。或者银行也可以对借款人创造一个对借款者允诺之后还款而使之对银行负有债务，它可以放款或垫款。"凯恩斯还接着指出，"在以上两种情况下，银行均创造了存款；因为唯有银行有权在其账目上创造存款，授权客户提取现金或将其债权转移给其他人使用"（pp. 20 - 21）。这还不是全部。凯恩斯进一步指出，"假定一个封闭的银行体系，与外界毫无联系，其所在国所有支付都是用支票而不是使用现金，再进一步假定在此情况下无须保持任何现金储备，而是通过转移其他资产来结算银行间的债务，那么，只要银行间行动一致，它们可以安全地无限量地创造银行货币"。（p. 22）最后，凯恩斯指出："我已经力图说明，对银行存款是如何创造以及由谁来'创造'的这一人们所熟悉的问题，实际上是一个不实的争论。毫无疑问，用最方便的语言来说，所有存款都是由持有存款的银行所'创造的'。事实上，银行肯定不受存款的限制。"（p. 26）这些观点在今天仍然十分重要，但不被经济学家们认识到和重视，以致大多数人和大部分经济学家还相信今天的所有货币都是中央银行（印）发出来的。

在对银行内生地创造存款从而创造银行货币进行上述探索后，凯恩斯还发现，"一般趋势是银行货币取得压倒性优势，国家货币则屈居于从属地位，比如在英国和美国这样的国家，银行货币可能占流通货币的十分之九"。（p. 27）随之他还发现，银行货币占货币总量（流通货币[①]）的比例在上升，如在美国现金占货币总量的比例从第一次世界大战后的六分之一下降到 1926 年的八分之一，而按照凯恩斯的估计，在英国，在 1926—1928 年间，现金在货币总量中的占比大约 19％[②]。（p. 28）

---

① 即今天我们所理解的 M2 或 M3。

② 从当代世界经济史看，这一比例百年来在世界各国并未发生根本的变化。尽管在 20 世纪 70 年代后，随着银行卡、信用卡以及互联网在世界范围内的普及，人们越来越多地采用银行卡、信用卡乃至手机移动支付来支付，也不时有人惊呼世界各国正在从 "less-cash societies"（少现金社会）向 "cash-less societies"（无现金社会）的转变（见 Rogoff, 2016），但实际上，目前流通中的纸币占各国广义货币和 GDP 的比重不但没有减少，在 21 世纪还有上升的趋势。例如，在 2020 年美国遭受新冠疫情冲击后，美联储拼命印钞，而增发的基础货币基本上全是靠印刷纸币来实现的。结果，到 2021 年 1 月份，美国流通中的纸钞现金 M0 达到 5.25 万亿美元，在美国 19.4 万亿美元的货币总量中，M2 的比例也回升至 27.1％。这比 20 世纪 20 年代英国的比例还高。

在《货币论》中，凯恩斯区分开国家货币（正式货币）与银行货币，并发现银行货币已经成为大多数国家的货币总量的主要构成部分，并进而发现商业银行创造"银行货币"，这是他的一个重大且重要的理论贡献。

在对货币的分类和创造作了探究之后，凯恩斯又在第二篇中对货币的购买力、物价水平和通货本位进行了深入探讨。接着在第三篇进入了他的宏观经济学分析①。凯恩斯首先定义了收入、利润、储蓄和投资，然后，凯恩斯构建了他的整个总量经济分析的框架。简单来说，凯恩斯是通过一系列基本方程构建起他自己的分析框架的①。

凯恩斯的第一基本方程式是：

$$P \times R = E - S = \frac{E}{O}(R + C) - S = \frac{E}{O} \times R + I' - S$$

或 $P = \dfrac{E}{O} + \dfrac{I' - S}{R}$ (1)

其中，P 是流动性消费品的物价水平，R 是流入市场并为消费者购买的流动消费品与劳务量，故 $P \times R$ 表示本期支出花在消费品方面的部分；E 是一个社会在单位时间内的总货币收入或报酬；S 是储蓄，即社会全部货币收入和他们本期消费的货币支出之间的差额；O 是单位时间内的总产量；C 是投资品的净增量；I' 是新增投资品的生产成本，因而 $O = R + C$，$I' = E \times \dfrac{C}{O}$。

由于凯恩斯又假定 W 为单位人类劳作的报酬率，W_1 是单位产量的报酬率，即 $W_1 = \dfrac{E}{O}$，因而（1）式可改写为：

---

① 在经济思想史上，许多人认为到了《通论》阶段，凯恩斯才创造了宏观经济分析，这实际上是对凯恩斯经济学莫大的误解。在《货币论》中，凯恩斯已经分析了货币和利率的变动对经济和就业的影响，并以此解释经济繁荣与萧条的原因。因而严格来说，尽管凯恩斯这部著作书名是叫"货币论"，实际上他已经从货币的视角开始构建他的宏观经济分析理论框架了。

① 在《货币论》中，凯恩斯是通过 10 个方程式及其推导来构建他的宏观经济分析框架的。这里我们只列出其中反映他的基本结论的 4 个方程式。

$$P = W_1 + \frac{I' - S}{R} \qquad (2)$$

凯恩斯的第三个基本方程式是：

$$\Pi = \frac{P \times R + P' \times C}{O} = \frac{(E - S) + I}{O} \qquad (3)$$

其中，Π 为社会总产品的价格水平，P' 为新投资品的价格水平，I 为新投资品增量的价值（与新增投资品的生产成本 I' 有区别），因而 $I = P' \times C$。如果 W_1 或 $\frac{E}{O}$ 不变，在社会总产出量一定时，社会总产品的价格水平 Π 就取决于 I 与 S 的关系，即要稳定物价 Π，必须使 $I = S$。

凯恩斯的第四个基本方程是利润方程：

$$Q = P \times R - \frac{E}{O} \times R = E - S - (E - I') = I' - S \qquad (4)$$

其中，Q 表示利润总量（企业主的实际报酬与正常利润之差额），在均衡条件下，$I = I'$，以 Q_1 表示生产和销售消费品所获得的利润量，Q_2 表示生产和销售投资品所获得的利润量，那么，式（4）亦可改写为：

$$Q = Q_1 + Q_2 = I - S \qquad (4a)$$

根据以上 4 个基本方程，凯恩斯提出："要达到均衡，必须使 Q_1、Q_2 和 Q 均为零，如果 Q_1 或 Q_2 不为零，将刺激一部分企业家在既定的报酬下扩大其产量。……如果利润为正数，则增加生产要素的使用量；如果利润为负数，则减少生产要素的使用量"（p. 136）。因此，凯恩斯认为，利润"是现存经济体系变动的主要原因"，（p. 126）而利润[①]等于零是经济体系均衡的基本条件。

――――――――――

① 凯恩斯在《货币论》中，实际上把利润看成"超额利润"，而把"正常利润"定义为实现企业家才能的个人收入，因而正常利润包含在生产成本之中。故在凯恩斯的分析框架中，利润为零实际上意味着"超额利润"或凯恩斯所言的"意外利润"为零。这一点被当代主流经济学的理论分析继承了下来。

根据这一逻辑推理，凯恩斯认为，"一般来说，在指代货币制度（a regime of representative money）下，银行体系可以通过它们的贷款规模和条件，来决定实业界的投资率。同时，整个社会的成员在决定有多少货币收入用于消费，以及多少货币用于储蓄的时候，他们共同决定的总结果决定了储蓄率。因此，根据银行体系允许投资率是高于还是低于储蓄率，物价水平（假定有效的收益率没有自动地发生变化）会相应地上涨或下降"。（p. 138）为什么会如此？凯恩斯的解释是："投资的吸引力要取决于企业家对当前投资的未来收入相对于他为其生产融资时必须支付利率的预期[1]。换句话说，资本品的价值取决于使资本品的预期收入资本化时的利率。……因此，如果利率上升，P' 的价格就会趋于下降，从而会降低资本品生产的利润率，并阻碍新的投资。因此，高利率会使 P' 和 C 都降低，这两个符号一个代表资本品的价格水平，另一个代表资本品的产量。另一方面，高利率会促使储蓄率的上升，而低利率则会抑制储蓄率。因此，在其他条件相同时，利率的上升会使投资率相对于储蓄率下降，使两个方程的第二项都向相反的方向移动，从而使物价水平下降。"（pp. 138 - 139）

这样，凯恩斯就回到了瑞典经济学家克努特·维克塞尔在《利息与价格》（Wicksell，1898/1936）中所提出的，市场贷款利率（rate of interest on loans）围绕自然利率（the natural rate of interest）上下波动，从而决定市场价格的理论上来，只不过维克塞尔在解释"自然利率"这一概念时，其含义比较含混。譬如，在《利息与价格》中，他把"资本的自然利率"首先界定为"不使用货币、一切借贷以实物资本形态进行时由供求关系所决定的利率"。[2]（Wicksell，1898/1936，

---

① 统观凯恩斯的"货币三论"，可以发现，凯恩斯一直强调工商业界人士（business men）或用"企业家"（entrepreneurs）的预期决定投资率，从而决定生产的繁荣与萧条。从这一点来看，凯恩斯的思想是一贯的，并且在凯恩斯的著述生涯中没有发生任何根本的转变。

② 在《货币论》第13章，凯恩斯指出："维克塞尔认识到了一种'自然利率'的存在，他对这种利率的定义是对物价影响的中性，既不会使之上升，也不会使之下降的利率。并且补充到，这种利率必然和非货币经济体系下一切都以实（转下页）

p. 102）凯恩斯则把自然利率理解为储蓄等于投资时的利率："自然利率使储蓄和投资价值正好平衡，从而使所有产出的价格水平（Π）刚好符合生产要素的有效率货币报酬率。另一方面，当市场利率偏离了自然利率，就会使第二个基本方程的第二项不为零，从而引起物价水平波动。"（p. 139）①

尽管凯恩斯与维克塞尔在关于市场利率与自然利率的背离影响物价水平上持相同的观点，凯恩斯也区分了消费品的价格和资本品的价格②，且相信市场的价格水平"取决于收入在储蓄与消费之间的分配是否等于产品生产成本在增加资本品的成本与消费品的成本之间的分

（接上页）物借贷时流行的利率相同。从这一点可以推论出，当实际利率低于这一利率时，物价就会有上涨的趋势；反之，如果高于这一利率，物价就会下跌"（pp. 167 - 168）。接着，凯恩斯追加道："如果我们给维克塞尔的自然利率下一个定义，说它是储蓄与投资价值均衡时的利率；那么，当货币利率保持在一个水平上，使投资价值超过储蓄时，全部产品的物价水平就会上升到生产成本之上。这又会反过来刺激企业家争相抬高报酬率，使之超过原有水准。当货币的供应使货币利率能保持在低于上述定义下的自然利率时，这种上涨的趋势就可以无限制地继续下去。一般说来，这就意味着除非银行货币量不断增加，货币利率甚至保持略低于自然利率的程度也不行。但这一点并不影响维克塞尔的说法在形式上的正确性。"（p. 168）接着凯恩斯还赞道："不管我是否夸大了维克塞尔的思想所达到的深度，他无论如何总是说明利率通过对投资率的作用影响价格水平的第一位作者。"接着，凯恩斯还提到，在欧洲大陆（德国和奥地利）他称作"新维克塞尔学派"的米塞斯、哈耶克和纳赛尔（Hans Neisser）等经济学家的著作，称他们的观点和思路与他自己的理论非常相似，说知道他们的著作很晚，等这本书写完了才看到，他说自己的德文比较差，不然会把米塞斯、哈耶克和纳赛尔的思想吸收到他的著作中。（p. 178，及其注 2）

① 在《货币论》中，凯恩斯还具体解释道："一般说来，每一个向新的均衡价格水平的变化都是由于利润偏离零所引起的。上述分析的意义在于证明这种均衡条件与以下两点实质上是相同的：（1）储蓄与投资价值相等；（2）利息的'市场利率'与'自然利率'相等。"由此凯恩斯认为，如果银行体系能够调控其贷款量的规模从而使市场利率与自然利率相等，那么投资的价值就会等于储蓄的总额，而全社会的利润总额就等于零，所有产出的价格就会处于均衡水平。（p. 142）当然，凯恩斯也认为，"在短期内这一做法并不总是可行的，因为在短期内自然利率会发生极度的波动"。（p. 143）

② 凯恩斯这里用的是"price level of the goods coming forward for consumption"和"price level of the goods added to the stock of capital"，从而与哈耶克在《价格与生产》一书中的分类法是一致的，且二人的分析思路也是一致的。

配"（pp. 161 - 162），但是凯恩斯认为这主要取决于"投资在未来某个时间内所能提供效用的预期物价水平，以及为了获得这些效用对固定现存资本的贴现价值的利率。因此，投资品生产者究竟是盈利还是亏损，要取决于市场对未来价格的预期以及现行利率的变化是对他们有利还是不利，而不取决于消费品生产者究竟是获利或亏损。"①（p. 162）

理解了凯恩斯关于市场利率围绕着自然利率的上下波动对经济的影响的论述，就大致能理解凯恩斯《货币论》上下两卷中的核心经济思想了。凯恩斯认为，如果银行体系以一种方式控制了信用条件，使储蓄等于新投资的价值，那么，全部产品的平均物价水准便是稳定的，而且与生产因素的平均报酬率相符合。如果信用条件比这种平衡水准更宽松，那么物价就会上升，利润就会出现，企业家的财富也会由于公众收入的价值降低而比储蓄增长更快，这时企业家会争相扩大再生产，其报酬会增加。如果信用条件比均衡水平更紧，即市场利率高于自然利率，物价就会下跌。企业亏损就会出现，企业家财富的增加就会慢于公众储蓄的增加，接着就会出现失业，并且有一种压力使人们减少生产要素的报酬率，直到出现某种情形使实际的信用条件和他们的均衡水平更接近为止。由此，凯恩斯得出结论说，资本主义市场经济中的**"繁荣与萧条，简单来说就是信用条件在均衡区间上下摆动结果的外在表现"**。②（p. 165）

在《货币论》上卷从货币和信用对经济过程的影响做了纯理论分析之后，在下卷中，凯恩斯则从货币和信用的视角对资本主义市场经

---

① 很显然，哈耶克在《价格与生产》中对银行利率的变化对消费品生产和资本品生产价格及其生产的增加的分析，显然比凯恩斯这里的更精细和更深入一些。

② 按照哈耶克在最早的著作《货币理论与贸易周期》一书中，在解释资本主义市场经济的周期问题上，存在着货币因的理论解释（non - monetary theories of the trade cycle）和非货币因的理论解释（monetary theories of cycle），维克塞尔—米塞斯的理论，以及后来凯恩斯在《货币论》中所阐述货币利率与自然利率背离的影响，均属于货币因的理论解释。在《货币论》下卷第27章讨论过熊彼特的企业家创新驱动的商业周期理论之后，凯恩斯补充道："进行创新的企业家在利息成本不（转下页）

济中周期性的繁荣和萧条进行了历史的和理论的分析①。在对欧洲和美国经济史上的萧条做了历史追溯之后，凯恩斯从企业和利润的角度来解释资本主义市场经济的繁荣与衰退。在第 30 章"历史上的例证"中，凯恩斯指出："创造和增加世界上财物（possessions）的是企业（enterprise）。正如节约的果实可以用来做资本积累，也可用来提高消费者的货币收入的价值一样，企业的开支同样可以出之于人们的节俭（thrift），也可以得之于一般消费者在消费方面的牺牲。更糟糕的是，节俭不仅可以没有企业而独立存在，而且一旦超过企业时，肯定就会妨碍企业的复苏，同时还由于它对利润发生的不利影响而造成恶性循环。有企业在运行，不论节俭的情形如何，财富都会积累起来；而如果企业停顿的话，不论怎样节俭，财富都会衰减。"（p. 132）但是，凯恩斯认为，要使企业活跃，必须有两个条件：第一，企业必须有获得利润的预期；第二，企业家必须能支配足够的资金，使它们的计划能够付诸实施。而企业家的预期，一部分取决于非货币的若干因素，如战争与和平、发明、法律、民族、教育、人口等等。但是更重要的是，企业家能够将他们的计划付诸实施，在他们认为更有吸引力的条件下，几乎完全取决于银行和货币体系的表现。（p. 133）

（接上页）致使之望而却步的条件下开展他们的项目投资，要看银行体系的负责人支持程度。因此，引起信用膨胀的刺激虽然来自银行体系之外，但只有在允许货币机构对这些刺激作出反应时才能出现。就此而论，信用周期是一个货币现象。"（Vol. 6，p. 86）尽管如此，凯恩斯对霍特里（R. G. Hawtery）提出的经济周期和信用循环完全是一个货币现象的看法仍有保留。在第 29 章，凯恩斯指出："霍特里先生论证信用循环是'一种纯粹的货币现象'时，他远远超出了我所准备达到的程度。他写道：'生产活动中一切变动的原因均是以货币要素为条件的。只有货币环境对其有利，生产活动才能有成果。'对此我表示同意。但是我认为他没有把货币因素所决定的金融激励与生产性消费可用的实际收入的物质手段区分开来。甚至他似乎完全忽视了后者……"（p. 117）

① 从散乱于《货币论》上下卷的引证中，我们可以发现凯恩斯在写作这部著作时确实研究了之前的各种各样的商业周期理论，包括维克塞尔、米塞斯、哈耶克、霍特里、罗伯逊、熊彼特、马歇尔、图甘-巴拉诺夫斯基（M. Туган-Барановский）等等的理论。

由此，凯恩斯得出了他在《货币论》中一个最重要的论点："国家的财富不是在收入膨胀中增进的，而是在利润膨胀中增进的，也就是说，发生在物价超越成本而向上飞奔的时候。"（p. 137）接着，凯恩斯还强调指出："我要提请史学家特别注意的明显的结论是：各国的利润膨胀时期与紧缩时期与国家的兴盛时期和衰败时期特别地相符。"（p. 143）

　　由于这本书在 1930 年出版时，1929—1933 年的世界经济大萧条已经发生了，凯恩斯也在《货币论》中对大萧条的原因作出了他自己的解释："从而我认为，1930 年衰退的主要原因在于证券市场崩溃以前长期的高息贷款对投资发生的阻碍作用，而证券市场的崩溃还是次要的①。但崩溃一旦发生，就引起营运资本（working capital）方面的负投资，极大地恶化了事态的发展，在美国尤其是如此。此外，它还在两个方面促使利润紧缩的发展——一方面阻碍了投资，另一方面也鼓励了储蓄。证券市场的崩溃所产生的悲观情绪和失望气氛导致企业的缩减，降低了自然利率；同时，证券的票面价值的崩溃所造成的'心理上的'贫困也可能增加了储蓄。"②（p. 176）

---

　　① 凯恩斯的这个判断显然与史实不相符。按照凯恩斯在《货币论》下卷中给出的美国的里富勒（Mr. Riefler）根据美联储调查统计部门的数据所绘制的美国短期和长期利率的两张表，可以发现从 1921 到 1928 年，无论美国的短期市场利率还是相应的长期利率都低于长期平均利率（见 p. 317 的两张曲线图）。而凯恩斯自己所做的这一时期英国银行的平均利率的表格中的数字也表明，直到 1929 年英国的年化利率都在 5％以下，甚至在 1923 年到 1924 年低到 4％左右（p. 318 的表格）。但是在《货币论》下卷中谈到 1930 年的暴跌时，凯恩斯却说："战后世界和战前世界［凯恩斯这里显然是指第一次世界大战——引者注］，在投资因素中最显著的变化是市场利率水平太高。粗略而言，现在的长期利率差不多比 20 年前高出了 50％。"（pp. 338 - 339）但是，从凯恩斯上面所给出的美国长期利率和短期利率的趋势图中，以及从凯恩斯自己在第 318 页给出的表中，都看不出这一点，也许在 1930 年后更高？

　　② 到这里，可以清楚地看出，尽管凯恩斯本人是从现实经济运行来建构他的萧条经济学的理论分析框架的，但在《货币论》写作的阶段，他还是从纯粹的经济学理论推理来阐述他的货币与商业周期理论。这也牵涉到凯恩斯的《货币论》中的经济理论体系的一个核心矛盾，由于采取了维克塞尔的"自然利率"概念，并且他把它定义为整个社会的投资等于储蓄时的均衡利率（即在《货币论》上卷（转下页）

由于相信现代市场经济中的商业周期是由于银行体系和货币因素引起的，在《货币论》第七篇，凯恩斯论述了货币管理和货币制度问题。在第 31 章一开始，凯恩斯便指出："银行体系对单种商品或生产要素的货币报酬率无法直接控制。在现实中，它对货币量实际上也不能做任何**直接的**控制；因为，现代银行制度的一个特征是，中央银行随时可以按照规定的贴现率来购买某种认可的有价证券来释放货币。"（p. 189）凯恩斯还进一步解释道："这实质上意味着，当今世界的物价控制是**通过对投资率的控制**来实现的。中央银行当局不论是通过银行利率发生作用，还是通过公开业务市场的交易发生作用，除了影响投资率之外，别无他法。但是，我们的基本方程式已经表明，如果投资率可以任意加以影响，这可以任何必要的程度作为一种平衡因素，首先影响整体产出的物价水平，最后通过物价对利润的反应影响生产要素的货币报酬率。"[1]（p. 189）

为了解释清楚中央银行和商业银行增加货币供给而影响投资率，

（接上页）第 10 章提出的第二个基本方程式中第二项利润 Q 为零，因而 $I = S$ 时的均衡利率）。但是，无论在现实中，还是从理论上来推理，现代资本主义体系几乎不可能总是 Q 为零，它要么为正，要么为负，因而全社会总不可能 $I = S$，那怎么又能确定储蓄等于投资时均衡的自然利率呢？因而，自然利率只能是一个理论存在或理论假设，而不是现实中的存在。并且在《货币论》下卷中，凯恩斯不只在一个地方指出，自然利率变化极其迅速和剧烈。譬如，在《货币论》下卷第 37 章第 3 节，在提出银行体系能否控制投资率问题时，凯恩斯说："直到现在我们还没有怎么肯定地来回答这个问题。前面已经说明，长期市场利率在一定程度内可以由于受到短期利率变动的影响而朝着有需要的方向发展。可是市场利率即使有一点小的变动，自然利率也会发生迅速得多的变动。故我们的结论要成立，就需要有一个假定：银行体系有能力使市场利率与任何情况下的自然利率那样大量而迅速地变动。"（p. 325）那么，自然利率又是如何决定的呢？为什么自然利率常有大量而迅速的变动呢？凯恩斯在《货币论》中并没有给予进一步的解释。正是因为这一点，到了《通论》阶段，凯恩斯放弃了"自然利率"这个概念，并自己创出了"资本的边际效率"（the marginal efficiency of capital）这一概念，从而构建了他的因市场利率与资本的边际效率的背离而导致产生经济危机的商业周期理论。

　　[1]　在这里凯恩斯还批评了几乎所有有异端货币改革者的错误认识，指出"这类错误主要是没有认识到货币制度与利率及资本投资率的深远关系而产生的"。（同上书，pp. 190 - 191）

从而影响全社会的物价和整个经济运行，在《货币论》下卷中，凯恩斯进一步解释了商业银行通过贷款创造存款从而创造了"银行货币"的具体机制："银行家可资放贷或投资的所有资源，相当于储户账内贷方存款总额的巨大部分（接近 90%）。假如所存入的是'储蓄存款'（saving deposits），那么他不过是一个转移借贷资本的居间人；假如所存入的是'现金存款'（cash deposits），那么他一方面是存款者的货币供给者，同时又是借款人的资金供给者。因此，一个现代银行家便担负了两套不容混淆的任务。由于他能发生票据交换的作用，通过借方与贷方的账面记录来回转移各种不同客户间的本期支付，于是他便提供了国家货币的替代品。"（p. 191）凯恩斯还特别指出，在商品货币通行的时候，在货币供给和某一特定借贷之间就没有这种密切的关系。"但是，一旦指代货币出现后，问题就发生了，不管怎样迫使指代货币模仿商品货币的行为都是一样的。由于制造指代货币并不消耗真实的资源，故当公众持有较多的指代货币单位时，这种货币的发行者便有一笔货币可以贷放出去，其价值等于公众因为获得较多的现金便利而自愿放弃不用的真实资源的价值。"（pp. 191 - 192）因此，凯恩斯发现，商业银行可以通过创造信用来创造货币。凯恩斯甚至认为，即使在金本位的货币制度下，银行家仍然可以通过创造信用来创造银行货币。因为，"甚至银行家并不否认在某种意义上他能够**创造**信用（credit）。他进行这种创造时所需的唯一一块泥巴就是适当比例的黄金（或其他形式的准备金）。假使一家银行在英格兰银行的余额超过了通常的需要，它便能向工商界增加一笔额外的贷款，这笔贷款在它或其他银行资产负债表上的另一边便创造了一笔额外的存款（记在借款人的贷方或他选定的转移账户的贷方）。就银行整体来说，这种方式的信用'创造'只有在导致黄金流失而减少了银行的准备，因而说明信用量有'缩减'的必要时，才算是过多；然而，如果黄金的供应充裕，那么，信用的创造行为便必然没有阻碍。"（pp. 195 - 196）

接着，凯恩斯甚至有点充满情绪地说："使工业开动的，绝不可能是英格兰银行的黄金；因为大部分黄金都年复一年地放在那里从未被触碰过。即便是这些黄金一旦在空气中消失，只要没有人将这消息泄漏出来，其他一切事务仍然可以照常进行。相信英国工业的可用营运资本量取决于英格兰金库中的黄金量，就无异于相信别人的鬼话。"（p. 196）更为重要的是，因为凯恩斯相信在"指代货币制度"下，"在短期，中央银行在'创造'银行货币方面的自由裁量权比会员银行更大。"（p. 254）因此，凯恩斯在《货币论》下卷中很多地方，专门讨论了限制央行权力（货币的限政问题）和规范商业银行的法律法规问题。例如，凯恩斯就讨论了法国实行的最高发行额的制度和1884 年《不列颠银行法》中"定额信用发行法"的规定。凯恩斯还认为，由于法国的"固定最高额法"一方面以法律保证了不发生任何通货膨胀，同时又能使中央银行具有最大的自由裁量权，因而可能是"最好的制度"。对于英国实行多年的金本位的货币制度，1884 年的《不列颠银行法》则确定了"定额信用发行法"，该法案规定现钞的发行额超过黄金准备的数量不得大于法律规定的定额。"它也保证了一旦现钞的发行量超过了正常的最小限额时，除非有黄金储备边际可以用来应付，否则不可能再扩大发行。"（p. 237）在第 33 章，凯恩斯指出："我相信，今天在任何一个具有负责任政府和强有力中央银行的文明国家中，把有关中央银行的储备管理事宜交给它让其依照自己的自由裁量权而不受约束地处理，比采用法律来规定它应该做什么，或者应当在什么范围内行动的办法好得多。这种法律——或者在没有法律的地方是具有约束力的惯例——所应达到的目的是管理会员银行的准备金，借以保证有关未清偿的银行货币总额的决定权都集中到一个机构手中，这个机构有责任在做出决定时从社会和经济的总体利益着想，而不是从货币利润考虑。"[1]（p. 243）但是凯恩斯也注意到，限制

---

[1]　凯恩斯的意思是在一个文明的现代国家中，应该赋予央行有自己决策的独立性。但是，在提出货币也有一个"限政"问题的经济学家中，凯恩斯比英国经济学家查理斯·古德哈特（Charles A. E. Goodhart）至少要早半个多世纪（见 Friedman & Goodhart, 2003, pp. 91 - 108）。而直到今天，各国央行的货币（转下页）

央行发行钞票的自由裁量权不一定是最优的。由于钞票的发行和货币供给的增加对经济体系的运作和通货膨胀有着根本性的影响，凯恩斯还提出至少两点："法律只有在两个方面限制中央银行的自由裁量权才是有用处的。第一，在一个不稳定的世界（a precarious world）中，最审慎的方法是，有意地将一定量的黄金搁置起来，在任何情况下都不打算动用，而只是把它作为应对最后紧急状况的准备。""第二，如果法律能够仿照法国原先的法律那样规定出钞票的发行量不得超过一个最高限额的话，至少可以有助于增加人们心理方面的信任，而且可以证明它在紧急时期至少是一种有延缓作用的安全保障。钞票发行量既然没有理由必须遭受突然和剧烈的变动，那么最高发行额只要与商业旺盛时期的季节性最高预期流通额之间留有一个宽裕而不过多的边际也就够了。"（p. 244）

概言之，在整个《货币论》中，凯恩斯论述了货币本质、货币的创造、货币的价值、货币、利率对投资和经济运行的影响，并进而讨论了现代货币和银行制度，这一切的核心思想是从货币和利息的视角解释资本主义市场经济中的商业周期问题。最后，凯恩斯对他的整个宏观货币经济理论进行了总结："市场利率与自然利率之间的偏离，成了物价水平低落的基本原因。可是，一旦上述情形持续一段时间从而在企业家中产生'萧条'的心理之后，就会像往常一样，其他一些数量可能更大的影响就会来推波助澜了。"（p. 342）按照凯恩斯的理论解释，当下的投资相对于储蓄的不足，最初会引起经济的萧条。由此所造成的损失足以使企业家在减产时，减少其营运资本，以与减产后的生产水平相适应，从而使投资净额发生更大程度的减少，结果物价会进一步下跌。物价的下跌又会增加那些继续营业的企业家的损失，而这些损失又转而使生产再进一步缩减，最后便陷入了经济衰退。最后，凯恩斯相信，"我们面临的危险恐怕将要实际经历'吉布森悖论'（Gibson Paradox）① 的运行，即市场利率在下降，可总赶不上自然利率下降的速度。于是就会重复出现利润的萎缩，从而导致收入持续下降和物价水平下跌。如果这种情况发生的话，当下个人主义的资本主义制度（regime of capitalistic individualism）就肯定会被影响深远的社会主义所代替。"（p. 346）

---

① 按照凯恩斯在《货币论》第 30 章的引证，吉布森（A. H. Gibson）先生在 20 世纪 20 年代发表了一系列文章，发现在过去 100 多年的时间里，利息率（按英国的长期公债的收益计算）与物价水平（按批发价格指数计算）之间有着紧密的关系，即"在信用循环上升的阶段中，物价和利率趋于一同上升；而在下降的阶段中，则趋于下降。"（p. 177）凯恩斯把这种现象称作"吉布森悖论"。

4 《通论》的理论分析框架与凯恩斯萧条经济学理论的整体建构

> 照我看来，经济危机的问题之所以没有得到解决，或者在任何程度上说危机理论之所以令人不满意，是在于缺乏一种生产的货币理论。
>
> ——约翰·梅纳德·凯恩斯[1]

在 1930 年 10 月末《货币论》出版时，1929—1933 年世界经济的大萧条已经发生了差不多整整一年。尽管在《货币论》最后第 37 章，凯恩斯也论述了"1929 年开始的世界经济大萧条"，但是，凯恩斯很显然还没有时间深入反思这次大萧条产生的根本原因。最后，他还是沿着维克塞尔的"市场利率"与"自然利率"的背离对投资的影响，来阐述现代资本主义市场经济中的经济周期的产生机制。在这一理论发展阶段的认识上，凯恩斯的商业周期理论与米塞斯[2]和哈耶克所创造的奥地利学派的货币与商业周期理论在精神上是一致的。

---

[1] 《生产的货币理论》，凯恩斯的这篇短文最早于 1933 年发表于一家德文杂志上，后来收入 Keynes, 2013, *The Collective Writings of John Maynard Keynes*, Vol. 13. pp. 408 - 411。

[2] 从《凯恩斯全集》第 11 卷收集的一篇文章中，可以知道，凯恩斯在 1914 年就仔细地阅读过米塞斯的《货币与信用理论》，并在 1914 年 9 月在英国《经济学杂志》上发表过对米塞斯这本书的简短的书评。凯恩斯还在这本书中称赞米塞斯道："冯·米塞斯博士的专著是来自敏锐和有修养大脑的一本著作"；并说这本书的每一个话题都有很多内容，值得一读，且涉及领域广泛，"有最高程度的启发性"。(Keynes, *Collective Writings*, Vol. 11. pp. 400 - 430)

对西方国家乃至世界经济产生巨大冲击的 1929—1933 年大萧条，以及《货币论》出版后丹尼斯·罗伯逊和哈耶克对《货币论》理论解释的商榷和批评，促使凯恩斯在烦冗的行政、教学、编辑等事务中静坐下来，真正建构他的经济学理论。而建构他的经济学理论的最终目的，实际上还在于解释清楚资本主义市场经济中的商业周期问题[①]。在凯恩斯看来，其关键在于弄清现代市场经济体系中的货币、利息与就业的关系。对于这一点，凯恩斯在《通论》的序言中一开始就谈到了他的《通论》与《货币论》的关系："当我开始撰写我的《货币论》时，我仍然沿袭着传统的思路，把货币的影响看成与供给和需求一般理论无关的东西。当我完成该书后，我在推进货币理论变成一个总量理论方面取得了某些进展。……本书已经演化成为一本主要研究什么力量在整体上决定产量的规模和就业量的著作，而不仅仅是它的方向。而且，我们发现，货币以一种根本的和独特的方式进入经济系统（economic scheme），而货币在技术方面的细节则变成了一个背景。我们将要看到，一种货币经济基本上是这样一种经济，在其中，对未来看法的改变不仅仅可以影响就业的方向，而且能影响就业的数量。然而，在分析这种关于未来的观念变化影响当下经济体系的行为时，我们所使用的方法仍然是供给和需求之间的相互作用；从而，通过这种方法仍然与基本的价值理论结合在一起。这样，我们就能得到一个更具有一般性的理论，而我们所熟悉的古典学派的理论则成为其一个特例。"（*Collective Writings*, Vol. 7, p. xvi）正如其所言，如果说《货币论》还是凯恩斯在剑桥大学所教授的"货币理论"著作[②]，而《通论》就变成了一本真正的今天意义上的宏观经济学的一般理论了。

---

① 在 1936 年 1 月凯恩斯的《通论》出版后，英国经济学家约翰·希克斯在《计量经济学杂志》上发表的一篇文章《凯恩斯先生与"古典经济学"：一个建议性的解释》（后收入《希克斯经济理论论文集》第二卷）中，就明确地说《就业、利息和货币通论》实际上"就是萧条经济学"。（见 Hicks, 1937, p. 155）

② 尽管凯恩斯的《货币论》所关心的最终问题是现代市场经济中的商业周期问题，但它整体上还是一本货币理论的著作。

其中，货币是他分析宏观经济理论的一个轴心变量，分析就业的增加和总产量的增长，解释现代资本主义世界经济中的商业周期现象，则是他经济学理论的一个主要任务。

自 19 世纪初到当代，资本主义市场经济发生周期性的经济危机时总是以大量失业为主要特征。这一事实本身就说明，现代市场经济并不是自动能达到稳定和均衡的一种经济体系。[①] 因此，古典经济学和新古典经济学的自由竞争可以达到市场均衡的理论本身就是有问题的。但是，面对当时世界经济的现实情景，凯恩斯不是从产品和劳务市场的供求关系来开始他的经济学理论建构的，而是在《通论》第一篇导论中，就直接讨论资本主义市场经济中的就业问题。在《通论》第一篇，凯恩斯首先讨论了从萨伊、李嘉图、约翰·穆勒到马歇尔、庇古等古典经济学家的理论假设，即市场经济中供给总是自己创造需求[②]的三个假设条件：（1）实际工资等于现行的就业量的边际负效用；

---

① 按照英国经济学家尼古拉斯·蒂姆斯戴尔（Nicholas Dimsdale）和安东尼·霍特森（Anthony Hotson）的研究，从 1819 年到 20 世纪 40 年代，英国已经历了 16 次经济衰退，并且经历了 5 次大的系统性经济周期，即 1819—1841 年、1842—1866 年、1867—1892 年、1893—1914 年和 1921—1943 年的经济周期，其中每个周期都伴随着不同程度的金融危机（见 Dimsdale & Hotson, 2014, Table 3.1）。按照美国经济学家詹姆斯·格兰特在《被遗忘的萧条》一书中所提供的数据，自 19 世纪初，美国经济也经历了 1818 年、1825 年、1837 年、1847 年、1857 年、1873 年、1884 年、1890 年、1893 年、1903 年、1907 年、1910 年、1913 年和 1920—1921 年的周期性经济衰退和金融危机，"1920—1921 年的经济衰退是自 1812 年恐慌以来的第 14 个经济周期收缩（business cycle contraction）"；"1920—1921 年，按名义价值计算，美国产出下降了 23.9%，扣除通货膨胀（或通货紧缩）因素后降幅为 8.7%；生产价格从高峰跌入低谷，降幅为 40.8%；工业生产下降了 31.6%，股价跌掉 46.6%，企业利润减少了 92%，在美国 3150 万非农业劳动力人口中，失业人数在 200 万到 600 万人的范围内。"（Grant, 2014, pp. 14 - 15）更不用说 1929—1933 年的大萧条了。到 1933 年，美国的失业率上升到 25%，其间居民消费价格指数下降了 27%，美国国内生产总值减少了一半，从 1030 亿美元减少到 550 亿美元。西方发达国家的经济史表明，现代资本主义经济体系本身就不是一个稳定的均衡体系。但原因何在？这正是许许多多的经济学家包括马克思、熊彼特、欧文·费雪（Irving Fisher）、奥地利学派经济学家们和凯恩斯所要进行理论探讨的内容。

② 在第一章的注脚中，凯恩斯就明确界定了他所说的"古典经济学家"，并指出这个词是马克思首创的，泛指李嘉图、詹姆斯·穆勒以及他们的前辈们。（转下页）

（2）严格意义上的非自愿失业不存在；（3）供给创造自己的需求，其意义在于在产出和就业的所有水平上总需求价格都等于总供给的价格。通过多年的研究、观察与思考，凯恩斯认为，现代资本主义市场经济并不是一个稳定的和均衡的体系，由此他创造了许多新的经济学术语来展示他的理论。在第一篇导言中，凯恩斯就提出了"充分就业"（full employment）、"摩擦失业""自愿失业""非自愿失业"，以及后面所提出的"总需求函数"（aggregate demand function）、"总供给函数"（aggregate supply function）、"有效需求"（effective demand）、"资本的边际效率"（marginal efficiency of capital）、"流动性偏好"等等概念（而这些概念今天则成了宏观经济学教科书的通用或言标准概念①），并以此来分析现代市场经济中的就业问题。

在今天重读凯恩斯的《通论》时，我们一定要特别注意两点：

（接上页）但凯恩斯在《通论》中明确说，他所说的古典经济学家，是指那些接受李嘉图经济学并加以完善的人，包括约翰·斯图亚特·穆勒（John Stuart Mill，詹姆斯·穆勒之子），以及后来的马歇尔、埃奇沃斯以及庇古教授等。这些都是凯恩斯剑桥的经济学前辈和同事。凯恩斯正是认为这些古典经济学家们所相信的市场供给总能创造需求因而总是均衡和稳定的其实只是一种特殊情形，才断言他自己的货币、利息和就业经济学理论才是一般理论。

① 细读过凯恩斯《通论》的读者会知道，"资本的边际效率"是凯恩斯本人经济学体系中最核心的概念之一。没有这个概念，或者说不理解这个概念，就无法理解凯恩斯在《通论》中的整个经济学理论体系建构；或者说，抛弃了凯恩斯的"资本的边际效率"这个概念，也就等于部分抛弃了凯恩斯经济学的整个理论分析体系。但是，从《新帕尔格雷夫经济学大辞典》1987年版主编之一 John Eatwell（1987, p.319）为"资本的边际效率"这个词条所写的解释中，可以看出，他在很多方面对凯恩斯的这个概念是批评和商榷的："把投资弹性需求表制订成利率的函数缺乏任何逻辑基础，这同时就构成了对新古典主义的产出理论的批判，也构成了对凯恩斯的资本边际效率概念的批判——这个概念本身也是从新古典主义经济学理论中导出的。而且，新古典主义的产出理论与新古典主义的价值同义，这一事实本身意味着对后者的有效批判必定能构成对前者的批判。"如果凯恩斯在《通论》中所提出的"资本的边际效率"概念就有问题，那么，凯恩斯在《通论》中所建构的整个资本主义市场经济中的货币与商业周期理论的分析框架就会整体坍塌。但是，由于现代宏观经济学教科书大都不讲经济周期，因此，从某种程度上可以认为，被当代主流经济学所继承下来的仅仅是凯恩斯在《通论》中所创造的一些经济学术语和经济学的分析方法的"外壳"。从这个意义上说，里根和卢卡斯所说的我们人人都是凯恩斯主义者了，也许只有部分的道理。

（1）凯恩斯的经济学理论乃至整个《通论》所分析的经济活动的主体是企业家（entrepreneurs）："在任何场合，都应该记住，是企业家在给定的资本设备上来做出决策；当我们说一种增加需求的预期即总需求函数的上升会导致总产量的增加时，我们的实际意思是，拥有资本的厂商会被诱导增加劳动就业总量。"（p. 40）因而，照凯恩斯看来，是企业家的预期和投资决定总产量和就业量。① （2）《通论》理论分析的核心是货币、利息在决定投资、总需求和就业中的作用："因而，在论述就业理论时，我主张使用的两个基本计量单位，即货币价值的量和就业量。"（p. 41）

在对他自己的理论研究进路作了上述自我表白之后，凯恩斯接着在《通论》第五章分析了企业家的预期在决定总产量和总就业量中的作用。在凯恩斯看来，企业家的预期可分为两类：第一类是短期预期，即制造商决定开始生产时的价格为多少，即能否短期赚到钱；第二类是长期预期，即企业家所关心的资本的未来收益。凯恩斯认为，"一般说来，预期的改变（不论是短期还是长期）只有在相当长的时期中才能对就业产生它的全部影响。"（p. 47）"因此，预期的改变可以导致逐渐形成的就业量的高潮，上升到高峰再下降到新的长期水平。……因此，仅仅预期的改变本身就像它自身的运行那样会产生周期性的波动。这正是我在《货币论》中所讨论的由于运营和流动资本的增加或衰竭而产生的循环运动。"（pp. 49-50）当然，凯恩斯也认识到，现实的经济运行要复杂得多："因为预期总是在变动之中。当过去的预期还远远没有发挥出它的影响之前，新的预期又会追加到过去的预期之上，从而，经济机器（economic machine）总是处于一连串的相互重叠的过程之中，是过去各种预期状态的实存。"因而，依凯恩斯看来，现代市场经济中"任何时间的就业量在一定意义上显然

---

① 在今天，许多人在没阅读或没读懂凯恩斯的《通论》时，常常把他看成是一个政府干预主义者，甚至误认为凯恩斯主张计划经济，而没有认识到凯恩斯的《通论》的核心思想是分析市场经济条件下企业家的投资和生产所带来的整个宏观经济运行的后果。

不仅取决于现在的预期状态，而且也取决于过去一段时间的预期。"(p. 50)

在第二篇先探析企业家的预期在总产量和就业乃至经济周期中的作用之后，凯恩斯接着在第六章和第七章界定了与货币有关的经济变量，详细考察收入、储蓄与投资，再一次明确在一国的宏观经济整体中，储蓄总是等于投资。由于在凯恩斯的理解中，收入＝总产值＝消费＋投资，而储蓄＝收入－消费，因而，在宏观经济总体上总是有储蓄＝投资。凯恩斯说："储蓄和投资系如此加以定义，以致它们在数量上必然相等，因为对整个社会而言，它们不过是同一事物的不同方面。然而，不止一位当代作者（包括我自己在《货币论》中）曾给这些术语特别的界定，以致它们并不必然相等。"① (p. 74) 在这个阶段，凯恩斯对储蓄和投资的相等还有点含混不清。他一方面在定义上确定了二者必然相等，但接着讨论了储蓄与投资的不相等："由于收入的定义不同，因而有收入超过消费的差额，从而储蓄与投资不相等。"这主要是因为对企业家的利润的定义不同。凯恩斯说："这样，关于储蓄大于投资，我的意思是说，产量处于这样一种规模，以致企业家们从他们所拥有的资本设备那里获取少于正常利润的收益；而关于储蓄大于投资的增长，我是指实际利润的下降使企业家们具有减少产量的动机。"(p. 77) 根据这一点，凯恩斯明确地说，"我现在认为，就业量（从而产量和实际收入）是由企业家决定的，他作出决定的动机是追求现在和将来利润的最大化……；同时，能使他的利润最大化的就业量则取决于总需求函数，而总需求函数代表在各种不同的假定下企业家对消费和投资所带来的收益的预期。"(p. 77) 凯恩斯还进一步解释说："如果用我在《货币论》中的语言来表达，我的新论点如下：在过去的就业量和产量既定的情况下，对投资超过储蓄的预期的

---

① 当然，凯恩斯也意识到在他的理论框架中储蓄总是等于投资的问题，并讨论了罗伯逊、霍特里、哈耶克、罗宾斯（Lionel Robbins）和其他奥地利经济学家对他的这一假说的批评。

增加，会诱导企业家增加就业量和产量。我现在和以前的论点的重要性在于试图说明，就业量取决于企业家对有效需求的预期，而我在《货币论》中所定义的对投资相对于储蓄增加的预期，是有效需求增加的一个准绳（criterion）。当然，就我在这里所提出的进一步发展而言，我在《货币论》中的论述是非常含混不清和不完备的。"（p. 78）

既然就业和总产量取决于企业家对有效需求的预期，凯恩斯在《通论》第三篇就接着讨论了人们的消费倾向（propensity to consume）及其客观决定因素、主观决定因素和乘数。在第八章一开始，凯恩斯就指出："我们分析的最终目标是找出什么因素决定就业量。到目前为止，我们所得到的初步结论是，就业量取决于总供给函数和总需求函数的交点。"（p. 89）那么，什么决定了一个社会的总需求函数呢？凯恩斯发现，一个社会花费在消费方面的开支的数量（1）部分地取决于这个社会的收入的数量；（2）部分地取决于参与者的其他客观情况；以及（3）部分地取决于该社会居民的主观需求、心理上的倾向性、习惯，以及收入分配原则（当产量增加时，分配原则可能随之发生改变）。而这三个方面也就决定了这个社会居民的消费倾向。接着，凯恩斯又分析了影响消费倾向的几个因素：（1）工资单位的改变（因而实际收入的增减）；（2）收入和净收入之间差额的改变（凯恩斯认为消费量取决于净收入，而不是［毛］收入）；（3）在计算净收入时没有计入的资本价值的意外变动，即今天我们所说的资本收入增加在个人消费中的财富效应；（4）时间贴现率的改变，即现有物品和未来物品的交换比率的改变；（5）财政政策的改变，既然个人的储蓄倾向取决于人们所期望的未来的收益，那么，与储蓄相反的消费显然不仅仅取决于利息率，而且也取决于政府的财政政策；以及（6）人们对现在和未来收入水平变化的预期。（pp. 91 - 98）

在第八章讨论了消费倾向的客观决定因素后，凯恩斯又于第九章讨论了人们决定消费倾向和储蓄的主观因素的八个动机，包括谨慎（为应付不时之需而积累起一笔准备金）、远虑（预防个人和家庭未来的收入和需求与现在的差异）、计算（获得利息和财产增值）、改善

（享受逐渐增加的消费开支）、独立（享受独立的生活和做出一番事业的成就感）、创办企业（为了进行投机活动或从事某种商业活动而积累资金）、传承（为了能留下遗产给子孙后代）和贪婪（纯粹满足守财奴的欲望），等等。他认为，是这八个主观动机，加上每个人的享乐、短视、慷慨、失算、炫耀和奢侈，决定了人们的主观消费倾向。除了决定个人的消费和储蓄倾向的客观和主观因素外，凯恩斯还指出，在现代社会中，中央政府、地方政府、社会组织和企业公司也会储蓄。凯恩斯认为，这些政府机构、社会组织和企业公司储蓄的动机为（1）经营动机（the motive of enterprise），以确保进一步进行资本投资的资源，而不必增加债务和在市场上筹集资本；（2）流动性动机，保证流动性资源，以便对付紧急事件、困难情况和经济萧条；（3）改善动机，即获得逐渐增长的收入，这样就可以使管理者免受批评；（4）财务上的谨慎动机。（pp. 107－108）在对决定个人和机构消费倾向的主观因素动机作了上述罗列和分析之后，凯恩斯还指出，所有这些动机的强弱在很大程度上取决于经济社会的制度和组织，也取决于种族、教育、惯例（convention）、宗教和当下的道德观，以及当前的希望和过去的经验、资本设备的规模和技术、财富的分配方式和已经达到的生活标准，等等。（p. 109）正因为决定人们的消费倾向有如此多的主观和社会因素，凯恩斯认为，"改变消费倾向的主观的和社会的激励（incentives）的主要背景变化比较缓慢，而利息率和其他因素变动的短期影响又往往处于次要地位，因此我们得出的结论只能是：消费的改变主要取决于收入（以工资单位来衡量）的变化，而不是取决于既定收入下的消费倾向的改变"。（p. 114）

到这里，凯恩斯还提出了他的经济学理论的一个重要观点："除非消费倾向有所改变，就业只能伴随着投资的增加而增加。其原因在于，由于消费者的开支小于总供给价格的增加，因而，除非投资的增加能填补二者之间的差额，已经增加的就业量会成为无利可图的事情。"（p. 98）在确立了就业量只能随投资增加而增加这个基本观点后，凯恩斯进一步指出，"在既定的就业量随投资而增加的情况下，我们可以在收入和投资之间确定一个被称作为乘数的固定比例"。而按照凯恩斯在《通论》中的说法，由剑桥大学另一位经济学家卡恩（Ridard F. Kahn）所引入的乘数概念，取决于人们的边际消费倾向（the marginal propensity to consume）。凯恩斯提出，如果把边际消费倾向定义为 dC_w/dY_w，则 $\Delta Y_w = \Delta C_w + \Delta I_w$（在这里 ΔY_w 为国民收入的增量，ΔC_w 和 ΔI_w 分别为消费和投资的增量），如果把 $1 - 1/k$ 定义为人们的边际消费倾向，则 $\Delta Y_w = k \Delta I_w$，$k$ 即为投资乘数。由此，凯恩斯相信，总需求和国民收入的增加量等于总投资的增量乘以人们的边际消费倾向所决定的乘数。[①]（pp. 115 - 125）由此凯恩斯得出一个结论："边际消费倾向越大，乘数就越大，从而在一个给定的投资量变动的情况下，就业受到的影响就越大。这里可能导致一个悖论：一个储蓄在收入中所占比例很小的贫穷社会，比储蓄占收入比例很大的富裕社会（从而乘数的数值更小）可能具有更猛烈的经济波动。"（p. 125）但是，凯恩斯也接着论证道，"虽然在贫穷社会中乘数更大，但是，假如在一个富裕社会中现行投资额占现行收入远为更大的条件下，投资波动对就业的影响将会更大"。[②]（p. 126）

由于认定了投资对经济增长乃至经济波动的影响是决定性的，而决定企业家投资的是企业家的预期，凯恩斯在《通论》第四篇花费重

[①] 在今天的宏观经济学中，投资的乘数效应已经是现代经济学的常识了。乘数的概念最初由瑞典经济学家维克塞尔和俄国经济学家图甘-巴拉诺夫斯基分别提出。之后，在 1931 年，剑桥经济学家理查德·卡恩在一篇文章中用乘数的概念来解释投资增加与就业增加之间的关系，并计算乘数效应的极限值，使之成为一种有用的宏观经济学的分析工具。凯恩斯则在《通论》中把乘数与人们的边际消费倾向联系起来。这些是他们的原创性理论贡献。

[②] 凯恩斯在《通论》中把投资量的变动看成经济波动的主要根源，他相信企业家们对经济前景持较为普遍的悲观态度会导致私人投资减少，失业增加，若这时增加政府支出，则通过乘数效应可将国民收入提高到充分就业的水平。凯恩斯一直主张，**私人企业家**是经济运行和投资的主角，而经济衰退主要是因为企业家们对未来的悲观预期所导致的投资减少造成的。因而，他的整个萧条经济学的主张是，采取一切尽可能的经济政策改变私人企业家的预期，包括在经济萧条时政府应该增加公共投资，来帮助经济从萧条中走出来。

墨论述了他的萧条经济学理论中的投资诱导问题。在第 11 章，凯恩斯提出了"资本的边际效率"这一概念，并首先从经济增长的微观基础上即企业家的投资决定上来定义这个概念："当一个人购买一件投资品或资本资产时，他购买到的是一系列预期收益的权利，即在投资品的寿命之内，未来的收益等于他所预期的投资所带来产品的卖价减去由于获取产品而支付的费用。这一系列年收入 Q_1，Q_2，……Q_n 可以被方便地称作为投资的**预期收益**。""从资本资产的预期收益和它的供给价格或重置成本（replacement cost）之间的关系，可以得到资本资产增加一个单位的预期收益和该单位的重置成本之间的关系。这种关系向我们提供了**资本的边际效率**的概念。更确切地说，我把资本的边际效率定义为一种贴现率，根据这种贴现率，在资本资产的生命周期所提供的预期收益的现值等于资本资产的供给价格。"（p. 135）

在创造了资本的边际效率这个概念后，凯恩斯又进一步论证道，在任何时期中，随着在一种资产上的投资增加，该种资产的资本的边际效率就会递减。其中一部分原因是随着该种资产的供给量增加，对该种资产的预期收益会下降（凯恩斯并没有解释为什么预期收益会下降，以及在经济发展和投资的什么阶段会下降——引者注）；另一部分原因在于，一般说来，该种资产的增加，会使制造该种资产的设备的供给价格提高。至此，凯恩斯又回到了他的货币与利息理论上来："当前的实际投资量，会被推高到这样一个高点，以至于没有任何种类的资本资产的边际效率会高于现行利率。换句话说，投资率（the rate of investment）会推高到投资需求表上的一点，在这一点上，一般资本的边际效率会等于市场利率。"[①]（pp. 136 - 137）至此，我们可以发现，到了《通论》阶段，凯恩斯已经抛弃了他在《货币论》中

---

① 在《通论》第 11 章，凯恩斯还特别指出，尽管欧文·费雪教授并没有使用"资本的边际效率"这一概念，但是费雪在他的《利息论》中使用了"超成本的收益率"（the rate return over costs）概念。凯恩斯还认为，费雪的这个概念和他的"资本的边际效率"的意思相同。凯恩斯还特别引述费雪的原话："超成本的收益率是这样一个率值，用此来计算的所有成本的现值与所有收益的现值是相等的。"（转下页）

所阐释的维克塞尔式的市场利率围绕自然利率上下波动来决定资本投资的理论思路，而转为用他自己所创造的"资本的边际效率"与市场利率的关系来决定投资和经济波动的理论论证框架上来了。在第 11 章，凯恩斯明确指出："既定资本存量的边际效率取决于预期的改变，理解这一点是重要的。因为，主要有这种依赖关系，才使得资本的边际效率具有相当剧烈的波动，而这种剧烈的波动可以解释经济周期。在下面第 22 章中，我们将说明，资本的边际效率相对于利息率的波动，可以被用来描述和分析繁荣和萧条的交替进行。"（pp. 143 - 144）

在确定了投资规模取决于利息率与资本的边际效率之间的关系之后，凯恩斯认为，"有一个现行的投资规模，就有一个与之相应的资本的边际效率，而资本的边际效率取决于资本资产的供给价格和它的预期收益"。（p. 147）接着，凯恩斯在逻辑上一环扣一环地进一步分析了什么决定企业家的长期预期，还进而分析了作为投资投机者的企业家的信心（confidence）和贷款机构的信用的关系。照凯恩斯看来，贷款机构对它的借款人的信心，也可以被称作"信用状态"（state of credit）。凯恩斯进一步指出，"投资信心和信用状态二者之中任何一个的减弱，便足以造成股票价格崩溃，从而给资本的边际效率带来灾难性的后果。虽然二者之中的任何一个减弱均足以造成经济崩溃，但是经济复苏却要求二者的同时上扬。因为，信用的减弱足以造成经济崩溃，但是它的强劲，却是复苏的必要条件，而不是充分条件"。（p. 158）接着，凯恩斯还分析了影响投资者信心的心理因素，区分了投机（speculation）和办企业（enterprise）："如果我用**投机**一词来适当地表示预测市场的心理活动，而用**办企业**来表示预测资产在整个生

（接上页）"费雪教授进一步说明，在任何方向的投资量，均取决于超成本的收益率和利息率的比较。故要引导新的投资，'超成本的收益率必须大于利息率'"。因此，凯恩斯认为，费雪所使用的"超成本的收益率"与他所创造的"资本的边际效率"概念，不但在意义上相同，而且在目的上也完全相同。（pp. 139 - 140）由此看来，凯恩斯和费雪均是从经济运行的微观主体即企业家的收益计算来论述投资和经济波动的。认识到这一点尤为重要。

命周期的未来收益活动，则未必投机总是多于办企业。然而，当投资市场的组织改善时，投机多于办企业的风险会增大。"（p. 158）凯恩斯还推断，除了投机所造成的经济上的不确定性外，人的本性（human nature）也会造成不确定性。这主要是因为，人们的积极行动很大一部分来源于自发的乐观情绪，而不取决于对未来前景的数学期望值①，不论这种乐观情绪是出自道德的、享乐主义的（hedonistic），还是经济的。他还认为，人们的大多数积极决策很可能源于人的动物的本能——一种自发从事活动而不是无所事事的冲动，因而这不是用利益的数值乘以概率可能性的加权平均数的计算所导致的后果。投机加上人们决策的动物本能，会导致经济上的不稳定性。"不幸的是，这意味着上述种种情况会加深萧条和危机的程度，而且还使经济繁荣的高度依赖于对一般工商业人士合宜的政治和社会氛围。"（p. 162）

在确认资本的边际效率和利息率之背离是资本主义市场经济中经济波动的主要原因之后，凯恩斯接着在第 12 章中探讨了利息的一般理论。照凯恩斯看来，利息率不是储蓄的报酬或被称为等待的报酬，而是放弃流动性的报酬。凯恩斯还认为，由于利息率是放弃流动性的报酬，所以在任何时期，利息率都能衡量持有货币的人不愿意放弃流动性的程度："假如这种解释是正确的，那么，在一个给定的环境中，货币数量便是另外一个因素，与流动性偏好（liquidity preference）一起决定利息率的高低。流动性偏好是一种潜在的力量或官能性倾向（functional tendency），可以决定在既定的数值时公众所要持有的货币量。"（pp. 166 - 167）而人们的流动性偏好，则取决于（1）交易动机，

---

① 凯恩斯在其后的分析中还明确指出，"不论在个人事务还是在政治和经济问题中，影响未来人的决策都不可能单纯地取决于精确的数学期望值，因为进行这种计算的基础并不存在。推动社会车轮运行的正是我们内在的进行活动的冲动，而我们的理性是在我们的能力所及的范围之内在能计算的时候就加以计算，以便做出最好的选择；但是，就我们的动机而论，理性往往退回到依赖一时的兴致（whim）、情感（sentiment）和机缘（chance）"。（pp. 162 - 163）

即由于个人或生意上的交易而引起的对现金的需要；(2)谨慎动机，即为了安全起见，把全部资源以现金的形式保存下来；(3)投机动机，即相信自己比市场上一般人对未来的估计更准确以确保从中谋利。(p. 170)

至此，凯恩斯才开始论述货币数量的改变对整个经济体系运行的作用："假如我们断言货币是刺激经济体系活跃起来的酒，那么，我们必须提醒自己，在酒杯和嘴唇之间还有几个易于脱节的环节。"这些易于脱节的环节有哪些？凯恩斯认为，"在其他条件相同的情况下，虽然货币的数量的增加可以使利息率下降，但是，如果公众的流动性偏好的增加大于货币数量的增加，货币数量的增加就不会使利息率下降。另外，其他条件相同，尽管利息率下降可能会增加投资数量，但是，如果资本的边际效率曲线下降比利息率的下降更快，那么，利息率的降低就不能增加投资数量。还有，其他条件相同，尽管投资量的增加可以期望增加就业量，但是如果边际消费倾向下降，这也不一定会发生。最后，如果就业量增加，价格在一定程度内上涨，上涨的程度取决于物资供应函数的形状，部分取决于以货币数量衡量的工资单位是否易于提高。当产量增加时，价格已经上升，这对流动性偏好的影响是：为了维持一定数值的利息率所需要的货币量要加大。"(p. 173) 由此看来，照凯恩斯的看法要使经济体系走出萧条，并不是简单地增加货币数量这样简单的事。

值得注意的是，尽管凯恩斯从企业家的资本的边际效率与利息率的关系来论证经济波动和商业周期，但是，在凯恩斯看来，经济波动的主要原因是资本的边际效率的突然崩溃，而不是像米塞斯、哈耶克和其他奥地利学派经济学家们那样，认为是因为市场利率过低，导致经济体系中的过度投资，当过度投资或不当投资不能收回其成本时，经济危机就会到来[1]。与他在《货币论》中观点也有所不同，到

---

[1] 在《通论》第 14 章的附录中，凯恩斯开始批评米塞斯、哈耶克乃至罗宾斯的货币与商业周期理论："冯·米塞斯教授提出了一个奇特的利息理论，该（转下页）

了《通论》阶段，凯恩斯更加倾向于政府组织直接投资和动用财政政策以使经济从萧条中走出来。在第12章最后，凯恩斯就说："以我自己而论，我现在有些怀疑，仅仅用货币政策来调控利息率到底有多大成就。我希望看到，国家能基于一般社会效益（social advantage）计算出长期的资本的边际效率，在直接组织（directly organizing）投资方面承担起更大的责任；因为，根据我在上面已经加以论述的原理计算出的各种资本的边际效率的市场估计值可能过大，以致利息率的任何可实施的改变都不足以抵消这种波动。"（p. 164）

尽管凯恩斯认为资本的边际效率的突然崩溃是经济萧条的主要原因，但凯恩斯还是探讨了利息率的决定以及利息率在现代市场经济中的作用。照凯恩斯看来，利息率是一个具有高度心理作用的现象，也是一个高度为社会惯例所决定的现象："因为，它的实际数值在很大程度上取决于流行的观点认为它应该是多少。任何一个被足够大的信念认为持久不变的利息率水平将会持久不变。"（p. 203）当然，凯恩斯也指出，"在其他条件相等的情况下，相应于货币当局所创造的货币数量，将会存在一个既定的利息率，或更严格地说，存在着一整套已被决定的不同期限的债券的利息率。然而，除了货币数量之外，经

（接上页）理论为哈耶克教授所采纳，而且我认为，它也为罗宾斯教授所接受。其内容是，利息率的改变与消费品的价格水平和资本品的价格水平的变动同步。这一结论是如何得出的尚不清楚。但是，他们的论证似乎遵循以下方式：通过某种异常简单的方法，新消费品的价格与新投资品的价格之间的比率被认为可以衡量资本的边际效率。"接着凯恩斯还在注脚中进一步指出，如果我们处于长期均衡状态，那么，这种逻辑在特殊的假设条件下尚可成立。但是，如果所涉及的价格是在萧条状态下的价格，那么，企业家在形成他们的预期时假定价格永久不变这一简单化的假设肯定是错的。此外，如果他作如此假设的话，那么，现存的资本品的价格会与消费品价格趋于相同比例的下降。由此凯恩斯认为，"资本的边际效率曲线的上升或利息率的下降都能刺激投资。由于把资本的边际效率与利息率混淆在一起了，米塞斯和他的门徒们得到了恰好与正确结果相反的结论"。（pp. 192 - 193）很显然，凯恩斯这里对米塞斯和哈耶克所创立的奥地利学派的货币与商业周期理论的批评是没有道理的。既然米塞斯和哈耶克乃至罗宾斯并没有认同和接受凯恩斯的资本的边际效率概念，那怎么又用他们忽视了资本的边际效率与利息率的背离的理论思路来批评他们得到了错误的结论呢？

济体系中任何一个因素的单独变动也同样会决定利息率"。（p. 204）尔后，凯恩斯也指出："当利息率已经降低到某一水平时，流动性偏好几乎变成为绝对的，其含义是几乎每个人都宁可持有现金，而不愿意持有债券。在此情况下，货币当局便会失去对利息率的有效控制。"（p. 207）凯恩斯还指出："通过流动性偏好的作用，货币利息率可以在相当的程度上不对货币数量在以货币衡量的一切形式的财富中所占比例的改变做出反应，以及货币具有（或可以具有）零值（或可以忽略不计）的生产弹性和替代弹性。"（p. 234）这即是我们今天所理解的一个经济体系陷入了流动性陷阱问题。这也就是凯恩斯在第 17 章所说的："当所有现有资产自己的利息率中的最大者等于一切资产的边际效率（用那些自己的利息率最高的资产作为衡量单位）最大者时，投资量不可能再增加。"①（p. 236）这正是今天西方各国所面临的情形，即使到零利率乃至负利率，这些经济体中的投资仍然很低。

接着，凯恩斯进一步阐述了投资与储蓄的关系："传统的分析是错误的，因为它未能把制度（the system）的自变量正确地分离出来。投资与储蓄是为制度所决定的因素，而不是决定制度的因素。这即是说，它们是决定制度的诸因素所导致的双重后果（the twin results），这些决定因素是边际消费倾向、资本的边际效率曲线和利息率。这三个决定因素本身确实是复杂的，而且每一个都会由于其他两个因素可能发生的变动而受到影响。但是，就其数值不能被互相推算出来的意义而言，三者均是自变量。传统的分析认识到储蓄取决于收入，但却忽视了收入取决于投资这一事实（着重号为笔者所加——韦森注）。收入取决于投资的意义为：当投资改变时，收入必然会以如此程度作

---

① 在之前的分析中，凯恩斯也指出："资本在长时期中必须保持足够的稀缺，以使其边际效率在资本的生命期间至少等于利息率的水平，而利息率由人们的心理状态和制度条件决定。……假如一个社会的资本储备已经如此充裕，以致其边际效率为零，而且随着投资的增长，还会变成负数；同时，该社会的货币制度能使货币被'保存起来'的储存费用可以忽略不计，且安全可靠，且在现实中利息率不能为负值。那么，在充分就业的情况下，人们何不进行储蓄存款呢？"（p. 217）

出必要的改变，以致能使储蓄的改变等于投资的改变。"（同上书，pp. 183-184）凯恩斯这里的分析，乍看起来似乎有点违反常识和难以理解。但若仔细思考一下，就会发现，这是对现代市场经济运行的一个伟大和深刻的理论洞见。今天重读凯恩斯的《通论》和他的理论发现，再反思当今世界各国市场经济的现状与发展前景，我们会感到这些理论发现有多么切实的理论和现实意义。

在逻辑严密地分析了现代市场经济中储蓄、投资与收入的决定因素之后，凯恩斯在《通论》中随后探究了就业的一般理论。凯恩斯认为，在一个经济体系中，人们的消费倾向、资本的边际效率以及利息率是自变量，而以工资单位来衡量的就业量和国民收入则为因变量。而"资本的边际效率部分地取决于既定的因素，部分地取决于不同种类的资本资产（capital-assets）的预期收益。同时，利息率则部分地取决于流动性偏好的状态（即流动性偏好的函数），又部分地取决于以工资单位来衡量的货币数量。"（pp. 245-246）根据这一思路，凯恩斯还进一步说明："由于有效需求是预期的消费、预期的资本的总和，所以，如果消费倾向、资本的边际效率和利息率这三个因素均保持不变，有效需求也不会改变。假如这三个因素均不变，企业家还要增加就业总量，那么，他们的收益必将低于他们的［资产］供给的价格。"（pp. 260-261）另一方面，凯恩斯则认为，"当有效需求不足时，就会存在劳动者的就业不足，这意味着即使人们愿意接受低于现行实际工资而劳动，也仍然处于失业状态"。（p. 287）

在分析论证了现代经济体系中的就业的决定因素和机制之后，在《通论》的第 21 章，凯恩斯又探讨了通货膨胀问题。按其分析逻辑，货币数量的改变对价格水平的影响可以分为两个部分，即货币数量的改变对工资单位的影响以及对就业的影响。凯恩斯认为："只要存在任何失业现象，货币数量的增加就会对价格没有任何影响。而且，就业量会与货币数量的增加所导致的有效需求的增加呈完全相同比例的增长。而一旦达到充分就业后，与有效需求成相同比例的货币数量的增长会转化为单位工资和价格"，于是通货膨胀就来了。（p. 295）由此凯恩斯相信，"当有效需求的数量的上升不能进一步增加产量，从而完全被消耗于与之上升数量保持相同比例的成本单位增加时，我们便已经达到可以大致被称作真正的通货膨胀的状态"。（p. 303）至此，凯恩斯还批判了那种任何增发货币都会导致通货膨胀的观点，认为这种观点"是与古典理论的基本假设联系在一起的。该种假设是，我们总是处在这样一种境况中，生产要素的实际报酬的减少会导致缩减它们的供给量"。（p. 304）这里凯恩斯没有进一步解释其中的逻辑，故他的说理也不是太明白。凯恩斯这里想要解释的，还是在经济体系未达到充分就业之前，货币数量的增加并不一定会引发通货膨胀。

在《通论》前 21 章抽丝剥茧地论述了经济体系中收入、储蓄、投资的决定和边际消费倾向，投资的诱导，资本的边际效率、货币、利息、就业以及价格之后，凯恩斯逻辑完整地论述了现代市场经济体系的运行，并完整地解释了他的商业周期理论。故在第 6 篇，凯恩斯对他在《通论》中所创造的经济学理论作了全面的总结："在之前的各章中，我们已经宣称，我们说明了什么决定了任何时期的就业量，所以，如果我们是正确的，那么，我们的理论必定能解释商业周期现象。"接着，凯恩斯对他的全书进行了总结："我认为，商业周期的基本特征，特别是能使我们称之为周期的时间序列和时间长短的常规性，主要是因为资本的边际效率的波动。我相信，商业周期最好应当被认为是由资本的边际效率周期性的变动所造成的。当然，与这种变动相关的经济体系中其他重要的短期变量会使之更加复杂乃至更加严重。"（p. 313）之后，凯恩斯还指出，对于"危机"的解释，我们习惯于强调利息率上升的趋势，而利息率的上升，又来自于交易和投机动机对货币需求的增长。凯恩斯承认，在有些时候，利息率的上升因素确实可以使事态更严重，偶尔也许起了危机发生的导火索的作用，但是，他认为："对危机的更典型的而且往往是起决定性的解释是，主要不是利息率的上升，而是资本的边际效率的突然崩溃。"（p. 315）

既然经济周期或者说经济危机主要起因于企业家们的资本的边际

效率的突然崩溃，那么其突然崩溃的原因在哪里？按照凯恩斯的解释，"资本的边际效率不仅取决于现有资本品数量的充裕与稀缺，以及生产资本品的现在的成本，而且也取决于对资本品未来收益的当下预期"。（p. 315）况且这种对资本品未来收益率预期的依据是令人非常捉摸不定的（precarious）："基于一些变动不居和不可靠的迹象，资本的边际效率会发生突然的和剧烈的变动。"（p. 315）进而凯恩斯还具体解释道，繁荣后期阶段的特点是：对资本品未来收益的乐观预期强大到足以补偿资本数量的日益充裕和它们的生产成本的上涨，以及可能出现的利息率的上升。同时在证券交易市场和其他金融市场中，购买者在很大程度上对他们所投资购买的东西认识不清，而投机者则更关心和预期下一次市场的心理变动，而不是对其所投资的资本资产的将来收益做出理性的估计。在此情况下，"当过度乐观和过度购买的幻想破灭时，市场价格会以突然甚至灾难性的巨大力量下降。加之，伴随着资本的边际效率的崩溃而到来的，是对未来的恐慌和不确定性自然促使流动性偏好的急剧提升——从而导致利率上升。结果，资本的边际效率的崩溃加上随之而来的利息率的上升，会严重加剧投资的下降"。（pp. 315 - 316）凯恩斯断定，正是由于资本边际效率的突然崩溃所导致的上述一系列效应和机制，使得经济萧条如此难以摆脱。

最后，凯恩斯还分析道，在经济萧条延续一段时期后，"利息率的下降固然会对复苏大有助益，甚至可能是复苏的必要条件；但在目前（凯恩斯这里是指在 1929—1933 年的经济大萧条后期——引者注），资本的边际效率已经崩溃到如此彻底的程度，以致利息率下降到现实上可能做得到的水平都无济于事。假如降低利息率能够单独构成治疗萧条的有效手段，那么，就很快能取得经济复苏而不需要一段拖延时间，且促成复苏的手段大致也都是由货币当局加以控制的手段。然而，事实表明，通常的情况并不如此。要想恢复资本的边际效率并不是那样容易，因为资本的边际效率系由无法控制乃至并不服从指挥的工商界人士的心理状态所决定。用普通语言来说，在一个个人主义的资本主义经济中，信心的恢复远非控制所能奏效。经济萧条的这一方面的特点已经被银行家和工商界人士正确地加以强调了，而又为那些对'纯粹货币'治疗方案具有信心的经济学家们所低估"。(pp. 316-317)

通观整部《通论》，可以看出，凯恩斯对他生活在其中的整个资本主义体系的运行是悲观的，即认为这个体系不能自动实现充分就业和避免经济周期，也不能自动实现社会财富和收入的公平分配。(p. 372) 尤其是在发生经济萧条后，资本主义的市场经济体制很难从危机中复苏："在自由放任的经济体制中，除非投资市场的心理状态发生毫无理由的预期的巨大转变，避免就业量的剧烈波动是不可能的。"(p. 319) 在此情况下，凯恩斯甚至得出了"不能把安排当下投资的责任完全地留在私人手中"(p. 320) 的结论。因此，他甚至有让财政部把用过的旧瓶子塞满纸钞，把钞票埋在已经开采过的矿井中，然后用垃圾把矿井填平，再允许私人企业根据通行的自由放任的原则把钞票挖出来增加就业和国民收入这样一种奇思怪想①。尽管凯恩

---

① 这个极端的例子几乎成了人们对整个凯恩斯在《通论》中所谓的"政府干预主义"政策主张最大的误解之一，甚至以为这就是凯恩斯的《通论》全部经济学主张，尤其是在中文读者中，更是如此。由于中文翻译的不准确和译者引申性的翻译，以致有人根据中译本的翻译法，认为凯恩斯极端主张政府（财政部）找人挖个洞，把塞满货币的瓶子埋进去，再找人把瓶子挖出来，就是凯恩斯的《通论》中经济学主张和经济政策的全部和核心思想。其实，如果仔细阅读凯恩斯的《通论》英文原文，就会发现，这完全是对凯恩斯经济学理论的一个肤浅的和莫大的误解。首先，凯恩斯这里先讲，在地上挖窟窿开采黄金，与财政部把装满纸钞的旧瓶子埋入一个废旧的矿坑中再找人把它挖出来（一个极端想象的例子），有着相同的经济后果。其次，凯恩斯这里还特别强调让**私有企业**按照**"自由放任"**（*laissez-faire*）原则并通过招投标的办法来参与再把瓶子挖出来，而绝不是完全靠政府投资和指令，人为制造就业机会。第三，凯恩斯还特别指出，政府建造房屋（houses）也许是更好的办法，但是可能由于西方民主体制的原因做起来更困难。凯恩斯在这里之所以想象出这个极端的例子（当然不可否认凯恩斯在《通论》想象出这个极端的在现实中并不存在或发生的例子有些乖张），只是想说明，在整个经济的萧条时期和失业极其严重的情况下，政府做些事总是比什么也不做更好些。更为重要的是，在讲了这个极端的例子后，凯恩斯还特别说了如下这段话："这种权宜的（expedient）办法与现实世界中开采黄金完全相仿。经验告诉我们，当黄金的深度适于开采时，（转下页）

斯对资本主义自由市场体系如此悲观，但是整体看起来，凯恩斯还是主张在自由市场体制条件下，在既定资本的边际效率表中，应该把利息率降低，以使充分就业得以实现。同时，凯恩斯也主张，在自由市场经济体制下，应该把政府（public authority）的协调与私人的主动性结合起来，把总产量推进到相当于在现实中可能达到的充分就业水平。但是，千万不要以为凯恩斯主张计划经济和政府对市场的全面干预。因为他在《通论》的最后强调指出："除了有中央控制的必要性来实现消费倾向和投资诱导之间的协调（adjustment）之外，我们没有比过去提出更多的理由使经济生活社会化。"① （pp. 378 - 379）

更值得注意的是，凯恩斯在《通论》第 16 章论述资本的本质时，他甚至考虑到这样的情况：整个社会达到了充分就业的情形，投资的数量等于整个社会所愿意进行的投资（请注意，凯恩斯这里实际上假定整个社会的总投资不一定等于总储蓄，即并不永远是 I＝S，尽管凯恩斯在写作《通论》时在他的潜意识里仍没有意识到这一点——韦森注），此时利息率等于资本的边际效率。即使在这种情况下，凯恩斯仍然认为："此时，如果——不论由于何种原因——利息率下降的速度不能像资本的边际效率降低得那样迅速，那末，即使把积累财富的

（接上页）世界的财富就快速增加；但当黄金很少被开采时，则财富抑或停止增长，抑或下降。"（这段话被高鸿业的译本极大地误译了，"这种权宜的办法"被引申地译成了一个"挖窟窿的办法"，从而误导了许多中文的读者。较之国内好多种凯恩斯《通论》的中译本，徐毓枬先生的《通论》译本还比较接近凯恩斯英文著作的原意。）在讲了上边他想象的这个"权宜之策"后，凯恩斯还特别补充道："有一个细节值得特别一提，在经济萧条时期，黄金的价格（用劳动力和实物的价格来衡量）会有上涨的趋势。这种上涨有助于经济复苏，因为黄金价格的上涨增加了开采黄金的深度，降低了开采金矿的级别，使之值得开采。"（pp. 129 - 130）故只能再细读凯恩斯《通论》的上下文，才能全面理解凯恩斯的经济学理论和政策主张，而不能读到一句话就一叶障目而不计其余地下结论。

① 在《通论》最后，凯恩斯更明确地指出："今天的集权主义国家体制（the authoritarian state systems）以牺牲效率和自由为代价似乎已经解决了失业问题。可以肯定，世界不会再容忍失业，而失业问题，除了短期的局势动荡外，照我看来，还是不可避免地与资本主义的个人主义联系在一起。然而，通过对问题的正确分析，也可能把疾病治愈，而与此同时，又保存了效率与自由。"（p. 381）

欲望转向拥有不能增值的任何财富的资产，也会增加社会的福祉（well-being）。当亿万富翁们建造宏伟的豪宅来容纳他们活着时的身体和建造金字塔来保存他们的遗躯，或者为了忏悔他们的罪恶而新建教堂以及捐赠给教会去海外传道而为此感到满足时，资本的充裕影响产出丰富度的日子会延后。用储蓄存款来支付'在地上挖窟窿'的费用不仅会增加就业量，而且会增加由有用产品和劳务所构成的真实国民收入。"（同上，pp. 219-220）请注意，凯恩斯在这里是讲在一个社会中投资等于储蓄的充分就业状态时的情形。但是，在未达到充分就业时，凯恩斯无疑会更强调要尽力增加投资。在后面第 22 章论经济周期时，凯恩斯就进一步讨论了这一问题。他认为，一种很可能出现的情形是："繁荣的幻觉可以使得某种类型的资本的生产多余到如此地步，以致其中一部分产品在任何条件下都代表着资源的浪费。我们可以说，即使繁荣并不存在的时候，这种事例也会出现。换言之，繁荣会把投资引入到不正确的方向（这里凯恩斯似乎间接承认了哈耶克和奥地利学派经济学家们的观点——韦森注）。但是，除此之外，繁荣阶段的一个主要特点是：在充分就业条件下只能获得 2% 的收益却在 6% 的收益预期下作出投资决定，并以此来估算投资项目的价值。当幻觉破灭时，这种预期又被相反的'悲观的错误'所代替，其后果是，能在充分就业条件下获取 2% 收益的投资却被预期为亏损（yield less than nothing）。于是，我们达到了这样一种状态，在此状态下，在存在着住房短缺的同时，人们却住不起现存的房屋。"（同上，pp. 321-322）

到这里，我们就可以大致全面地理解和正确把握凯恩斯本人的整个经济理论体系的基本逻辑和主要经济政策主张了。

5 经济学家们对凯恩斯《通论》的 赞同、肯定、商榷与理论挑战

与古典经济学理论以及与萨缪尔森的'科学'方法相反，在凯恩斯的理论中，人们认识到他们的经济未来是不确定的（非各态历经的），从当前的市场信息中并不能可靠地加以预测。

——保罗·戴维森①

凯恩斯的《通论》1936年2月出版后，得到许多剑桥经济学家的支持和赞誉，其中包括对凯恩斯《通论》的理论框架起了很大作用的理查德·卡恩、琼·罗宾逊、罗伊·哈罗德、詹姆斯·米德（James Meade），以及尼古拉斯·卡尔多等。尤其是约翰·希克斯，虽然结识凯恩斯很晚（直到1933年8月他才与凯恩斯有书信往来，1935年5月才初次会面），也没有在凯恩斯《货币论》和《通论》写作过程中提出过任何建议，但在1936年应凯恩斯所邀撰写的一篇名为"凯恩斯先生的就业理论"的书评中，他对凯恩斯的经济学思想大加赞赏，并提出凯恩斯的新理论可以媲美杰文斯的边际效用革命。希克斯在这篇文章中还特别指出，"从纯理论的观点看，预期方法的使用，也许是这本书最具革命性的地方"。（Hicks，1936，p.240）在1937年发表在《计量经济学杂志》上的《凯恩斯先生与"古典经济学"：一个建议性的解释》一文中，希克斯最先给凯恩斯思想的传播定制了IS-LM曲线图的基本框架。后来，美国著名经济学家、1980年的诺

---

① 《约翰·梅纳德·凯恩斯》（Davidson，2007，p.62）。

贝尔经济学奖获得者劳伦斯·克莱因（Lawrence R. Klein）在 1948 年提出了今天广为人知的"凯恩斯革命"之说。

但是，1936 年出版的《通论》，在当时的国际经济学界招来更多的是批评和不认可，而不是认同和赞誉①。如果说由于凯恩斯对马歇尔的经济学以及对庇古的经济学理论的批评使剑桥经济学家庇古对《通论》极为不满并予以尖锐批评的话②，那么自始至终深度参与了凯恩斯的《货币论》和《通论》写作讨论的两位剑桥经济学家拉尔夫·霍特里（Ralph George Hawtrey）和丹尼斯·罗伯逊（Dennis Holme Robertson）的批评和建议，却是凯恩斯无论如何也不可忽视的。这两位经济学家都是研究工业波动和商业周期的专家，也都与凯恩斯有过多年的交往，后者还是凯恩斯的学生和多年的朋友。霍特里和罗伯逊均详细地读过凯恩斯撰写的《货币论》和《通论》的每一章的手稿，提出了许多修改意见。

霍特里是货币银行理论家，也是纯货币经济危机说的主要提出者。在他的《好的与坏的贸易》（1913）、《货币与信用》（1919）、《贸易与商业》（1928）、《商业萧条及其出路》（1931）、《资本与就业》（1937）等等著作和文章中，霍特里曾提出经济周期完全是由于银行体系交替的信用扩张和紧缩造成的，尤其是短期利率在其中起着重要的作用。因此，霍特里认为，若中央银行适当控制信用，可防止危机

---

① 按照斯基德尔斯基（Skidlsky, 2003, pp. 545-547）的研究，凯恩斯的《通论》出版后，美国的经济学家们如阿尔文·汉森、陶西格（F. W. Taussig）、熊彼特、弗兰克·奈特（Frank Knight）以及雅克布·维纳（Jacob Viner）都写过书评。其中大多数经济学家认为，凯恩斯的流动性偏好理论只是对古典利息理论的一种修正而不是替代。弗兰克·奈特则对凯恩斯的《通论》提出了批评，指责他主张的投资社会化意味着"将投资从商业活动抽出来，而放到政治之中"。熊彼特则认为，凯恩斯的《通论》混同了科学与政治，标志着一次"科学上的倒退"。另外，北欧瑞典学派的经济学家贝蒂尔·俄林（Bertil G. Ohlin）和冈纳·缪尔达尔也并不认为凯恩斯的《通论》是一个革命性的突破。

② 对于庇古 1937 年在《经济学人》杂志上发表的批评凯恩斯《通论》的文章，凯恩斯及其追随者都称其为"不可容忍的废话"，是"老糊涂"写的东西，因而凯恩斯对庇古的批评不屑一顾（见 Skidelsky, 2003, pp. 539-540）。

的爆发。从《凯恩斯全集》第 14 卷收录的凯恩斯与霍特里的往来通信中，可以看出，霍特里从总体上并不赞同凯恩斯的《通论》的体系和观点，而是坚持他的货币数量论和信贷周期导致经济波动的观点。但是，霍特里还是对《通论》的手稿提出了许多修改意见，有些意见也被凯恩斯接受了。尤其是他在通读过凯恩斯《通论》手稿后，在 1936 年 2 月 1 日写给凯恩斯的长信中提出，即使承认凯恩斯所提出的资本的边际效率与市场利率的关系，他认为资本的边际效率也会反过来影响市场利率，以及货币的需求与供给（见 Keynes, 2013, *Collective Writings*, Vol. 14, p. 3）。这是一个根本性的问题，但对此凯恩斯并没有回答。由于霍特里一方面不认同凯恩斯的整个货币与商业周期理论，但又提出了许多具体的修改和批评意见，凯恩斯最后有些不耐烦，以致他在 1936 年 4 月 15 日给霍特里的回信中说："我的亲爱的拉尔夫，我觉得你的上一封信令人完全失望，因为我读完了之后感到，不管我说什么，都不能让你睁开眼睛。我不是说我的论点是正确的，我只是想说明我的观点——不管是对是错——是怎么回事。我想我们不应该再继续通信下去了。"（同上书，p. 23）尽管如此，凯恩斯在《通论》出版的"序言"中，还是就霍特里对《通论》的修改意见表示了感谢。凯恩斯同时致谢的还有理查德·卡恩、琼·罗宾逊夫人，以及罗伊·哈罗德等经济学家。

尽管凯恩斯对霍特里的批评和建议有些不耐烦，且并不能说服对方，但凯恩斯对罗伯逊对《通论》的批评和商榷竟然到了大光其火、互相讽刺乃至两人差不多完全闹翻的地步。丹尼斯·罗伯逊是英国著名经济学家，早年在庇古教授和凯恩斯的指导下，钻研马歇尔经济学，曾被推举接替庇古任剑桥大学政治经济学讲座教授。罗伯逊与凯恩斯有 30 多年的交往，有着深厚的私人友谊。罗伯逊本人也是经济危机问题专家，曾出版过《产业波动研究》（1915）、《货币》（1922）、《产业控制》（1923）、《银行政策与价格水平》（1926）、《货币理论文集》（1940）、《增长、工资、货币》（1961）、《货币与利息论文集》（1966）。作为长期研究资本主义市场经济中商业周期问题的专家，罗伯逊对于现代资本主义市场经济中的商业周期原因的认识，有着自己的独特理论解释，既不同于霍特里、庇古，也不同于米塞斯和哈耶克。虽然罗伯逊是凯恩斯的学生和亲密同事，一生与凯恩斯有二三十年的深入交流，但在货币与商业周期萧条经济学的解释上，与凯恩斯有着根本性的差异①。

　　实际上，罗伯逊研究《通论》所花的时间比其他任何一个凯恩斯主义者所花的时间都要多，几乎占去了他后半生的主要精力，甚至使他没有时间去完成自己的理论体系。除了在与凯恩斯的通信中详细地评论《通论》出版前草稿的每一章（这收录在《凯恩斯全集》第13卷中），罗伯逊还多次与凯恩斯促膝深聊《通论》中的问题（可惜没法记录下来）②。尽管罗伯逊对凯恩斯《通论》的写作所提出的修改

----

① 从 1915 年出版他的第一本学术著作《产业波动研究》（这本书实际上出自他在剑桥大学的经济学硕士论文），罗伯逊在其几十年的学术生涯中一直在研究现代资本主义市场经济中的经济周期问题（他叫"产业波动"）。他将产业波动描述为"价格水平、货币利润水平以及就业水平的准节律性的运动"。至于产业波动的原因，他反对当时两种流行的观点：第一种是以霍特里为代表的纯货币商业周期的观点，这种观点认为经济波动的周期性特点和造成经济周期的主要原因可以在货币银行系统的缺点中找到，是信用周期导致经济周期；而另一种是以庇古为代表的企业家心理预期是导致产业波动主要原因的观点（在 1927 年出版的庇古的代表作《产业波动》中，庇古提出，企业家实业家对从工业耗费中获取利润的不同预期变动是导致商业周期的主要原因，而这又与凯恩斯的货币与商业周期理论强调企业家的预期因素有一致的地方）。罗伯逊的产业波动理论建立在一些产业产量的波动的微观分析之上，并认为产业波动会传导到其他经济部门，最后影响到经济活动的整体，引起商业周期。罗伯逊强调在经济周期中的过度投资（overinvestment——凯恩斯则一生都反对使用这个概念，这也是凯恩斯的商业周期理论与罗伯逊的产业波动理论根本冲突的地方，但与奥地利学派的经济学家米塞斯和哈耶克有相同之处）的重要性，但是，他反对货币供给的增加和银行信用的扩张是导致经济繁荣乃至经济周期的根本原因。罗伯逊认为，在经济扩张时期，银行会增加信用贷款，但是这是经济周期中（繁荣时期）的一个症状（symptom），而不是引起经济周期的一个根本原因（这又与同样强调由银行降低利率导致资本品生产的过度投资是经济波动的主要原因的奥地利学派经济学家米塞斯和哈耶克的货币与商业周期理论区别开来了）。罗伯逊的产业波动理论自成体系，有其内在的理论逻辑和分析结构，有待于未来进行单独探讨。

② 希克斯曾经以讽刺的口吻这样描述罗伯逊推敲《通论》时的认真态度：就像"一个拿着显微镜研究一幅修拉（乔治·修拉，即 Georges Seurat, 1859—1891，法国画家，后期印象画派的代表人物——引者注）画作的人，对每一个形状丑陋的瑕点进行抨击。"（见 Presley, 1978, p. 85）

和批评意见比任何人都多，但到最后，罗伯逊还是不能认同凯恩斯《通论》中的货币与商业周期理论，以致到最后他对《通论》越来越缺乏信心。他甚至很不客气地给凯恩斯写信说："你的理论结构对我来说大部分都是胡言乱语（Mumbo-jumbo）。"（Keynes, 2013, *Collective Writings*, Vol. 13, p. 520）这无疑极大地冒犯了凯恩斯。1935 年 3 月之后，他们之间的交流便停止了，一直到《通论》出版之后多年二人不再联系。由于罗伯逊与凯恩斯之间存在的巨大理论分歧，乃至激烈的争论，导致凯恩斯的发怒，凯恩斯在剑桥的其他弟子们也都对他产生敌对态度，这使罗伯逊被迫离开了剑桥大学，去伦敦大学担任银行的教授和系主任[①]。尽管在《通论》的写作过程和凯恩斯的理论框架形成过程中，罗伯逊所提的修改意见比任何人都多、都更具体和更详细，但凯恩斯在《通论》出版的序言致谢名单中，最后也没有列出罗伯逊的名字，这也说明凯恩斯当时对罗伯逊的批评的恼怒有多深。在布雷顿森林会议期间，罗伯逊曾担任凯恩斯的助手，他们又恢复了私人友谊。但在凯恩斯逝世后，罗伯逊仍然表示他不同意凯恩斯的货币与商业周期理论以及凯恩斯对马歇尔、庇古等新古典经济学的批评，说凯恩斯"磨错了一把斧头，并沿着一条错误的街道往前猛冲"。（Robertson, 1952, p. 76）

另外，值得注意的是，尽管哈耶克在凯恩斯的《货币论》出版后

---

① 罗伯逊在伦敦大学待了仅一年，因战争的需要应召进入财政部，负责国际收支工作，主要任务是管理国家的黄金和外汇储备。随后，凯恩斯被任命为财政大臣的顾问。从此，他们二人之间的联系又开始了。1943 年罗伯逊前往华盛顿讨论英美之间战时的租借安排问题，后来他又参与了布雷顿森林会议的筹备工作。围绕布雷顿森林会议，凯恩斯和罗伯逊再一次携手，对于这次国际金融大会所具有的重大意义，两人都心照不宣，并埋头努力工作。但在这一段时间中，他们没空讨论《通论》和其他的经济学纯理论问题。战后，罗伯逊回到了剑桥，接替庇古担任政治经济学讲座教授。但是凯恩斯已病入膏肓，并于 1946 年 4 月 21 日去世了！4 月 25 日，罗伯逊在给大学生们的讲演中提到："我很荣幸在战争的最后几年，在伦敦、华盛顿、布雷顿森林镇在我最尊敬的老朋友凯恩斯手下工作……我曾希望在今后平静的年代里能够有一段悠闲的时光和他一起面对面地讨论一些教学和理论问题，这种讨论在这个喧嚣的时代是难以进行的。"

曾对凯恩斯的观点进行了尖锐的批评和商榷，乃至在 20 世纪 30 年代他们二人之间发生了一场理论论战，但是，在凯恩斯的《通论》出版后（在出版前凯恩斯曾把手稿送给了哈耶克，以征求他的批评意见），哈耶克却对《通论》本身没有作过任何评论，既没有批评和商榷，也没有公开发表任何赞同意见。[①] 直到 1966 年，在发表的《对凯恩斯和"凯恩斯革命"的回忆》一文中，哈耶克自己解释道，当凯恩斯那本闻名全球的《就业、利息和货币通论》出版的时候，我未予置评，一个主要的原因是凯恩斯经常改变他的观点："我担心，在我还没有完成我的分析之前，他已经改变了观点"。哈耶克还特别说他后来对此后悔不已。哈耶克还接着指出，尽管凯恩斯的这本书被他自己称作"通用的理论"（a general theory），但在我看来，这明显是另一本应时之作（another tract for the times），受制于他所认为的政策的暂时需要。哈耶克还指出："真正的问题是我们今天所说的宏观分析的有效性。我现在觉得，从长远来看，《通论》最主要的意义将会显现出来——在促进宏观经济学的崛起和微观经济学理论的暂时衰落方面，它起到了决定性作用，没有任何其他著作能与之相提并论"。（Hayek, 1995, p.241）。另外，尽管凯恩斯在《通论》中许多地方对米塞斯、哈耶克与其他奥地利学派的经济学家的观点提出了诸多点名

---

① 对于凯恩斯的《通论》出版后，哈耶克没有提出公开的批评和商榷意见，美国经济学家布鲁斯·考德威尔（Bruce Caldwell, 1998）和苏珊·豪森（Susan Howson, 2001）以及笔者（韦森, 2014）都作过专门的探讨（参见本书第 14 章第 5 小节）。这里要补充说明的是，尽管哈耶克没有专门写出文章来对凯恩斯的《通论》进行商榷，但他一生心念兹在兹的还是与凯恩斯的经济学理论论战。譬如，在 1937 年出版的《货币的国家主义与国际非稳定性》（Hayek, 1937），1939 年出版的《利润、利息与投资以及关于产业波动理论的其他论文》（Hayek, 1939），尤其是在他潜心撰写了七八年的《资本纯理论》中，都提到凯恩斯《通论》的一些学术观点和概念，并进行了一些商榷。譬如，按照《重新思考凯恩斯革命》的作者、英国经济学人泰勒·B. 古德斯皮德（Tyler Beck Goodspeed）的统计，在《资本纯理论》一书中，哈耶克有 11 处提到凯恩斯。其中一处是关于凯恩斯就耐用消费品定义的一个技术性观点，一处是认为储蓄与投资事后恒等并不是一个非常有意义的处理方式，两处是对他所称的凯恩斯的"资源充裕的经济学"的反驳。余下的 7 处全部是对凯恩斯流动性偏好理论的批判。（见 Goodspeed, 2012, pp. 148－149）

的批评和商榷意见，但米塞斯本人一生则从来不批评凯恩斯，也几乎不提凯恩斯本人的著作和观点。

尽管面对希克斯、哈恩、琼·罗宾逊、哈罗德等剑桥经济学家们的赞扬，霍特里和罗伯逊两位商业周期理论问题专家和深知凯恩斯思想的同事的尖锐批评和理论挑战，美国一些大牌经济学家和瑞典学派经济学家的怀疑和批评，以及哈耶克、米塞斯等的沉默，凯恩斯经济学仍在英国和美国迅速传播开来，并取得了巨大的成功，创立了现代宏观经济学。另一方面，许多当代奥地利学派的经济学家并没有认真读过凯恩斯的《货币论》和《通论》，因而根本不懂凯恩斯，或者根本没进入凯恩斯宏大的经济学理论世界，就批评凯恩斯是个完全的政府干预主义者，乃至错误和肤浅地认为凯恩斯主张政府主要用财政政策而不是货币政策来治愈经济萧条。

另外，在国际经济学界，尤其是与凯恩斯发生过论战的哈耶克曾认为，凯恩斯的观点多变，前后不一致，甚至凯恩斯也跟哈耶克开玩笑地说"我已经不信以前的观点了"①。但是如果读完凯恩斯的主要经济学著作"货币三论"，并弄清凯恩斯经济学理论的发展过程，就会发现，凯恩斯经济思想基本上是连贯的，且前后经济政策主张是基本上一致的，只不过随着其理论探索而不断修正和完善。且不说凯恩斯不但没有"在不到 20 年的岁月中，理论体系和政策主张发生了三次阶段性的变化，每次变化如此之快，如此之大，可以说前后判若两人"②，反而随着他的经济学理论探索不断深入，凯恩斯不断完善他的货币与经济学理论，一直坚持从货币的视角分析现代资本主义经济的整体运行，构建了完整的萧条经济学的理论分析体系，也为 20 世纪后半期当代宏观经济学的理论分析框架奠定了基础。

---

① 1978 年，在为加州大学洛杉矶分校所做的一次口述史访谈节目中，哈耶克曾两次回忆道，当他写完关于《货币论》的书评后，凯恩斯曾亲口告诉他："噢！别太在意了，我自己也不相信那些观点了。"（转引自 Caldwell, 1998, p. 554）

② 见刘涤源教授 1985 年为凯恩斯的《货币论》中译本写的序言，见 Keynes, 1930，中译本上，第 9 页。

直到今天，常常被人们所忽视的凯恩斯经济学的一个伟大贡献是从货币、银行、金融市场和企业家的预期来研究现代市场经济中的商业周期，从而把货币供给和需求视作整个经济运行的一个最重要的经济变量。而从 19 世纪早期资本主义市场经济中的周期性的经济危机，到 1929—1933 年的大萧条，再到 2007—2008 年的全球金融危机，金融危机和经济危机几乎都是同时发生的。没有货币供给和需求的突然断裂，没有企业和家庭债务的大规模违约和银行的大范围倒闭，也就没有严重的经济衰退。在这个意义上，凯恩斯的萧条经济学的理论探索应该说符合近两百多年来的世界经济发展史实。凯恩斯从资本的边际效率的突然崩溃来解释资本主义市场经济的商业周期，与米塞斯和哈耶克的理论解释在某些方面在精神上是一致的。只不过奥地利学派的经济学家是从中央银行和商业银行合谋增加货币供给，在竞争中降低利率，导致实体部门的扩张和产品的相对过剩，最后因不能偿还银行贷款和债务而导致大规模破产倒闭来解释商业周期发生的原因的；而凯恩斯则是从市场利率与自然利率的背离（在《货币论》阶段）和资本的边际效率的突然崩溃引起投资的波动来解释经济衰退的。另一方面，说凯恩斯主张通货膨胀（凯恩斯只是说过通货紧缩比通货膨胀更有害）、凯恩斯主张政府大规模的财政赤字，甚至认为凯恩斯主张实行投资的社会化和实行计划经济，那都是对凯恩斯经济学的极大误解。尤其是要认识到，凯恩斯的经济学理论并不完全是 1929—1933 年大萧条的理论解释和为大萧条所开药方，而实际上是为治愈第一次世界大战后长期的"英国病"（即经济增长停滞、通货紧缩和多年失业率居高不下）而作的经济学理论探索。在 20 世纪 30 年代还没有真正的宏观经济分析的理论框架的情况下，凯恩斯从货币理论的视角解释并探讨现代市场经济中的商业周期，才创生出了他的就业、利息和货币的一般（宏观）经济学理论。

尽管当代宏观经济学家们已经把凯恩斯从产品市场、金融市场和劳动力市场的关系以及企业家的预期来研究总量经济的增长和波动的基本分析方法传承了下来，但是，由于在 IS-LM 模型中，现代宏观经济学家把货币供给看成一条垂直平移的曲线（即所有货币都是央行发出来的），而没有像凯恩斯那样清醒地认识到主要是商业银行在创造货币，更没有像亚当·斯密和凯恩斯那样认识到货币的清偿债务手段这一本质特征，因此，可以认为，凯恩斯的许多理论和思想并没有被完全继承下来，甚至被现代宏观经济学所部分抛弃和背离了。凯恩斯所创造的"资本的边际效率"概念（不是新古典经济学的"资本的边际生产率"）已遭到当代经济学家的批判乃至基本上弃之不用了，这说明当代宏观经济学已经在很大程度上抛弃了凯恩斯的萧条经济学的分析框架。

如果在经济学的理论分析和现代市场经济的经济周期理论解释中抛弃掉了维克塞尔所提出的"自然利率"概念，乃至完全抛弃了凯恩斯在《通论》中所独创的"资本的边际效率"这一概念，无疑就等于基本上抛弃了凯恩斯在《货币论》和《通论》中所创建的萧条经济学的货币与商业周期理论的基本分析框架，或者使凯恩斯在《通论》中所创立的宏观经济学理论框架变成了一个空架子并变得没有多少现实意义了。如果当代经济学家们都不使用凯恩斯所创造的"资本的边际效率"了，也实际上不再深入研究和探讨货币在经济运行中的作用了，那么1995年诺贝尔经济学奖得主罗伯特·卢卡斯所说的"我想人人都是藏而不露的凯恩斯主义者"，又怎么会是真的？

当然，当代宏观经济学家几乎完全抛弃了凯恩斯的"资本的边际效率"概念及其萧条经济学理论分析框架不是没有一定道理的。因为，即使按照凯恩斯在《通论》中的理论建构，我们承认在现代市场经济中每个企业乃至每个行业均在一定时点上存在着资本的边际效率（按照凯恩斯自己的定义，资本的边际效率为资本资产的预期收益和它的供给价格或重置成本之间的一种贴现率），那么是否存在着一个社会中普遍和平均的资本的边际效率？特别是按照凯恩斯自己的理论假设，资本的边际效率又取决于企业家的预期，那么，为什么在资本主义经济危机到来时会出现全社会普遍的资本的边际效率的突然崩溃？这些都是凯恩斯的理论分析所没有进一步解释清楚的。因此，尽管凯恩斯的萧条经济学是从产品市场、金融市场和劳动力市场的关系以及企业家的预期来研究总量经济增长和产业波动的，但他留下的仍然只是一些理论猜测和断想。两百多年来现代资本主义市场经济的经济周期是存在的，但是，对经济周期性的繁荣、衰退、萧条和复苏的原因和机制，各经济学派的理论解释迄今为止仍然是莫衷一是、众说纷纭。凯恩斯留给世人的精神财富，是经济学的货币经济理论的总量分析方法，而不是他所创造的一些经济学的术语和萧条经济学的一些理论猜测和解释。

6 凯恩斯在一些发表的文章和书评中对货币理论与经济政策以及货币史的理论解释

> 货币在现代的意义上是关于因交易而产生的债务的创造、可转让性及其解除的社会制度 (the social institution)。如果偿付随即实行,不经过一段值得计量的时间,我们就称之为现买现卖,这与短期及长期债务有所不同,只因为省去了债务的可转让性那个中间阶段。因此,货币作为交换媒介是它的次要职能——主要地是一种创造、转移和消灭债务的社会手段。
>
> ——约翰·R. 康芒斯[1]

在以上各章中,我们按照凯恩斯的学术著述和思想发展过程分别对他的几本著作——尤其是"货币三论"——中的货币与经济学理论进行了回顾和梳理,从而对凯恩斯的货币和经济理论基本框架和理论进路大致有了一个较为清晰的认识和理解。除了为数不多的几本理论专著外,凯恩斯在主编英国《经济学杂志》和参与英国国内和国际组织的许多公共事务中,也发表和撰写了许多短文和书评,并在自己的笔记中起草了他未来得及写作著作的计划。从这些短论、书评、讲演稿以及草拟书稿的写作大纲中,我们能看到一个更真实的凯恩斯,从中也能

---

[1] 约翰·R. 康芒斯:《制度经济学》下卷,中译本第151页。英文原文见 Commons, John R., 1934/2017, *Institutional Economics: Its Place in Political Economy*, Vol. 1, p. 513, London: Routledge。

帮助我们理解凯恩斯在其正式出版的几本著作中的一些思想和理论解释。根据《凯恩斯全集》（英文版）第11—18卷收集的一些文章和书评，笔者觉得在凯恩斯的思想中有以下几个方面尤为值得重视。

6.1 凯恩斯对货币、银行和金融制度的现实评论

与哈耶克和米塞斯等一些纯理论经济学家不同的是，凯恩斯本人的货币与经济学理论之所以更贴近现实经济运行，因而对后来英国乃至全世界的经济学家和世界各国政府的经济政策制定产生了巨大的影响，主要是因为他不是一位从书本到书本、从教室到图书馆的闭门思考的经济学家，而是直接参与现实个人投资、政府活动和决策乃至一些国际经济组织筹建和运行的实践家。前面我们已经讲到，从剑桥大学本科毕业后，凯恩斯曾就职印度事务部、财政部、英国政府的金融和工业委员会，并在1930年组建的英国政府"经济学家委员会"任职（凯恩斯任主席），广泛参与了英国政府的宏观经济政策的制定、国际谈判和各种各样的社会公共活动。到了晚年，他又在国际上广泛参与了筹建世界银行和国际货币基金组织并开始运作的具体事务。另外，自从剑桥大学本科毕业后，凯恩斯就开始了个人投资，并作为剑桥大学国王学院的财务总监直接经手了学院的资产投资和财富增值事务。他自己的投资包括买卖股票和炒卖外汇等等，还成立了一家"凯恩斯财团"，为他个人和朋友们成功地理财。据《凯恩斯全集》（英文版）第12卷的记载，在1905年刚毕业时，凯恩斯的个人资产只有220英镑，但是到了1919年在英国财政部工作并作为财政部的首席代表参加第一次世界大战后的巴黎和会时，凯恩斯的个人净资产已经达到16 315英镑（Keynes, 2013, *Collective Writings*, Vol. 12, p. 4, Table 2）。到1945年凯恩斯逝世时，他的个人净资产已经高达411 238英镑（同上书, p. 11, Table 3）。

此外，凯恩斯还主编了英国老牌的顶尖经济学理论期刊《经济学杂志》多年。这又为他大量发表自己有关现实经济问题的文章、评论

和书评提供了便利。而这些文章、评论和书评，大都与各个时期的经济社会现实问题有关，而不像凯恩斯的"货币三论"那样主要是为尽量追求理论解释的完整性和逻辑一致性而撰写的。但是，正是因为凯恩斯本人的这些现实的经济活动和生活经历，不理解凯恩斯在其几本著作之外而撰写的大量论文、评论和书评，也就不能真正理解凯恩斯在他的"货币三论"中所阐述的经济学理论，尤其是他的政策主张。

自1906年底到英国政府印度事务部工作后，凯恩斯就开始注意当时世界主要国家的货币银行制度的比较研究。1908年他回到剑桥大学讲授货币经济学的课程，除了在1913年出版了《印度的通货与金融》一书以外，也在《经济学杂志》上发表了一系列文章，讨论各国的货币和银行制度。譬如，在1909年发表的一篇文章中，凯恩斯就比较了法国、俄国、德国、印度、埃及、美国和加拿大以及英国的国家银行制度，并发现，就纸币发行而言，法国、德国和俄国的国家银行都是在同一制度下工作："这同一制度就是无限制地发行纸币的权力和几乎无限制暂停硬币支付的权力。这些国有银行只能是囤积黄金，除非国有银行提出短期使用黄金用于国外支付，目的是手中切实掌握什么以便进行支付赔偿。"（Keynes, 2013, *Collectives Works*, Vol. 11, p. 275）当然，在20世纪初，因为英国是个老牌工业革命的兴起国且是银行和金融系统最为发达的国家，凯恩斯认为英国的货币银行制度是最好的："我们的银行制度（banking system），实际上作为伦敦城的整个复杂机体的一部分，是我们国家的天才和美德相关部分的最好且最具特色的创造之一，我们国家的天才和美德相关部分已经在'交易'中得到体现。正如伦敦一样，银行制度总体上是一个系统和机体，因而并不完全缺乏我们通常经历的与自然界相联系的自发性和可赞的无序特征。"（同上书，p. 328）

由于一开始就关注货币与银行制度，凯恩斯对中央银行有很多深刻的见解。在1914年发表的一篇文章中，凯恩斯就认识到一个国家的中央银行是债务人而不是债权人。他还注意到一个国家的黄金储备与交易规模的大小没有直接关系。他指出，尽管英格兰银行的黄金储备是当时欧洲最少的之一，但英国的贸易规模却是当时最大的。他认为这主要是因为当时英国是一个债权国。这导致一方面英国有大量永久性的国外投资，另一方面英国习惯性地向国外机构贷出大笔资金，只需要在很短的时间里就可以要回这些资金。凯恩斯还考察了当时世界几个主要国家的黄金储备，他认为中央银行之所以储备黄金，主要有两个原因："第一，在需要的时候释放黄金保持国内通货的比价，以便稳定外汇；第二，当只有黄金可以用以支付的时候，用黄金来提供资金进行紧急国外采购。"（同上书，p.313）在回顾了亚当·斯密和大卫·休谟的一些文著后，凯恩斯指出，即使他们也相信，在发生对外战争期间，并不需要积累黄金、白银来维持对外战争。他还指出，一个国家要想得到安全，就得存储更多的黄金，这是一个错觉。一系列事件已经无可辩驳地把这个错觉抛到一边："史无前例的巨量黄金可能流入饱和且不需要黄金的市场。恰恰在世界最需要实际货币的时候，货币宽松才会表现得更强烈。货币的极度充裕与对商品的急需同时出现，必然会使货币的购买力大减。"（同上书，p.319）

除了他对当时英国与各国的货币银行制度以及金本位制的研究外，通过观察当时世界各国银行与金融系统的实际情形，凯恩斯还悲叹道，当时各个国家银行的现实状况和组织如何，以及银行的运作和控制的特点是什么，学者们知之甚少，甚至做法律研究的人也无法搞清楚。凯恩斯认为，在这些方面的研究当时几乎是空白："当人们阅读了委员会出版物的每一页之后，却发现，尽管这些出版物充斥着大量法律、统计资料和历史记录，却找不到当前现存的美国银行制度真正实质性的知识。"凯恩斯还发现，在欧洲各国、加拿大也是如此。凯恩斯还发现，在货币理论方面，美国出版的文献甚多，这主要是因为关于货币问题的政治争议持续时间较长从而刺激了文献的产生。相比之下，在过去的20多年时间里，英国并没有出版与货币理论有关的大量著作。由此凯恩斯认为，"功成名就的英国经济学家们之所以保持沉默，部分原因可能是对这些问题当前大家好像持有普遍的共识。……与美国的同行相比，英国经济学家并没有学会利用美国同行们免于政治争论的好处。但是，英国经济学家们的沉默已经极大地阻止了科学的进步。"（同上书，p. 375）凯恩斯还指出，这就与著名货币经济学家欧文·费雪在其《货币购买力》序言中所说的美国的情形大不一样，因为美国经济学家们在货币理论问题上已出现极大且普遍的意见分歧。凯恩斯说："费雪教授在序言中宣称'对于一个专业经济学家来说，经由外行们的吵吵闹闹，在关于货币的基本命题上产生了诸多分歧，似乎是一个丑闻（a scadle）'。"（同上书，p. 386）事实上，不但在当时的美国、英国以及其他国家是这样，甚至直到今天，包括中国这样的新兴市场经济国家，在很大程度上公众舆论还是如此。经济学家们在关于货币理论及其货币在市场运行中的作用问题上，仍然吵吵闹闹，意见分歧甚多。这主要是因为货币理论极其复杂，导致经济学家们众说纷纭，莫衷一是。

6.2 凯恩斯对货币创生、通货膨胀和合意的货币政策的论述

自 20 世纪二三十年代凯恩斯的"货币三论"和其他几本文集、小册子出版以来，几乎世界各国的经济学家们和世人都认为，凯恩斯相信货币增发以及各国中央银行的货币政策在宏观经济运行中的作用尤为重要，甚至很多人——包括一些专业经济学家都认为，凯恩斯主张超发货币，通过降低利率来刺激经济增长。甚至还有不少人认为，凯恩斯的主张无非是通过超发货币、通货膨胀以及政府财政赤字来维系经济增长，消除经济危机和萧条。如果读凯恩斯文字优美但实际理论上极其深奥难懂的《货币论》尤其是《通论》中的某一句话，人们很可能会产生这样的误解。但是，若读一下凯恩斯本人在不同时期所发表的文章、评论、书评和一些私人信件，你就会发现，这是对凯恩斯的货币与经济学理论及其真实政策主张的一种误解。

在 1914 年 12 月号《经济学杂志》上的一篇题为"货币展望"（The Prospects of Money）的文章中，凯恩斯指出，至少从李嘉图开

始，许多经济学家就相信，文明国家没有必要把自己置于社会和经济系统突然且多变的混乱之中，因为文明国家已把货币本位（money standard）波动置于它们的控制之外。他接着说："就货币问题而言，大多数创新乃至几乎所有自相矛盾的观点都是愚蠢的和危险的，都根本不值得相信。那些没有专门研究过这一主题的人很难把一个事情和另一个事情区分开。"（同上书，p. 319）针对当时第一次世界大战刚开始不久的各国经济形势，凯恩斯认为，一些关于货币本位的国际规制可能会加在世界主要国家的头上。但是，凯恩斯提出："如若当前战争的一个事后影响被证实，即黄金不再对我们实施暴君式的控制而最终被废除了，并退而采取了君主立宪制，那么，历史就会翻开新的一页。"（同上书，p. 320）之后，凯恩斯对各国中央银行的作用及其货币政策提出了许多具体的观点。

首先，凯恩斯认为，货币政策的通道实际上是非常狭窄的。通过回顾经济史和经济思想史，凯恩斯认为："人生来只有两种，一种是重商主义者，一种是通货膨胀论者。重商主义者相信，只要有充足的黄金，就可以医治所有的金融疾病；而通货膨胀论者相信，只要通过廉价信用和纸币，就会给我们带来无限的繁荣。这两个学派轮流影响着工商活动和金融交易（affairs），但真理却不在这两派任何一边。"接着，凯恩斯还明确指出："我认为，除了一些临时情况（temporarily）外，贷款不需要对货币市场的宽松产生任何重大影响。"凯恩斯还具体解释道，这些临时情况诸如战争贷款等。（同上书，p. 325）即使英国当时正面临着第一次世界大战的形势巨变，凯恩斯也不主张实施过度的货币宽松和通货膨胀政策。凯恩斯明确地说："我相信，英格兰银行的储备最近会低于正常值的风险可以绝对加以忽略。""当然，货币市场的人为宽松（the artificial ease）可能会有一些补偿性的好处。例如，它会便利政府融资。当自然趋势可能太过紧张时，货币市场的人为宽松会提升人们的信心。这甚至有可能有助于第一次世界大战结束后的产业调整，并暂时减少原本预期的失业数量。但是，即便是如此，货币市场的人为宽松也太危险了，带来的惩罚将会是巨大的。"（同上书，p.322）从凯恩斯的这些论述和明确的政策主张来看，你能得出凯恩斯是一个素来主张央行超发货币和通过通货膨胀来达至经济繁荣的政府干预论者？

其次，凯恩斯在一些其他文章和书评中也对货币、信用扩张与通货膨胀的关系进行了一些讨论。在1913年9月号《经济学杂志》发表的对霍布森的《黄金、价格与工资》一书所写的一篇书评中，凯恩斯对货币、信用和通货膨胀的关系发表了一些洞见。整体而论，凯恩斯对霍布森的这部书评价甚差："这本刚出版的书里，几乎全是谬论、误识和扭曲的思想。……这本书非常差，比真正愚蠢的书还差很多。"（同上书，pp.388-389）凯恩斯之所以用如此尖锐乃至刻薄的语言来评价这本书，主要是因为，在这本书中，霍布森想从独立个人的观点出发对正统观念的批评来激发人们的思考。一开始，凯恩斯先对霍布森的这本书的主要观点作了简述。首先，霍布森提出了货币供应的不同来源：挖矿得来的**新**黄金、银行家**额外**信用、"来自之前销售行为的"货币。他还认为，如果所有货币都来自之前的销售行为，总的收款项就会随着这些销售行为而涨跌，价格也因此必定会保持稳定。既然如此，照霍布森看来，没有新的黄金的开采，银行家也没有创造新的信用，但是我们的生产、购买和消费都增加到了我们现在的两倍，那么霍布森认为，价格仍会保持稳定。他说，"如果货币完全来自先前的进款，一个社会（community）价格变动的唯一渠道就是……来自较大比例的货币（a large proportion of money）直接购买商品，而商品的生产则符合所谓商品的收益递减定律"。（转引自同上书，p.389）凯恩斯由此发现，在霍布森的脑海中，存在着一个较早的且相当模糊的观点：新货币只有在第一次转手时才影响价格。在谈到凯恩斯所说的两个古老的困惑之后，凯恩斯指出："假如一家银行接受储户的货币，然后再把货币贷给借款者，再有一定保证金，那么，用货币作为交换媒介根本就不减少，价格也不会受到任何直接影响。只有当银行用其他功能创造货币，汇票或支票被作为现实的交换手段，才会对价格产生影响。"（同上书，p.392）这样，凯恩斯就把价格变动和通货膨胀与商业银行内生创造货币联系起来了。在这篇书评的最后，凯恩斯还评论道："有这么一群人，他们不属于任何族群或年龄组，生活在一个知识孤独的人群中，在某种灵魂的自然冲动下，他们以特定和固执的方式思考货币，他们执迷、虚幻乃至神神秘秘地进行思考。假如他们的理论有任何正确性的话，也不是实质上的正确（true）。所有这些人将会发现他们的自然本能在这里表现为貌似有理和表层的认识（plausible-topical），而不是像他们原本生活的（shape themself）那个样子。"（同上书，p. 394）看看当下中国，乃至世界各国，又有多少这样貌似做货币理论研究尤其是自认为在进行货币理论创新的人啊！

当然，凯恩斯作为一个货币理论的创新大师，并不是对所有其他经济学家的观点都看不上眼，或者全都不接受。实际上，他的货币理论的诸多观点恰恰是吸取了许多经济学家——包括杰文斯、维克塞尔、费雪以及霍特里等——的观点，经由他的现实观察并结合他个人投资的实际操作经验而形成的创新。譬如，在 1920 年 9 月《经济学杂志》发表的一篇对他的剑桥大学的老朋友、当时世界知名的货币与商业周期问题研究专家霍特里的名著《通货与信用》书评中，凯恩斯就给予了非常高的评价，称之为"这是多年来关于货币理论的原创性最强、最有深度的专著。……这本书至少会对英国货币理论的未来阐释产生重大影响"。凯恩斯还专门讲到，霍特里先生首先探讨了货币的**逻辑**起源，这与货币的**历史**起源不同。（同上书，p. 411）凯恩斯特别指出，霍特里先生对金融危机理论进行了很好的阐述，把金融危机与记账货币的抽象理论联系起来："这也是这本书的最有意思的部分。按照霍特里先生观点，在任何信用制度中，都存在一种货币贬值的内在趋势。"（同上书，p. 413）凯恩斯引用了霍特里在这本著作中的如下原话："信用在本质上是难以驾驭的。信用总是试图挣脱缰绳，始终都在试图逃脱。然后，当由金属本位维系的通货膨胀达到极限时，信用就会急速停止。"由此霍特里认为，"可以把一次危机看作是保持价值本位的一次斗争……一次危机的真正意义在于，当货币单位允许贬值时，只有以牺牲所有的债务负担为代价，经济才能恢复。

并且，如果这种做法太突然，债务就会超过债务人的资产，导致大量破产"。接着，凯恩斯评论道，尽管解决的办法只能靠货币紧缩，但是扩张主义的取向却使得货币更加稀缺，因而要求更多货币的呼声会更高。面临着这样的情况，"在工商界的抗争面前，中央银行或政府将只有让步，不得不放弃医治通货短缺的矛盾办法，从而制造更大的短缺"。（转引自同上书，p. 413）看看当下世界各国政府和央行面临着政府、企业和家庭债务负担猛增而又发生通货膨胀的双重压力，各国政府和央行何尝不是处在霍特里和凯恩斯这里所讲的尴尬、棘手乃至极难做出合理决策的两难困境?!

如果说在这些较早期的文章和书评中凯恩斯多次表示反对任意的货币超发和通货膨胀，在 1929—1933 年世界经济大萧条发生后，凯恩斯也对别人对自己理论的误解作出了一些辩解、澄清和回应。在 1933 年 12 月发表在《美国经济评论》一篇对西蒙斯（Edward C. Simmons）教授的"凯恩斯先生的控制规划"的回应中，凯恩斯对自己的观点和素来的宏观政策主张作了清楚的辩解。他指出："任何熟悉我的著作的人都会明白，我并不相信仅仅通过操控短期利率就可以控制商业周期，我实际上强烈批评这种观点。我已特别关注控制利率的其他方法。然而，神话一旦传开，就会旷日持久。所以，如果让我的观点的表述未加纠正就到处不正确地传播，那就不是明智之举。"（同上书，p. 434）

接着，凯恩斯还具体指出："西蒙斯教授是基于我的《货币论》来作评论的，但是，在那本书中的论述中，我根本没有说短期利率是控制长期利率绝对可靠的方法。我只是说，这常常比严格理性的推理更有影响，而且由于各种原因，这种影响不像人们所预期到的那样不可忽视。如果像西蒙斯教授那样把完全由短期利率的变化且在现实中必然要求长期利率达到一定水平就可以控制商业周期这种观点硬是归结到我头上，那就根本与我说的不相符。如果这是我的观点，我会赞成他的说法：我的'商业周期控制方案的基础就令人怀疑'。我对商业周期控制的建议是基于**控制**投资。我已经详细地指出，控制商业周期，情况不同，**控制**投资的最有效方法也不相同。并且，我已最先指出，某种情况可能出现，而且最近已经出现，即当短期利率和长期利率均不起作用，那么，政府直接的刺激就成了一种必要的手段。然而，在极端反常的局面出现之前，一些温和方法，包括控制短期利率，可能就足够了，而这并不常见，也从来不是可有可无的。"（同上书，pp. 434 - 435）在这里，凯恩斯再清楚不过地解释了他的货币理论以及他真正的宏观经济政策主张了。

不但如此，在 1924 年对坎南（Edwin Cannan, 1861—1935）教授的一篇评论中，凯恩斯还对货币的创造与通货膨胀机制作了一些精彩的阐述。针对坎南教授的批评，凯恩斯首先解释道："我批评了那种把流通中的法偿货币（legal tender money）的总量作为价值本位调节器的陈旧观点，主要是基于以下两点：（1）这种观点过于强调数量方程式的某一个因素，而排除了其他因素，因而在理论上是站不住脚的；（2）这种观点坚持使用银行利率等等手段作为补偿性的标准，给出的信号太迟了，因而在实践中是无效率的。"（同上书，p. 415）凯恩斯进一步解释道，我在《货币改革论》中指出："总是被人们认可的一些明智的货币理论作者所提出数量方程变化的可能性，实际上可被称作'真实平衡的总量'（volume of real balance），而由此来回应他人的'银行存款的流通速度'（以我看来这个概念似乎是一个非常且极为不方便的人造概念）。人们通常假定，除了相对长期时间外，这些变化并不大。我们现在知道——至少我认为——流通速度的变化可能非常大且非常迅速，而且实际上，在我们的信用循环期间，这些变化是麻烦的根源。"（同上书，p. 428）

基于上述认识，凯恩斯指出："在有着发达银行系统的现代社会中，流通中法偿货币的扩张通常是一个漫长过程的**最后**阶段。在流通中更多货币需求最终发生之前很长的一段时期里，通货膨胀的趋势才能形成；并且，到了这一时间点，通货膨胀已不可掌控，且在实践上变得不可控制了。如果规定纸币发行的一个最大值，而且相信这个最大值，那就如规定病人的体温不能超过 99 度（凯恩斯这里说的应该是华氏99度，相当于摄氏37.2度——笔者注），并把病人扔在一边不管而让温度计达到这个数字——到这时，在世界上可能没有什么办法可以阻止病人的体温大幅上升了。"（同上书，p. 417）

基于上述认识，凯恩斯最后说："因为这些原因，那些负责货币政策的人必须密切关注纸币发行规模之外的几乎一切事情；这也就是说，要他们恰当地工作。因为纸币发行更多只是表明他们以前做的事情，而较少地告诉他们未来如何做；货币发行的巨大动作（a big movement）不是证明改变做法的时刻到来了，而是表明航线出了错，以至于触礁了。依赖纸币发行的规模作为行动的标准，就像仅仅依靠铅垂线去航行，眼睛既不看天空也不看地平线一样。"（同上书，p. 418）凯恩斯对通货膨胀发生的机理和货币当局当为的货币政策的分析和评论，是多么精彩！

特别值得注意的是，在1933年12月30日致美国总统富兰克林·D. 罗斯福（Franklin Delano Roosevelt, 1882—1945）的一封长信中（1933年12月31日发表在《纽约时报》上），凯恩斯诙谐地批评了简单的货币数量论："有些人似乎从一些粗俗的货币数量论中推导出这样的观点：可以通过增加货币的数量来提高产出和收入。但这就像试图通过购买更大尺码的腰带来增肥一样。以今天美国来说，你们的腰带相对你们的腰围已经足够大了。强调货币数量是最误导人的事情，因为货币只是一个限制因素，而支出的数量才是一个可操作因素。"（Keynes, 2013, Collective Writings, vol. 21, p. 294）从凯恩斯上述论述中，怎么会得出凯恩斯主义经济学所认为的那样在经济大萧条发生后，应该通过无限量的增发货币来挽救经济危机？

其实，世人（包括一些经济学家们）对凯恩斯本人的经济学理论的最大误解并不在于对凯恩斯在他的学术活动生涯中所提出的一些具体的经济政策的误读和误解，更重要的是对他的整个经济理论的基本精神的误解。

非常可惜的是，凯恩斯《通论》的主要理论发现是被人们忽视和误解的。当前很多宏观经济学中的术语虽然是凯恩斯创造的，然而它们的含义有很多被后人误解、夸大乃至抛弃了。除了各种凯恩斯主义经济学把凯恩斯经济学（后凯恩斯主义除外）打扮成了一个政府干预主义者、财政赤字和基建狂魔倡导论者、超发货币的通货膨胀论者，对凯恩斯主义经济学最大和最根本的误导是把凯恩斯本人的经济学改造成了一个决定论的体系。

如果你学过宏观经济学，你可能知道图 6.1 的 IS—LM 曲线，也叫希克斯-汉森模型，最早在 1937 年提出。IS 曲线代表的是产品市场的均衡状态，其中投资等于储蓄。LM 曲线描述的是货币市场的均衡状态，即货币需求等于货币供给。

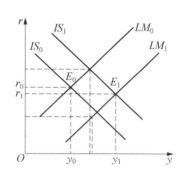

图 6.1 现代宏观经济学中广为流传的标准 IS—LM 模型

当这两条曲线相交时，意味着在该点上，产品市场和货币市场都达到了均衡状态。在这个均衡点，产品的总需求等于总供应，同时货币的总需求也等于总供应。它们的交点 E 标志着两个市场的均衡，同时也表示出了在这一均衡状态下，国民收入（y）和利率（r）的水平。

按照现代宏观经济学教科书的解释，国家的财政政策主要通过改变政府支出和税收来影响 IS 曲线。政府增加支出或减少税收会增加总需求，从而推高国民收入，使得 IS 曲线向右移动（反之向左）。货币政策则主要通过调节中央银行对货币供应量的控制来影响 LM 曲线。扩大货币供给，通常会刺激经济活动，增加国民收入，使得 LM 曲线向右移动（反之向左）。如果认为整个宏观经济运行就是这个 IS—LM 模型所描绘的，如果再认为这个 IS—LM 模型就是凯恩斯本人的经济学的全部精神，那么，就把凯恩斯的经济学体系完全理解为一个决定论的体系。我觉得这是对凯恩斯经济学精神的一个天大的误解。如果反复阅读凯恩斯经济学，我们会发现其整体其实是一个非决定论的系统。

为什么认为凯恩斯的整个经济学体系是非决定论的？这就要理解凯恩斯《概率论》（他早年下工夫最多的著作）的思想和哲学基础了。只有理解了凯恩斯对概率论的论述，才能对他的整个经济学体系非决定论的性质有所体悟。凯恩斯在剑桥大学本科读的是数学专业，但对哲学和伦理学特别感兴趣。凯恩斯本人在剑桥大学学习时，受剑桥著名伦理学家 G. M. 摩尔（G. M. Moore）的影响很大（见Dow, 2013, pp.174 - 175）。

按照 Dow 的研究，摩尔曾提出了"为善"（be good）与"行善"（do good）并重的道德要求。后者将通过遵循基于行动后果预期的规则来促进。在摩尔的影响下，凯恩斯早期阶段的哲学发展对他后来的经济学论述至关重要，特别是他的经济政策方法（Davis, 1994）。虽然凯恩斯采纳了摩尔伦理学的观点，以此支撑他的经济政策方法，但正是他与摩尔的不同之处，造就了凯恩斯哲学和经济学的独特性。这位作者最近指出："凯恩斯对摩尔基于频率论概率的行为可能后果的预期推导出'善'规则的方式感到不满。对凯恩斯来说，必要的充足证据并不是普遍存在的。凯恩斯更倾向于寻求一种替代的、符合逻辑的概率方法，为合理的行动提供道德基础，即使这些无法证明是正确的。他在 1921 年出版的《概率论》中阐述了这种方法。凯恩斯在那本书里发展起来的认识论（epistemology）被证明是他的经济理论和随后的政策分析的基础。"这位作者还认为，"摩尔关于概率的频率论方法为基于确定知识的行动提供了道德基础，而凯恩斯则将不确定性作为一般情况进行了探索，这是因为［现实世界］缺乏确定性的条件。关于概率的论文一般集中在认识论层面。但是，凯恩斯对频率论者（frequentist approach）的概率研究方法的批评却是指向本体论（ontology），指向主体的有机相互依存性，而不是指向其原子论的个体。特别是当凯恩斯用这些术语讨论经济关系时，我们看到了一种非常明确的立场，我们现在将这种立场理解为开放系统本体论（an open-system ontology）。因此，他批评对数学模型的依赖削弱了对'现实世界的复杂性和相互依赖性'的关注。"（Dow, 2023, pp.174 -

　　Dow 对凯恩斯的思想方法的这种认识是非常到位的。凯恩斯经济学的整个体系的认识论基础确实如此。譬如，在《通论》第 21 章，凯恩斯说："在我们把复杂的因素——分离开来而得出一个暂时性的结论时，我们还要回过头来尽我们所能考虑到各因素之间可能存在的相互作用。……用一种符号化的伪数学方法（symbolic pseudo-mathematical methods）将一个经济分析体系形式化是一个巨大的错误；如果假设所涉及的各种因素之间全然相互独立，那么，如果不用这一假设，经济分析就会失去其说服性和权威性。与此不同，在使用普通方法的论述中，我们并不盲目地进行推导，而是总是知道我们在做什么，也知道现实的意义是什么。我们可以把必要的保留之处、限制条件和之后要进行的调整'储存于我们的头脑之中'。然而，我们却不能把偏微分所简化掉的复杂关系'储存于'几页代数的推导之中，而这几页代数推导已经假设，这些复杂的关系均不存在了。在近来的'数理'经济学中，只能代表拼凑之物的部分实在太多了；这些部分的不精确的程度和它们赖以成立的假设条件是一样的。假设条件能使作者在矫揉造作和毫无用处的数学符号中，忘掉真实世界的复杂性和相互依赖的性质。"（Keynes，2013，Vol. 7，pp.297 - 298）

　　从凯恩斯对当时流行的一些经济学研究批评中，我们可以清楚地认识到凯恩斯明确说明了他的整个经济学理论体系实际上是一个非决定论的体系。

6.3　凯恩斯在 20 世纪 20—30 年代对货币制度史的研究及其写作计划

　　为什么凯恩斯对通货膨胀发生的机理、危害和影响以及对货币当局当为的货币政策有如此深刻到位的分析呢？除了他密切观察现实，直接参与政府决策，博闻强记，以及充分了解许多经济学家的货币理论外，他的天才且敏锐的大脑和极其优美的英语语言表达也是一个重要原因。常被各国经济学家们和世人所忽视的另一点是，凯恩斯不像奥地利学派的经济学家如米塞斯、哈耶克以及后来的穆瑞·罗斯巴德（Murray Rothbard，1926—1995）那样主要注重货币思想史的研究，而是在繁忙的事务和研究写作中大量研究了古代货币制度史。据 30 卷《凯恩斯全集》的编者介绍，凯恩斯在 1920 年至 1926 年间曾数次研究了古代货币史，还起草了一个七章结构的古代货币史专著的计划提纲，但由于后来太忙，加上写作《货币论》和《通论》，他就没时间完成这部古代货币史的著作了（Keynes，2013，*Collective Writings*，Vol. 28，Chapt. 2）。但是，正是因为他对古代美索不达米亚地区的古巴比伦、古埃及、亚述帝国，以及古希腊和古罗马的作为支付手段和交易媒介的货币研究，使凯恩斯认识到除了远古人类诸社会主要使用称量金银和贵金属铸币外，还有**记账货币**的概念。但是，在 20 世纪 20 年代，许多在古代两河流域的出土泥板还没挖掘出来，有的挖掘出来了但还没有很好地解读，加上那时对古埃及、苏美尔人、古希腊和古罗马的研究不够，凯恩斯对这些地区货币史的研究从资料文献上还比较缺乏，这就导致凯恩斯还不能写出比较深入和成体系的货币制度史来，尤其是他对古希腊的货币制度尤其是梭伦（Solon，约公元前 640 年—约前 558 年）改革中币制改革的许多论述后来被证明是错误的。

由于远古两河流域的古巴比伦尼亚、阿卡德帝国、乌尔第三王朝、新巴比伦、古埃及、亚述帝国、古希腊和古罗马多采取黄金或白银作为称量支付手段和交易媒介，到公元前 7 世纪后，这些地区又主要采取贵金属铸币（也曾使用过铜铸币），在剑桥大学读数学本科然后做货币经济学研究的凯恩斯在他对古代货币史的探讨中，竟花了大量精力和篇幅来研究古代两河流域、古埃及、古希腊和古罗马的黄金与白银、白银与黄铜，以及大麦与小麦的比率，凯恩斯还做了这些地区和早期国家中度量衡之间的重量对比研究。根据当时他读到的文献，凯恩斯写道，在公元前 2000 年至前 1500 年，在尼尼微（Nineveh），就使用了公元前 2456 年开始的乌尔第三王朝（the third dynasty of Ur）的一位国王敦吉（Dungi）所制定的重量标准。在莱亚德（Layad）尼尼微宫殿里发现的砝码中，上边镌刻着敦吉的名字。根据塞斯（Sayce）教授的记录，"一枚巴比伦砝码上刻了这样这些字样：1 米那标准砝码……严格遵照前国王敦吉钦定的砝码复制而成"。[①]（同上书，p. 244）凯恩斯发现，"后来在乌尔附近的苏美尔人遗址中发掘出来的文物证实了这一传统"。他接着说，"这种姆那（mna）——或者说米那（mina）——是敦吉在公元前第三个千年（the third millennium）中期为乌尔制定的。根据我们现在知道的明确资料，它们是最早的重量标准。在敦吉统治时期，已经有了完整的货币、物价、利息、契约和收据；古代苏美尔人在这方面更为发达，超过了以前出现的文明。然而，最近的发现将有组织的经济生活的起源时间往前推进了一大步，大大超过了学界以前的估计。例如，在敦吉在世之前的数百年甚至千年之前，人类肯定就开始使用重量单位了"。（同上书，p. 244）但是，今天看来，凯恩斯这里有点偏乐观了，且有失准确，从目前所看到的已经解读出来的《乌尔纳姆法典》（约公元前 2113—前 2008年古代西亚乌尔第三王朝创始者乌尔纳姆颁布的）来看，直到公元 2000 多年前才有了作为支付手段的银粒的记载，还没有发现任何与交易、利息、契约、收据和其他与市场交易以及货币使用有关的证据——至少从我读到的文献看来是如此。

关于货币的起源问题，凯恩斯也提出了他的一些看法。他指出："如果一件物品具备以下方面，才至少可以被认为具有货币的具体特征：(1)常常用于表示对某些依照惯例的价值估算（certain conventional estimates of value），诸如宗教会费、惩罚和奖励；(2)用作表示贷款和契约的术语；(3)用作表示价格；(4)用作习惯性交换媒介。前

---

① 凯恩斯这里所引文献从哪里来的暂无从可考，但今天看来可能有误。从颇具争议的《苏美尔王表》中，以及后来各种对苏美尔和两河流域的新近研究中，均找不到 Dungi 这位国王的名字，而凯恩斯所说的乌尔第三王朝中也没有这位国王的名字。而且，现在研究已经比较确定，乌尔第三王朝的存在时间是公元前 2112 年至前 2004 年。这比凯恩斯这里所说的时间要晚近千年。另外，在更早的乌鲁克王国（Uruk，约公元前 2700—前 2113 年）第三王朝中，也没有发现 Dungi 这位国王的名字。

三种情况下，该物品是**记账货币**中使用的术语；在第四种情况下，该物品被用作**实际货币**。现在，对大多数重要的社会和经济目的而言，起到重要作用的是记账货币；其原因在于，契约和习惯性义务正是用记账货币来表示的。具有重要作用的通货变革就是那些改变记账货币的变革。"（同上书，pp. 252－253）尽管这里凯恩斯对货币的起源更多地是根据一些 20 世纪 20 年代之前的考古发现所进行的逻辑推论，但值得注意的是，凯恩斯在这时候已经非常重视"记账货币"这个概念了，并认为在人类远古社会就出现了"记账货币"。

接着凯恩斯研究了古希腊的货币制度："当我们考察古代的实际记录时，我们发现，在希腊历史的最早时期，人们在货币使用方面非常原始；但是我们也发现，在最早的巴比伦尼亚历史时期，人们在所有这些方面已经非常先进了，甚至在公元前 3000 多年以前的古老记录中，[①] 也可以见到这些例子。与个人主义的资本主义以及经济运作相关联的制度，毫无疑问在巴比伦尼亚就被发明出来了，并且发展到了很高的程度，其时间远远超过考古学家们已经探索的年代。移居希腊诸部落的是北方人，拥有的（部落的或封建的）社会制度与具有个人主义的资本主义制度迥然不同（同理，古埃及神权奴隶制的国家社会主义制度在相反的方向也截然不同）。在希腊人到达巴比伦之前，古巴比伦的强权早就被一扫而光了；但是它的经济制度却延续下来，没有出现多少变化，一直延续到亚述时代和新巴比伦时代，可能在波斯帝国时期也在相当大程度上渗透了整个小亚细亚。"（同上书，p. 253）

凯恩斯当时还发现，在古埃及，黄金的一般作用非常重要，但主要用于皇室和宗教的目的。在古巴比伦，黄金可能和白银一起用作价值标准（Keynes, 2013, *Collective Writings*, Vol. 18, p. 242）。凯恩斯还发现，从古巴比伦王国之初，一直延续到亚历山大和凯撒的世俗统治时期，大多数黄金和白银储备被神庙控制，祭师们从宗教目的和

---

① 凯恩斯这里的时间判断亦有值得存疑的地方。从到目前为止的两河文明的考古发掘中，还看不出或解读出公元前 3000 多年前关于人们使用货币的可信记录。

宗教费用的角度确定它们的价值，在一定范围之内控制了金银两种金属的比率。（同上书，p. 243）

比较有意思的是，凯恩斯在研究古代货币史时发现，"几乎在全部有文字记录的历史中，货币的价值一直都在贬值，这一点应该加以讨论。如果不是一个接一个出现的话，货币贬值受两个方面的影响：一是制造货币的金属供应量的大幅增加；一个是货币单位中的金属含量减少。为了方便起见，前者可以被称作为**贬值**（depreciation），后者可以被称作为**贬质**（debasement）。如果历史和自然的进程没有引起前一种情况，人们一般转而依靠后一种选择"。（同上书，p. 226）讲到铸币的历史，凯恩斯说："当货币最初被使用而取代物物交换时，硬币仅仅以金银的数量来决定，金银币上面的标志可以确证金银的数量，亦表示金银的质量，但仅仅以其金银的价值流通。在这个初始阶段，没有**贬质**的临时手段可用。后来，随着契约以及记账货币可接受性的出现，国家发行的硬币具有法偿货币（legal tender）的特征，享有强制流通（*a cours forcé*）的地位，记账货币则作为债务的法偿物。"（同上，p. 226）接着，凯恩斯还指出，从历史上看，在古希腊，首先从梭伦开始，政治家运用法律的力量使一种新的标准硬币去适应当时就存在的记账货币："在梭伦时代的古希腊，贵金属缺乏必定引起标准硬币的升值，这也就是说，会形成物价降低的趋势。与现代社会的情况相类似，在古代社会，对于那些靠借贷货币从事农业经营不可或缺的阶层来说，价格下降造成的负担简直是不堪重负。"（同上书，pp. 226 - 227）凯恩斯还接着论述道，在后来的所有时代中，货币贬质成了应对标准硬币升值的一种方法。之后，在私人资本主义时代，政治家（statemen）要么以明智的方式进行货币贬值，要么用减少铸币重量的粗鲁的方式削弱货币的基础。回顾历史，我们今天可以知道，不但在古希腊、古罗马和欧洲各国统治者们是这样做的，乃至在东方，尤其是在古代中国，从秦半两到汉代的五铢钱，尤其是汉代的榆荚钱的铸造和流通，都证明了凯恩斯在古代货币史研究中的以上判断。

综上所述，正是由于凯恩斯对货币制度史、货币思想史均做了一些研究，加上他当时在各种现实的经济活动中自己做投资操作，又直接参与政府宏观政策的制定和决策，乃至参与一些国际经济组织的筹建、管理和运营，使他并非囿于古典经济学的货币和经济学理论的框架，而是从研究货币在经济运行中的作用入手，创建了他的宏大的经济学理论分析框架。记账货币和货币内生是理解他的货币和经济学理论的两把钥匙，而受货币影响的私人企业家预期和消费者预期，才是经济增长和商业波动的关键因素。不理解这一点，就不可能从根本上读懂或理解凯恩斯宏大艰深的货币与经济学理论。

第二篇 哈耶克与凯恩斯的理论论战及其维克塞尔关联

如果能除掉其缺陷和滥用，个人主义就是个人自由（personal liberty）的最佳保障。其意义在于，与其他体制相比，在个人主义体制中，它极大地扩展了个人选择的范围。个人主义体制同时也是生活多样化的最佳保障，因为，生活多样化恰恰源自个人选择的范围。在生活单调一致的或威权国家中，缺乏生活多样性是最大的损失。原因在于这种多样化保存了体现（embody）以往各代人中最稳固和最成功的选择传统。这种体制还以它的多样化生活方式来使现实五彩缤纷。此外，由于它是经验、传统和想象力的结晶，这种体制也是走向灿烂未来的最有力的手段。……因此，由于要协调消费倾向和诱导投资，政府职能会增大，因此照19世纪的政论家（publicist）和当代美国金融家看来，这种体制似乎会对个人主义产生极大的侵犯（a terrific encroachment），但我却要为之辩护，因为它不仅仅是避免现行经济形态（economic forms）整体毁灭唯一可行之道，而且也是个人创造性（initiative）成功发挥的条件。

——约翰·梅纳德·凯恩斯①

　　① 《通论》，见 Keynes, 2013, *The Collected Writings of John Maynard Keynes*, Vol. 7, London: Macmillan, p. 380。

7 维克塞尔关联与哈耶克和凯恩斯经济学理论的分叉与演变

围绕在"凯恩斯还是哈耶克"论战上的激烈辩论，也使我们模糊了两派经济学家都在努力推进的各种问题。对于这两派经济学家来说，就跟他们的前辈维克塞尔一样，均衡概念虽然有用，却不是对任何现实最终状态的描述，而是在给定任何真实世界历史过程中的非均衡，用于解释均衡之外的经济动态变化，尤其是跨期变化才是通则而非例外。因而，将产量和通货膨胀变化的理论数量建立在一种临时优化和连续均衡的基础之上，会阻断维克塞尔关联（the Wicksell connection）。在这方面，希克斯犯了个错误；这个问题与其说成是"到底谁才是对的，凯恩斯还是哈耶克？"不如说成是我们能从凯恩斯和哈耶克那里学到些什么。

——泰勒·B. 古德斯皮德①

在上述几章的论述中，我们已经指出，在 20 世纪二三十年代，哈耶克与凯恩斯进行了十多年的理论论战；并且我们也提到，哈耶克和凯恩斯的货币与经济学理论均受到了瑞典经济学家克努特·维克塞尔的巨大影响。故要理解哈耶克与凯恩斯的理论大论战，以及要想真

---

① Goodspeed, Tyler B., 2012, *Rethinking the Keynesian Revolution: Keynes, Hayek and Wicksell Connection*, Oxford: Oxford University Press, p. 169. 中译本：［美］泰勒·B. 古德斯皮德：《重新思考凯恩斯革命》，李井奎译，北京：商务印书馆，2018。

正弄懂凯恩斯的"货币三论"以及哈耶克本人 20 世纪 20 年代到 30 年代几本经济学著作中的思想和理论，就必须对维克塞尔的思想有所了解。故在此，我将简要介绍一下维克塞尔的生平与思想，进而稍微讨论一下哈耶克与凯恩斯经济学理论及其大论战与"维克塞尔关联"的思想继承和发展的关系。这里首先要指出，"维克塞尔关联"这个术语，是专门研究哈耶克与凯恩斯论战的美国经济学者泰勒·B. 古德斯皮德在 2012 年由牛津大学出版社出版的《重新思考凯恩斯革命：凯恩斯、哈耶克与维克塞尔关联》（这本英文专著已由李井奎教授翻译为中文，2018 年在我主编的商务印书馆的"现代货币理论译丛"中出版，"the Wicksell connection"——李井奎教授把这个术语翻译为"维克塞尔联系"，我反复斟酌了一下，觉得把它翻译为"维克塞尔关联"也许更合适些？）一书中提出来的。按照古德斯皮德的解释，"维克塞尔关联实际上分为两个方面，横跨货币理论与资本理论，维克塞尔模型的鲜明特征是，在'货币'利率与'自然'利率之间存在持续的差别，这种差别与投资偏离于计划储蓄密切相关。"(Goodspeed, 2012, p. 17)"因此，维克塞尔关联的轴心问题就在于，维克塞尔对资本的实际或'自然'利率与信贷市场上一般利率或'货币'利率做了根本的区分。"（同上，p. 18）而维克塞尔关联，极大地和从最深层理论基础上影响了米塞斯和哈耶克的经济学理论，也特别对凯恩斯的经济思想产生了深层的影响（但是，后来凯恩斯和哈耶克二人均**扬弃**了维克塞尔的"自然利率"概念）。因此，不了解古德斯皮德所说的"维克塞尔关联"，就不能理解后来的凯恩斯和哈耶克的货币与经济学理论，更不能理解为什么在 20 世纪 20—30 年代发生了举世瞩目的哈耶克与凯恩斯经济学理论大论战。（参见图 7.1）

在煌煌千余页的巨著《经济分析史》中，熊彼特曾指出，在 19 世纪 20 世纪之交，人类历史上出现过三位最伟大的经济学家：瓦尔拉斯、马歇尔和维克塞尔。今天，任何一个学过现代经济学的人，对瓦尔拉斯和马歇尔都很熟悉了，但是知道维克塞尔并真正理解其思想脉络和理论贡献的还不多。

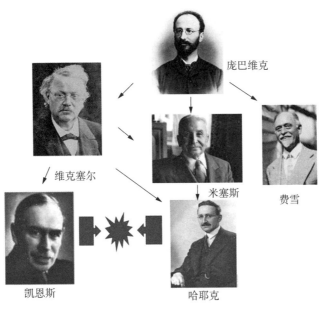

庞巴维克

维克塞尔

米塞斯

费雪

凯恩斯

哈耶克

图 7.1 哈耶克与凯恩斯经济学理论论战的思想渊源：维克塞尔关联

维克塞尔于 1851 年 12 月 20 日生于斯德哥尔摩。当他还不满 7 岁的时候，母亲就去世了；12 岁的时候，他父亲也去世了。维克塞尔父亲逝世后，所留下的财产还足以支持他在乌普萨拉大学读书，当时他所学专业是数学和物理学（第二专业）。大学毕业后，因生活窘迫，他在乌普萨拉一所中学教书，并给一个富商的儿子做家庭教师。1875 年他通过了获得数学哲学博士学位所要求的三项考试中的两项，开始对社会科学和经济学感兴趣，常根据新马尔萨斯主义理论为报纸撰写有关社会问题的文章，并开始在一些公共场合进行讲演。

1885 年他通过数学哲学博士最后一项考试后，去了伦敦研究古典经济学。1886 年维克塞尔从伦敦回到了瑞典，在乌普萨拉、斯德哥尔摩和哥本哈根的一些公共场合到处做公共讲演，并于 1888 年春天去维也纳去听门格尔（Carl Menger, 1840—1921）的课，同年秋天去柏林听了瓦格纳（Adolph Wagner）的公共财政的课。1889 年夏，维克塞尔去了巴黎，继续学习经济学。1890 年，他回到斯德哥尔摩，并在随后 10 年过着拮据、艰辛的日子。1896 年，维克塞尔以《赋税之影响》的博士论文获得了经济学博士学位，并在 1899 年获乌普萨拉大学的法学博士学位。1900 年，他获得隆德大学法律系的一个经济学教职，到 1904 年他 53 岁时，才最终正式被聘为教授。随后，维克塞尔在隆德平静地度过了他的生活拮据但"思想富裕"的岁月，于 1926 年 5 月 2 日因腹泻和肺炎逝世，终年 74 岁。

在到处奔波和窘困的一生中，维克塞尔留下了大量著作、论文和讲演稿。其主要著作有：《价值、资本与租金》（1883）、《利息与价格》（1898，英文翻译 1936）、《政治经济学讲义 I，II》（1901，1906）、《社会主义国家与现代社会》（1905）、《人口理论、人口构成及变化的模型》（1910），等等。在维克塞尔的晚年以及他逝世之后，一些瑞典经济学家如林达尔（Erik R. Lindahl, 1891—1960）、缪尔达尔、俄林等瑞典经济学家对维克塞尔经济学思想进行了系统的解释，发展和形成了当代经济学说史上著名的"瑞典学派"或"斯德哥尔摩学派"。维克塞尔则是瑞典学派公认的创始人。

维克塞尔的主要的理论贡献在哪里？为什么熊彼特把维克塞尔视作 19—20 世纪之交世界上三个最伟大的经济学家之一？把维克塞尔与瓦尔拉斯和马歇尔理论放在一起来进行一些比较，就大致知道其中的原因了。如果说作为 19—20 世纪之交英国经济学界公认的领袖人物马歇尔以局部均衡的基本分析框架开启了古典经济学向现代经济学的转变的话，那么可以认为，瓦尔拉斯作为现代经济学中数理分析和一般均衡理论的创建者，奠定了当代主流经济学理论分析的基础。从某种程度上说，尽管整个 20 世纪的经济学中学派林立，且有微观经济学和宏观经济学之分野，但现代经济学整体来说是在建立在瓦尔拉斯—阿罗—德布鲁一般均衡理论基础之上的一个庞大理论世界。

也许许多学者都没有注意到，尽管马歇尔有自己的货币、信用与商业理论，瓦尔拉斯也有自己独特的以"拍卖者喊价"为基本分析理路的货币、银行信用和资本形成理论，但无论是马歇尔的局部均衡分析，还是瓦尔拉斯所试图构建的一般均衡经济学，最终关注和要解释的，主要还是"产品世界"或言"商品世界"的运行机理，他们都还没有真正在货币、信用和金融体系与实体经济部门的相互关联和相互作用的分析中阐释人类现代社会经济体系的运行。真正开启"货币均衡"和"商品世界均衡"关联分析的，是瑞典学派的创始人维克塞尔。这一思想流派，经过米塞斯、哈耶克、缪尔达尔、林德尔的发展，在20世纪20—40年代，取得了较大进展；而凯恩斯的"货币三论"——尤其是《货币论》和《通论》，可以说是沿着维克塞尔的"货币均衡论"所创建的一个新的经济学理论范式。由此，我们今天可以认定这样一个事实：是先有维克塞尔的"货币均衡论"，才有当代经济学中的"凯恩斯革命"，才有当代的宏观经济学。

现在我们已经知道，现代宏观经济学和奥地利学派商业周期理论的先驱均为瑞典经济学家克努特·维克塞尔。要理解凯恩斯宏大的货币与经济学理论、奥地利学派的货币与商业周期理论，乃至哈耶克与凯恩斯长达10余年的理论大论战，都必须对维克塞尔经济学理论和思想有所了解。一位奥地利学派的经济学家乔治·沙克尔（George Shackle）在1956年为维克塞尔的《价值、资本与地租》英文版所撰写的序言中曾说："维克塞尔的著作巍如高山，两侧溪水恒流，灌溉了宽广的各色领域，而后重又汇成一条大河。"（见Wicksell, 1893/1936, preface）沙克尔的这段话，充分反映了维克塞尔经济学理论的重要性及其对以后许多经济学流派的影响。

1898年，维克塞尔出版了他的《利息与价格》，分析了货币与金融体系对现代市场经济中实际经济的影响，在经济学说史上第一次应用了总供给、总需求的分析方法，研究储蓄、信贷和投资对价格波动和经济活动的影响。在货币理论上，维克塞尔属于李嘉图的货币数量论者，他认为货币只是流通中的交换手段，它本身并无主观价值，它的主观价值是由交换价值所决定的①。但是，维克塞尔并不是一个简单的货币数量论者。他认为，在现代市场经济中，货币数量与价格水

---

① 在《利息与价格》第四章，维克塞尔指出，"今天已经不再有一个（转下页）

平的关系出现了许多不可捉摸的现象。大多数早期的货币数量论都认为，价格水平的变化是与经济体中的货币数量的多少直接相关联和成比例的。但这种理论既没考虑受银行信贷所影响的价格水平的弹性，也没考虑货币数量与个人收入分配决策以及企业生产决策之间的关联。维克塞尔在他的价格积累学说中纠正了这一缺陷，提出价格波动起源于银行货币利率与实际利率之间的差异和波动。受奥地利学派经济学家卡尔·门格尔尤其是庞巴维克（Eugen von Böhm-Bawerk，1851—1914）和里昂·瓦尔拉斯一般均衡论思想的影响，在《利息与价格》中，维克塞尔使用了"自然利率"（请注意他用的是"资本的自然利率，即 natural rate of interest on capital"）和"贷款利率"（rate of interest on loans）[1]，并提出了"贷款利率迟早总是要与资本的自然利率水平趋向一致"这一核心思想，进而从市场的贷款利率与自然利率的关系来说明现代市场经济中物价的上升或下降的累积过程。在维克塞尔看来，"自然利率"就是实物资本的收益率，它不同

（接上页）理论家会支持那种因袭的观念，认为货币本身具有独立的、或多或少不变的内在价值，……虽然在现代货币理论文献中，有时还可以观察到这种教条的反映。现代价值理论的结晶已经终结了这种研究思路。一件物品的价值，只是在于我们认为它所具有的满足我们需要的重要性。"就货币本身而论，只是当它在执行货币的职能时，才作为一个媒介物在经济世界有其重要意义。是货币对于商品的购买力决定了它的效用和边际效用，而不是它被这些边际效用所决定。"（Wicksell，1898/1936，p. 29）

　　[1]　从经济学思想史上来看，早在 1691 年，英国哲学家和经济学家约翰·洛克（John Locke）以写给英国一位议员的信的形式所出版的小册子《论降低利息和提高货币价值的后果》中，就使用了"自然利率"的概念。洛克认为，货币的借贷利率会围绕着自然利率上下波动，而自然利率取决于一国货币数量的多少以及一国货币数量与商业贸易总量之比。半个多世纪后，英国一位经济学家约瑟夫·马西（Joseph Massie）匿名出版了《论决定自然利率的原因》的几十页小册子，批判了洛克的货币名目论（朴素的货币数量论）的自然利率决定论，提出了"自然利率由工商企业的利润决定"的观点，从而被马克思称赞为是一本"划时代的著作"。到了奥地利学派那里，庞巴维克在 1890 年出版了其名著《资本与利息》，书中开篇就讨论了"利息"与"自然利息（率）"概念，提出"利息"可分为"自然利息"与"契约和贷款利息"（contract and loan interest）。庞巴维克认为，资本所得产品的价值超过生产过程中所耗费物品价值所获得的利润，就叫"自然利息"。

于、也不必然等于货币资金利率，后者决定于银行可贷资金的供求。只有当两种利率相等时，经济才能达到平衡。但是问题和麻烦是，维克塞尔在解释"自然利率"这一概念时，其含义一开始就比较含混。譬如，在《利息与价格》中，他把"资本的自然利率"首先界定为"不使用货币、一切借贷以实物资本形态进行时由供求关系所决定的利率。"（Wicksell, 1898/1936, p. 102）他还认为，自然利率对物价完全保持中立，既不使物价上涨，也不使物价下跌，它与不用货币交易而以自然形态的物质资本来进行借贷时，由其需求与供给决定的利率恰恰相等。但在 1906 年的《国民经济学讲义》中，他放弃了这一含混的界说，给自然利率下了另外一个定义："对借贷资本的需求与储蓄的供给恰恰相一致时的利率，而大致相当于新创造的资本的预期收益率（the expected yield on the newly created capital）的利率叫作正常的或自然的利率"①，从而把"自然利率"认作为"正常利率""真实利率"，实际上理解为商业的平均利润，或用维克塞尔本人的话来说，是"预期的收益率"（Wicksell, 1906/1977: Vol. 2, p. 193）。②

维克塞尔的"货币均衡论"核心思想是，要达至具有极其复杂的银行和资本市场体系条件下现代市场经济的均衡，关键在于要使贷款利率与自然利率相等。对于这一点，维克塞尔在《利息与价格》的序言中就明确指出："货币利率（money rate）迟早总要与资本的自然

---

① 维克塞尔在此实际上也为后来凯恩斯在《通论》中提出的一个新概念"资本的边际效率"（the marginal efficiency of capital）奠定了理论基础，或者说，凯恩斯的"资本的边际效率"概念应该来源于维克塞尔在这里所提出的思想，因为维克塞尔在这里明确提出"新创造的资本的预期收益率（the expected yield on the newly created capital）"。如上一篇所述，凯恩斯在《通论》第 11 章是从资本资产（the capital-asset）的预期收益（the expectation of yield）和现行的供给价格（the currently supply price）来界定"资本的边际效率"概念的，从而把它界定为"在资本资产的寿命期间所提供的预期收益（the return expected）等于其供给价格的贴现率（the rate of discount）。"（Keynes, 1936, pp. 135 – 136）

② 中国学者刘絜敖（2010，第 234 – 235 页）教授注意到了维克塞尔前后对自然利率的定义和理解的差异，他把维克塞尔在《利息与价格》中的定义称作为"第一定义"，其要义是自然利率由实物资本的供给与需求决定，即实物利率；（转下页）

利率趋向一致。换句话说，货币利率的高低，最终是由实物资本物品的相对过剩或不足来决定的。……因此，在货币制度的实际情况下，贷款利率迟早总是要向当下的资本的自然利率水平看齐。"（Wicksell, 1898/1936, p. XXVI）这一思想非常明确并极其重要。后来，按照维克塞尔的学生、与哈耶克同年获诺奖的瑞典经济学家缪尔达尔的研究，维克塞尔所提出的"货币均衡"有三个条件：（1）货币的"正常利率"必须等于实际资本的收益率（即资本的"自然利率"）；（2）货币的"正常利率"必须等于事前估计的储蓄和投资相等的利率；（3）在货币利率等于均衡利率时，利率对物价的影响是"中性的"，既不会使物价上升，也不会使之下降。维克塞尔也相信，如果银行的贷款利率低于资本的实际收益率，就会促进工厂设备的生产和投资的扩张，价格也会上涨。维克塞尔还认为，货币均衡的三个条件是密切相关的，只有当它们同时得到满足时，经济才达到均衡。这也就是说，只要其中一个条件未得到满足，经济就失去均衡。如果货币利率偏离了自然利率，投资就不等于储蓄，从而价格水平就要发生变动。之所以存在这种关系，是因为企业家以追求最大利润为目的。只要货币利率低于自然利率，超额利润就会产生，这时企业家就会增加对资本的需求，结果是投资大于储蓄。这种趋势又导致对生产要素和商品需求的增加，在供给不变条件下，价格水平就必然呈上涨的趋势。反之，当货币利率高于自然利率时，亏损就发生了。这时，资本需求减少，

（接上页）他把在《国民经济学讲义》的定义称作为第二定义，其要义是自然利率为投资（借贷资本的需求）与储蓄所决定，是投资与储蓄相等时的正常利率或均衡利率。刘絜敖先生还注意到，哈耶克与瑞典经济学家林达尔均认为维克塞尔后期的思想有了变化，比较注重利率与储蓄、投资之间的关系，故主张应以第二定义为是；而米塞斯和缪尔达尔则认为，维克塞尔的思想没有变化，仍然着重利率的实物性质，故仍以第一定义为是。刘絜敖先生认为，维克塞尔的这两个定义，实际上具有四个含义：（1）自然利率为物质资本的供给与需求所决定；（2）自然利率为投资和储蓄所决定；（3）自然利率相当于资本的预期收益率；（4）自然利率是对物价完全保持中立，既不使之上涨，也不使之下跌的利率。刘絜敖先生自己说他也比较赞同米塞斯与缪尔达尔的说法，认为维克塞尔在后期并没有放弃前期的自然利率即实物资本的利率的概念。（同上书，第 235 页）

投资小于储蓄。这种情况必然使生产要素和商品需求趋于下降，从而增加了价格水平下降的压力。因此，在维克塞尔看来，第一个均衡条件即货币利率与自然利率的关系具有决定性意义。

如果资本的自然利率刚好等于银行贷款利率即货币利率，投资就等于储蓄，价格水平就稳定不变，经济即处于均衡状态。但是，维克塞尔认为，在现实生活中，自然利率和货币利率是经常发生变动的，而且变动方向也不尽一致。这是因为，自然利率和货币利率的决定因素不同，且经常发生变化。自然利率决定于资本的边际生产率以及工资和租金水平。货币利率决定于银行当局，它可以根据经济情况和信贷能力随时调整。

维克塞尔所描述的累积过程不是关于产量和就业的累积过程，而是价格水平的累积过程。这是因为，他是在充分就业假定下进行理论分析的。维克塞尔累积过程的要点是：当货币利率低于自然利率时，价格水平将上涨，而且是累积性地上涨；反之，当货币利率高于自然利率时，价格水平将下降，并且是累积性地下降。假定货币利率低于自然利率，企业家获得超额利润，这就会导致增加投资、增加需求（生产要素的需求增加），进而，要素价格和收入将上涨，收入增加又会导致消费品价格上涨。另一方面，货币利率低下又会抑制储蓄，刺激消费，从而使得消费品价格上涨。这时又可能发生两种情况：（1）如果货币利率上升到自然利率的水平，投资下降，直到等于储蓄，价格不再上涨，但不是回到原有水平，而是保持在较高水平上。（2）相反，如果货币利率仍保持在低于自然利率的水平上，那么，货币利率一次性的下降不只使价格水平一次性上涨，而且会使价格水平不断地、累积性地上涨。以上是价格水平上涨的累积过程。接着是价格下跌的累积过程。当货币利率高于自然利率时，企业家因发生亏损，将缩减生产和投资，减少对生产要素和消费品的需求，从而投资将小于储蓄，总需求低于总供给，消费品价格将下跌。如果货币利率继续高于自然利率，价格水平将持续地、累积性地下跌。

这样，维克塞尔就从银行的货币供给和金融体系的运作解释了现代市场经济中的经济波动。值得注意的是，尽管维克塞尔经济学体系中心论证了货币银行系统和金融市场的利率对投资、消费和物价的影响，但维克塞尔并没有把他的积累过程理论看成是对资本主义市场经济中的商业周期的理论解释。在《国民经济学讲义》第二卷中，维克塞尔明确指出，"在现有的条件下，信贷造成的货币购买力变化从根本上与工业波动密不可分，而且毫无疑问地会影响它们，特别是在造成危机这一方面，不过我们不必认为现象之间有必然联系。"（Wicksell, 1906/1977, Vol. 2, p. 211）照维克塞尔看来，商业周期的主因，基本在于"技术和商业的进步"并不像人类的欲望和需求增长的变化那样平滑："更确切地说，应该从以下事实中寻找周期性波动的主要和充分原因，即本质上技术和商业进步不能和我们这个时代增加的需求（特别是由于人口增加的相关现象）保持同步，而是有时快，有时延后，在前一种情况下，人们尽可能地争取利用有利条件是很自然而且在经济上是合理的，而且由于新的发现、发明和其他方面的改进几乎需要各种准备工作，因此发生了大量的流动资本转化为固定资本。这是每一次经济繁荣的先兆……"反过来维克塞尔认为，"如果这些技术的改进已经被运用且没有其他的可用了，或者至少没有已经被充分验证或者有望超出归属于所有新企业的风险的边际利润，将会有一个衰退期"。（同上书，211 页）换言之，供给侧的技术的变化，最终不可避免地围绕着较为稳定的消费者需求的增长而波动。

维克塞尔还认为，如果银行可以根据技术进步（以及资本的收益率）而随心所欲地提高或降低利率，那么整个经济的物价水平就可能会保持稳定，而且在这样的情况下，导致危机的主要因素可能也会消失，那么余下的不过是在固定资本加速形成时期与流动的存量不断积累时期之间的"一波悄然的波浪式"运动而已。因此，维克塞尔认为，银行自身的信贷政策固然不一定能消除商业波动，但至少可以阻止它们变得更加剧烈。概言之，"在维克塞尔看来，与其将由货币利率与自然利率的背离所导致的价格水平的积累过程归结为现代市场经济中商业周期的起因，不如说是以某种震荡方式对不规则的真实冲击做出反应的趋势所呈现出来的特征，而且这还是根植于现代货币经济的性质当中的一个特征"。（Goodspeed, 2012, p. 33）维克塞尔的这一认识，与后来由普雷斯科特（Edward Prescott）、基德兰德（Finn E. Kydland）所提出的"真实周期理论"在很多方面是一致的，因而可以被视作为"真实周期理论"的理论先声。

在 1917 年发表在《国民经济学杂志》上的一篇"恐慌之谜"中，维克塞尔晚年更加清楚地说明了他对现代市场经济中商业周期原因的理解。在这篇文章中，维克塞尔指出，要解释现代市场经济中商业比较有规律的起伏现象，完全有两种不同的方法：一个是假定有外来的力量不断起作用，因此造成动荡不宁；还有一个是利用这样一个假设，即认为现代经济体系，由于其本身的性质，对于一切足以推动它的非正规的力量，将引起一种动荡不宁情况作为反应。可以想象这种情况犹如一个回转木马。维克塞尔无疑倾向于后一见解，而且认为通过机敏的信用政策，至少在多数情况下可以防止这种动荡的渐趋猛烈（转引自瑞典学派的经济学家贝蒂·俄林[1]为维克塞尔的《利息与价格》写的序言，见 Wicksell, 1898/1936，中译本，第 5 页）。不但如此，从俄林的序言中，我们还知道，维克塞尔还对米塞斯所持有的"错误的信用政策是繁荣和萧条趋向的根源"的观点持批评态度。

概言之，维克塞尔的"货币均衡论"的核心思想是，要达到具有极其复杂的银行和资本市场体系条件下现代市场经济的均衡，关键在于要使实际利率与自然利率相等。但是维克塞尔在试图阐释上述"货币均衡"理论时，概念比较混乱。他一开始把"自然利率"解释为假设没有货币时实物资本的借贷利率，但他另一方面又把这个自然利率理解为储蓄与投资相等时的均衡利率。这两种界定和理解，显然都是

---

① 1977 年，贝蒂尔·俄林为瑞典经济学家，因对国际贸易理论和国际资本运动理论做出了开拓性的研究，与英国剑桥大学的詹姆斯·爱德华·米德一同获得了诺贝尔经济学奖。

一个理论抽象。缪尔达尔在《货币均衡论》一书中就曾指出，货币利率与自然利率之间的区别对维克塞尔来说是很模糊的概念，维克塞尔也不考虑这一概念在统计观察上的可能性，让他神魂颠倒的是要"使世界免除货币失衡的灾难性后果的纯粹实际问题"。

维克塞尔自然利率概念的含混和抽象，同样被凯恩斯和哈耶克认识到了。在《货币理论与贸易周期》中，哈耶克就指出，离开货币因素，就无法计算一个社会的单一的自然利率，因而主张抛弃维克塞尔自然利率的第一重含义，即不使用货币进行的实物资本借贷的"利率"，而只是从储蓄和投资相等时的"均衡利率"来理解"自然利率"。(Hayek, 1929/1933)

在写作《货币论》阶段，凯恩斯与哈耶克一样对维克塞尔的"自然利率"概念作了同样的处理，在该书上卷中，凯恩斯就明确地说："如果我们给维克塞尔的自然利率下个定义，说它是储蓄与投资价值平衡时的利率，那么，当货币利率被保持在一个水准使投资价值超过储蓄时，全部产品的物价水平就会上升到生产成本之上，这样就会反过来刺激企业家竞相抬高报酬率，使之超过原来的水平。当货币的供应使货币的利率能保持低于上述定义下的自然利率时，这种上涨趋势就可以无限地继续下去。"(Keynes, 2013, *Collective Writings*, Vol. 5. p. 176) 很显然，凯恩斯这里完全是在维克塞尔"货币均衡论"的话语和思路中来讨论问题，且完全在维克塞尔"自然利率"的第二重含义上使用这个概念，并且认为，"繁荣与萧条简单而言就是信用条件围绕均衡的位置上下摆动之结果的外在表现而已"。(同上书，p. 165)

以维克塞尔和凯恩斯对"自然利率"的这种理解，自然就会认为储蓄与投资并不必然相等。根据这一点，凯恩斯在《货币论》第 12 章详细地讨论了储蓄与投资的背离与商业周期之间的关系，并认为，过度储蓄是信用循环和商业周期的原因。他明确指出："按照我的理论，大量的储蓄**不能**相应导致大量的投资（而不是相反），才是问题的根源。"(同上书，p. 160)

在同一时期，哈耶克与凯恩斯一样，也是在维克塞尔"自然利率"的第二种含义上理解并使用这个概念的，即"自然利率"是储蓄等于投资时的"均衡利率"。这一时期哈耶克也相信，"货币对经济事件的进程往往起着决定的影响，所以，如果我们忽视货币的作用，那么我们对实际经济现象的分析就是不完全的"。哈耶克认为，决定一个社会均衡利率的，是人们的消费与储蓄的实际偏好，这些偏好决定人们将多少收入用于消费，多少用于储蓄，这也决定了社会对消费品和资本品之间的需求结构。另一方面，生产者则根据对消费品和资本品的需求的变化制定生产计划。这样，如果人们决定多储蓄，对消费品的需求就会降低，资本品的需求量就会上升。而调节经济自然运行的，就是储蓄等于投资的均衡利率即"自然利率"。由此，哈耶克认为，如果银行通过持续不断地增加货币供给而把贷款利率人为压低到自然利率之下，会给生产者一个错误的信息去增加资本品的生产，结果导致全社会的消费和资本形成的比例失衡，从而改变社会生产的结构，最后导致"过度投资"或"不当投资"（也就是相对于消费者推迟消费的那部分数量，纯粹来源于银行体系所创造的信贷资金部分的"过量投资"），最后演变成经济危机。（Hayek，1935，pp. 32－128）这也是哈耶克在多年中一直坚持**货币政策更可能是经济衰退的原因而不是解药**，并进而认为**"经济衰退是一种天然的疗伤药，一种清肠剂，是消灭那些得不到真正储蓄所支持的投资**（现在看来，这里可以理解为是指由纯银行体系信贷扩张创生出来的货币所支撑的投资——引者注）**的净化器"**（Gamble，1996，p. 106）的深层原因了。

值得注意的是，在这个阶段上，也许哈耶克与凯恩斯二人均没有认识到（或者认识到了他们也仍然坚持使用），维克塞尔的"自然利率"概念的第二种含义只能是一个纯粹抽象的理论假设，在经济社会现实中，既不能确定何时储蓄等于投资，即使假定在一个时点上储蓄等于投资了，也很难说那个时点上的平均利率就是自然利率。再退一步讲，由于利率是货币供求和市场运行的结果，即使相信在一个时点上储蓄等于投资了，利率水平也会有高有低，即使在每一个均衡点上都有一个"平均利率"，各个均衡点上的"平均利率"也会不同。那么，在现实经济和金融体系的运行中，如何确定哪一特定利率就是"自然利率"呢？到这里，我们就会理解为什么缪尔达尔在《货币均衡论》中指出维克塞尔"自然利率"概念乃至"储蓄的供给与需求"基本观念相当模糊了。因为，按照维克塞尔的理论解释，根本无法把他对信用和资本市场的分析直接运用到统计资料的可观察和可计算层面上，因而，他认为维克塞尔的含混不清的货币均衡论的思想，无法"用之于实际"。

应该说，在凯恩斯的《货币论》中，以及在哈耶克写作《货币理论与贸易周期》和《价格与生产》阶段，他们沿着维克塞尔的"自然利率"概念所做的理论分析，同样也仅仅是在纯粹理论层面上所进行的逻辑推理，因而"自然利率"概念的含混，导致了他们各自的理论建构还不能逻辑自洽。甚至即使他们的分析在逻辑推理上没问题，但因为他们所共同使用的"自然利率"概念只是一个纯粹的理论抽象，导致他们各自的理论建构离解释现实世界还有很大距离。当然，我们这样说，并不是否定米塞斯、哈耶克、凯恩斯、缪尔达尔、林达尔等人沿着维克塞尔所开辟出来的货币均衡论的研究思路探索人类社会经济运行和商业周期的理论和现实意义。

然而，经过与哈耶克的数年论战，到了1936年出版《通论》时期，凯恩斯便对维克塞尔的货币均衡论乃至他自己在《货币论》时的观点作了一些重大修正和改进。与《货币论》相比，凯恩斯作了以下三个方面的重大修正：

（1）基本上抛弃了维克塞尔"自然利率"概念。在第17章第6节，凯恩斯就明确地说："在我的《货币论》中，我把可视为最重要的唯一利息率称作**自然利率**……即储蓄率与投资率相等的利率。我当时相信，我的定义是维克塞尔的'自然利率'的发展和明确化。"凯恩斯接着指出："然而，我在当时所忽略的一个事实是，根据这个定义，任何社会在每一个就业水平上都会有一个**不同的**自然利率。同样，相对于每一个利率，都存在一个使该利率成为'自然的'利率的就业水平，即该经济体系的利率与就业处于均衡状态。……当时我还没有懂得，在一定条件下，经济体系可以处于小于充分就业的水平"。"我现在认为，过去被我当作在学术发展上似乎是有前途的'自然'利率的概念，对我们现在的分析不再很有用，也不再具有任何重要性"。(Keynes, 2013, *Collective Writings*, Vol. 7, pp. 242 - 243)

（2）尽管凯恩斯抛弃了维克塞尔的"自然利率"概念，并没有完全脱离开维克塞尔"货币均衡论"的基本思想，而是把维克塞尔的"自然利率"概念的第一重含义改造成了"资本的边际效率"。[①] 由于资本的边际效率仍然是个纯理论分析的概念，在现实中，实际上人们又可以用美国大经济学家费雪所使用的资本的"超过成本的利润率"来替代。

（3）在完成了对维克塞尔"自然利率"概念和分析思路的上述转换后，凯恩斯又在论战中部分吸收了米塞斯和哈耶克对消费、储蓄与预期投资之间关系的思考，创造性地提出了"边际消费倾向"这一概念，进而形成了他的宏观经济分析的基本思路："如果消费倾向、资本的边际效率和利息率这三个因素均保持不变，那么有效需求也不能改变"。在此基础上，凯恩斯构建出了他的宏观经济学的宏大分析框架。

在完成了从维克塞尔的"资本的自然利率"向他的"资本的边际效率"概念转变后，凯恩斯在《通论》第22章"略论经济周期"中说："我认为，贸易周期最好应被当作系由资本的边际效率的周期性变动所造成的；当然，随着这种变动而到来的经济体系中的其他重要短期变量会使经济周期的情况变得更加复杂和严重。"（同上书，p. 313）凯恩斯的这句话，寓意甚深，且今天看来似乎有着切实的当下意义。

---

① 在经济思想史上，德国经济学家约翰·屠能（Johann Heinrich von Thünen, 1783—1850）曾首先提出"资本的边际生产率"（the marginal product of capital）概念，后来经美国经济学家约翰·克拉克（John Bates Clark, 1847—1938）进一步发展，这一个概念在现代经济学中广泛应用，但这与凯恩斯所提出的资本的边际效率不是一个概念，切不可混淆。

8　哈耶克与凯恩斯论战的来龙去脉

Many of the monetary and theoretical issues that were at the heart of the Keynes-Hayek debate have never been resolved; they have just been swept under the rug. [1]

——Roger Garrison

8.1　引言

在《重新思考凯恩斯革命》这本学术专著开篇第一章，英国经济学人泰勒·B. 古德斯皮德（Tyler B. Goodspeed, 2012, p. 1）就引述了英国经济学家、1972 年诺贝尔经济学家纪念奖得主约翰·希克斯勋爵在 1967 年发表的一篇反思 20 世纪经济学中"凯恩斯革命"的文章中所讲的这样一些判断："如果要撰写 20 世纪 30 年代完美的经济分析史的话，那场大戏（那可真是一场大战）中的一个要角，非哈耶克教授莫属。"这位"凯恩斯革命"的最主要和最重要的参与者、倡导者和解释者之一希克斯还接着指出，尽管在今天西方国家大学经济系里的大多数学生几乎都不怎么熟悉哈耶克的著作了，但是在当代经济思想史上"曾经有一段时期，哈耶克的新理论是凯恩斯的新理论

---

[1]　当代著名的奥地利学派的宏观经济学家罗杰·加里森的这句话可以大致这样理解："凯恩斯与哈耶克论战的许多深层的货币和理论问题从未得到解决，这些问题只是被人们有意回避而已（被扫进了地毯之下）。"（Garrison, 1999, p. x）

的主要对手"。希克斯接着还问道:"到底谁才是对的,凯恩斯还是哈耶克?"在希克斯教授提出这一问题后,三四十年转眼之间又过去了。经历了 2008—2009 年的世界经济衰退之后,在国际经济学思想界中,这一"希克斯问题"又成为一个鲜活的话题。

如果细数对 20 世纪人类社会产生最大影响的经济学家,恐怕当数英国经济学家约翰·梅纳德·凯恩斯和奥地利裔英籍经济学家弗里德里希·冯·哈耶克了。1936 年,凯恩斯出版了他的革命性著作《就业、利息和货币通论》(简称《通论》)。凯恩斯《通论》的出版,不但导致了现代经济学的一场革命,产生了宏观经济学,而且对西方世界乃至世界各国政府宏观经济政策产生了持续和经久的影响,从而在当代经济学中就有了"凯恩斯革命"之说。第二次世界大战之后,随着世界各国市场经济和国际贸易的迅速发展,尤其是在 50 年代后随着核能、航空、航天技术、造船和现代重化工业的发展,加上西方大多数国家都采取过国家干预市场以减少失业的"凯恩斯主义的政策",西方主要发达国家经历了长达 25 年之久的"经济繁荣"。结果,凯恩斯主义经济学在全世界大行其道。在 20 世纪末和 21 世纪初,只要一些国家出现经济衰退和不景气,各国政府就屡屡重试凯恩斯主义的宏观政策,因而可以认为,凯恩斯经济学思想的影响在当今世界仍始终存在着。

与凯恩斯关注短期的政府宏观经济政策不同,哈耶克则注重人类社会长期历史走势,在数十年里坚持宣扬自由社会的核心理念,还从 20 世纪 20—40 年代起与奥地利学派的另一位经济学家米塞斯一起,发起了以与奥斯卡·兰格(Oskar Ryszard Lange, 1904—1965)和阿巴·勒纳(Abba Ptachya Lerner, 1903—1982)等经济学家为另一方的关于市场社会主义可行性的理论大论战。尤其是他 1946 年出版的《通往奴役之路》,一面世就震惊了全世界,在世界范围内产生了巨大的影响。在之后数十年中,哈耶克坚持批判计划经济的非可行性和低效率,阐述现代宪政民主、法治社会的基本理念。哈耶克的经济与社会思想及其自由社会之理念,不仅在西方世界而且在中国、俄罗斯、东欧和广大欠发达国家中也产生了巨大和经久的影响。前苏联、东欧、中国等原中央计划经济国家在 20 世纪 80 年代后的经济改革和社会转型，无疑都有哈耶克思想的影响在其中，或者说均从他的经济与社会理论中汲取过诸多思想资源。哈耶克与凯恩斯各自的理论贡献，使二人均赢得了世界性的声誉。英国经济思想史学家布劳格曾评价哈耶克为"经济学界自亚当·斯密以来最受人尊重的道德哲学家和政治经济学家"。（Mark Blaug, 1998, p. 101）而另一名英国经济学家哈罗德则宣称："当代没有一个人能比凯恩斯更聪明。""他既是一位当之无愧的理论家，同样在应用经济学领域也毫不逊色"，"是一位全体有识之士均公认的王国的主要支柱，一个无法替代的人物"。（Ray F. Harrod, 1951, p. 763）哈罗德还发现，"凯恩斯集各种杰出的素质于一身，这几乎是无与伦比的。……他有多方面的天才，而仅仅某一方面的天才就足以使他鹤立鸡群"。（同上书，p. 766）对于凯恩斯革命，布劳格在他那本当代影响最大的《经济理论的回顾》第 16 章则描述道："凯恩斯革命是经济思想史上最引人瞩目的事件；经济学同行们如此快和如此大规模地投向一种新经济学理论，这在经济思想史上是空前绝后的。在 1936—1946 年大约 10 年的时间里，整个西方世界的绝大多数经济学家都转向了凯恩斯的思路。早期转变的许多人感到，自己必须否定过去所普遍接受的经济学的整体理论，而满怀激情地接受凯恩斯的体系，——这种激情通常只与宗教皈依有关。"（Blaug, 1997, p. 642）

正是因为凯恩斯和哈耶克自 20 世纪 30 年代以来对人类社会进程、世界各国政府的政策和经济学理论产生了巨大和经久的影响，在英语世界和西方其他国家多年来也出版了很多有关凯恩斯和哈耶克生平的传记，其中有些传记也被陆续翻译到中国来。就翻译为中文的凯恩斯的传记来看，比较有影响的有罗伊·F. 哈罗德（Harrod, 1951）的《凯恩斯传》，罗伯特·斯基德尔斯基（Robert Skidelsky, 2003）的《凯恩斯传》和《重新发现凯恩斯》（2009）①，以及海曼·P. 明斯

① 这本书的原名为 "Keynes: Return of the Great Master"。

基（Hyman P. Minsky, 1975）的《凯恩斯〈通论〉新释》、保罗·戴维森（Paul Davidson, 2007）的《约翰·梅纳德·凯恩斯》等。最近几年，也有一些有关哈耶克的生平和学术传记被翻译成中文，其中较有影响的有布鲁斯·考德威尔（Bruce Caldwell, 2004）的《哈耶克评传》[①]、阿兰·艾本斯坦（Allan Ebenstein, 2001）的《哈耶克传》和安德鲁·甘布尔（Andrew Gamble, 1996）的《自由的牢笼：哈耶克传》等等。

读过凯恩斯的传记或者是哈耶克的传记的学者都知道，20世纪30年代初到40年代初，在哈耶克与凯恩斯这两大经济思想巨擘之间曾发生了一场长达十多年的经济理论论战。在1946年复活节（4月21日）凯恩斯逝世之后，这场学术争论实际上并没有完全结束，而一直延续到20世纪七八十年代。譬如，在1975年所撰写的一篇"货币的选择：终结通货膨胀之道"以及在1976年出版的同名小册子中，哈耶克还与他30年前就过世了的学术宿敌和生活好友凯恩斯进行理论冥辩，甚至说他这位老友是"一位有着卓越智力但对经济学理论所知有限的人"。（Hayek, 1976, p. 10）

正是认识到了凯恩斯和哈耶克这两位20世纪经济学思想巨擘在经济学理论和政策主张上的巨大差异，并观察到在哈耶克与凯恩斯之间的论战实际影响了20世纪经济学发展路径和各国经济政策制定，乃至影响到了有上十亿人口的前中央计划经济国家的体制改革，2002年英国剑桥大学的两位财经作家丹尼尔·叶尔金（Daniel Yergin）和约瑟夫·斯坦尼斯劳（Joseph Stanislaw）在2002年曾出版了500多页的皇皇巨作《制高点：世界经济争夺战》（*The Commanding Heights：The Battle for the World Economy*）。随后美国WGBH波士顿音像公司又把《制高点》做成了3集连续文献片。《制高点》的中心思想是，20世纪，人类社会展开了一场"思想制高点"的激烈争夺战，而哈耶克的经济社会思想与凯恩斯的经济理论，则是这场人类

[①] 英文原名为"Hayek's Challenge"。

思想制高点争夺战的两支主力军。按照《制高点》作者的判断，从20世纪初到20世纪30年代，自由市场理念曾在世界各国占据支配地位，控制着"制高点"。从40年代到70年代初，凯恩斯主义的政府干预政策则夺得了全世界的"思想制高点"。而80年代英国撒切尔夫人的私有化改革和美国里根总统的自由市场经济政策的推行，尤其是随着80年代中后期中央计划经济国家的经济改革深入推进以及20世纪90年代以来世界经济全球化的加速进行，以哈耶克以及以弗里德曼为代表的芝加哥学派的经济自由主义又夺回世界思想的统治地位。

《制高点》的书籍和电视剧面世后，哈耶克与凯恩斯跨世纪的理论论战的故事并没有讲完。在2007—2009年全球金融风暴和接踵而来的世界经济衰退发生后，人们又突然发现，当今世界仍然没有绕出哈耶克与凯恩斯论战所界定的理论范围。于是，哈耶克与凯恩斯的论战在世界范围内又变成了一个活跃的话题。

2015年，英国BBC制作了一个文献节目《货币（经济学）大师》（Masters of Money），详细回顾了凯恩斯和哈耶克的经济学贡献和理论主张。之前，一个叫"经济故事会"（Econ Stories）的机构甚至制作了一个上、下两集的滑稽说唱剧。在这两集超短滑稽说唱剧中，一个演员扮演凯恩斯，另一个演员扮演哈耶克。这两集滑稽说唱剧，通过凯恩斯和哈耶克的扮演者的唱词把二人各自的学术主张列了出来，并在最后以二人拳击决斗的形式形象地展现了哈耶克与凯恩斯的论战。据说目前这个时评说唱剧在全世界已经有数百万的点击量。比较有趣且令人深思的是，在两集连续说唱剧的结尾：本来"凯恩斯"被"哈耶克"重拳一击打趴下了，但是裁判却拉起来已倒下的"凯恩斯"，宣布他赢得了拳击赛的胜利。

从20世纪经济学思想史的理论发展来看，正是因为哈耶克与凯恩斯的经济学理论论战曾对二战后世界经济学理论的发展和各国的经济体制改革以及经济政策产生了深远的影响，因而几乎所有有关凯恩斯和哈耶克的个人传记，都会或多或少地谈到他们二人的这场争论。

然而，无论是在西方各国经济学界，还是从国内经济学界来看，绝大多数经济学人对哈耶克与凯恩斯理论争论的问题、内容、实质和意义并不十分清楚。这一方面是因为哈耶克与凯恩斯在货币理论与商业周期关系的理论争论中各自的论辩理路都非常难懂（并不是语言难懂，而是思想和所探讨的问题本身就很难懂），另一方面，当代经济学领域中的学术藩篱和各经济学流派的理论偏见，也往往导致经济学各流派的学者"各唱各的调""各吹各的号"，而不去认真研究和思考论敌一方的学术思想和论辩理路。譬如，在多年来散落在西方国家中的一些新一代奥地利学派的经济学家中间，只要一提到凯恩斯，他们就会把他及其门徒当作是政府干预主义的始作俑者和西方各国通货膨胀乃至"滞胀"现象的罪魁祸首而痛骂一通，而根本不去认真研读凯恩斯本人的原著和论文，以弄清凯恩斯最初到底说了些什么，他的经济政策主张到底是怎样的，其政策主张又是在何种情形下提出的等诸如此类的问题。反过来，各种凯恩斯经济学流派（包括正统的凯恩斯学派、后凯恩斯学派以及新凯恩斯学派等等）以及当代新古典主流经济学家们，则一直把哈耶克视作为一位社会思想家和经济学的行外人（"outsider"——哈耶克自己感觉）而不怎么认真去研究和对待他的经济学理论，尤其是他在 20 世纪 30—40 年代投入研究精力最大、思考最深的货币理论、资本理论与商业周期理论。结果，到目前为止，尤其是在年轻一代世界各国的经济学人中，真正了解和理解 20 世纪三四十年代哈耶克与凯恩斯理论论战之问题和实质的经济学人并不是很多，且不但在中国国内是这样，在国际上也是如此。

到了 20 世纪和 21 世纪之交，情况稍有改变。少数像科茨蓝（John P. Cochlan）和格莱赫（Fred R. Glahe）以及 G. R. 斯蒂尔（G. R. Steel）等一些经济思想研究者，开始从学理上回顾哈耶克与凯恩斯的理论论战了。前两位作者在 1999 年出版了一本很小的小册子：《哈耶克与凯恩斯的论战：目前的商业周期研究能从中学到什么》（Cochlan & Glahe, 1999），斯蒂尔则在 2002 年出版了《凯恩斯与哈耶克：货币经济》的学术专著。2012 年，像泰勒·B. 古德斯皮德

（Goodspeed, 2012）这样新一代年轻经济学者又开始从经济学理论上关注和研究起凯恩斯和哈耶克的原创经济学思想来，依此来反思和批评当下国际上宏观经济学的现状和问题，并试图从理论上解释2008—2009年世界经济衰退之后各国经济复苏步履维艰的原因。

2012年，笔者曾在《华尔街日报》《读书》《经济学家茶座》以及其他一些网络和平面媒体上发表了8篇纪念哈耶克逝世20周年的专论文章，对哈耶克与凯恩斯的经济理论论战做了一些初步的学术思想回顾，也对哈耶克与凯恩斯的学术思想源流以及他们理论论战的大致脉络做了一些介绍。在写作有关哈耶克的这些纪念文章时，笔者发现，哈耶克与凯恩斯的这场理论论战，不仅仅具有经济思想史的学术价值，而且有着切实重要的理论与现实意义。

就当前的世界经济格局和走势来看，仍可谓复杂多变、扑朔迷离。一方面，在经历了2008—2009年世界性的经济衰退之后，西方各国的经济复苏目前仍然长路漫漫；另一方面，中国在经历了多年高速经济增长和广义货币快速膨胀后经济增速正在下行，其他"金砖四国"和新兴经济体的GDP增速也都呈现出了下滑的迹象。在此格局中，无论是在凯恩斯本人原初的经济理论框架中，还是在哈耶克的经济理论遗产中，都含有极其丰富的且仍有现实理论价值的学术思想和理论观点。因而，认真挖掘和梳理他们二人经济学思想中的理论遗产，不仅是一项经济思想史的文献研究性工作，对认识目前中国乃至世界各国的经济格局，乃至对未来经济学的发展，也有一定的理论与现实意义。

8.2　哈耶克初识凯恩斯：论战未雨绸缪

许多学者都知道，哈耶克之所以在1931年2月从维也纳移居英国，执教于伦敦政治经济学院这一当时（现在仍然是）世界上的经济学教学和科研重镇，主要是受当时伦敦政治经济学院经济系新任系主任罗宾斯的邀请，来英国专门对抗凯恩斯。用一句不是太雅的话来说，哈耶克实际上是罗宾斯（他对当时八面风光的凯恩斯甚为不满）从奥地利雇来英国向凯恩斯进行理论大战的"枪手"。尽管稍微熟悉哈耶克与凯恩斯论战的人大都知道这一点，但罗宾斯最初是如何知道哈耶克这一当时还名不见经传的年轻人的，哈耶克又是何时到英国的，哈耶克是何时与凯恩斯会面的，他们初次会面的一些私人活动的细节和情形到底是怎样的，以及在凯恩斯的《通论》出版之后，为什么哈耶克突然沉默了好多年呢？

据韦普肖特的《凯恩斯大战哈耶克》[①] 一书披露，在 1928 年第一次去英国前，比凯恩斯年少 16 岁的哈耶克曾读过凯恩斯的一些著作，一开始显然是凯恩斯的一个"粉丝"。尤其是在读过凯恩斯的《和平的经济后果》和他的《货币改革论》后，哈耶克最初对凯恩斯产生了由衷的敬佩之心："我们都在热切地读他的名作……他在《货币改革论》中预料到了我最初的小小发现，这让我更是钦佩他。"（Hayek, 1995, p. 58）

哈耶克之所以在年轻时发现了凯恩斯并成了他的"粉丝"，可能与他个人的经历和家庭环境有关。在第一次世界大战前的数年中，德国和奥地利两国曾经历过多年的恶性通货膨胀。到 1913 年，在维也纳买一杯啤酒竟然需要 10 亿马克。多年的恶性通胀，曾使哈耶克不甚殷实的知识分子家庭蒙受了惨痛的经济损失，一家人也曾过着一段较艰辛的日子。因而，当年轻的哈耶克读到凯恩斯的《和平的经济后果》这本当时在英国和欧洲都产生了巨大影响的小册子之后，马上关注起凯恩斯来，就可以理解了。在这两本小册子中，凯恩斯都对欧洲各国政府乱发货币的通货膨胀政策进行了尖锐的批评。譬如，在《和平的经济后果》中，凯恩斯曾讲到，"通过持续的通货膨胀，政府得以神不知鬼不觉地悄然没收了相当大一部分国民财富"；"要颠覆现有

---

① Nicholas Wapshot: *Keynes Hayek: The Clash that Defined Modern Economics*, W. W. Norton，中译本 ［美］尼古拉斯·韦普肖特，《凯恩斯大战哈耶克》，北京：机械工业出版社 2013 年 4 月出版。

社会的基础，再也没有比破坏货币更微妙又更稳妥的手段了。"（Keynes, 1919, pp. 246 - 247）凯恩斯还提出"用法律的强制力量进行价格控制，来维持货币的虚假价值，本身就孕育了经济最终崩溃的种子。"（同上书，p. 13）少年时期曾经历了恶性通货膨胀的哈耶克读到凯恩斯这样的话后，自然会感铭至深了。于是，在1927年1月，哈耶克从美国游学回来始任奥地利商业周期研究所所长后，就曾非常"冒昧地"写信给在英吉利海峡对岸时任英国权威刊物《经济学杂志》主编的凯恩斯，希望能从他那里找到一本前任主编、剑桥著名伦理学家和经济学家埃奇沃思（Francis Y. Edgeworth, 1845—1926）的《数学心理学》。韦普肖特推测道，哈耶克这时冒昧写信给他素昧平生但当时已在英国和欧洲大名鼎鼎的凯恩斯，向他索书，主要是想吸引凯恩斯的注意，是"出于敬重而非冒犯的莽撞行为"（Wapshortt, p. 40——在本文以下的引述中，凡是不表明著者和年份的，均为韦普肖特这本《凯恩斯大战哈耶克》的英文原版出处——引者注）。这时，凯恩斯本人当然还不知道来自维也纳的这封索书明信片的寄者为何方神圣，故只是在一张明信片上简单地写了一行回复："很抱歉，我也没有多余的《数学心理学》。"尽管凯恩斯的这一短短的回复并没有给哈耶克一个满意的答案，但他当时却把凯恩斯的"回复视若珍宝，当成私人纪念品和事业奖杯一样地保存了整整65年"。由此韦普肖特（p. 2）推断，20世纪30年代发生的在哈耶克与凯恩斯之间有关"政府在社会中的作用、世界经济之命运的这一场激烈论辩，发起第一轮试探的是哈耶克"。

据韦普肖特的研究，哈耶克与凯恩斯的第一次会面是在1928年由伦敦政治经济学院和剑桥大学共同主办的一次学术会议上，会议讨论的主题是"商业周期"，地点是在伦敦，而不是在剑桥（哈耶克曾在1966年的一篇文章中谈到这一点，而韦普肖特有些含糊其词）。一见面，这两位都超过1.83米的高个子经济学家之间就发生了激烈的争辩。二人论辩的主题是"自然利率"在市场运行中的作用。同受瑞典经济学家维克塞尔的货币均衡论的影响，凯恩斯当时认为，由于银行货币供给的变动所导致的"市场利率"（由银行根据货币市场上的供求自行决定的利率）与"自然利率"（即理论上储蓄等于投资且市场价格稳定时的利率）的背离，是商业周期的原因。这与包括米塞斯和哈耶克在内的第三代奥地利经济学家当时理论判断有共同的论辩理路。但是，1924—1925 年间，在与剑桥经济学家丹尼斯·罗伯逊的商讨与论争中，凯恩斯已经不再从货币数量的变动来解释价格和产出变动的原因了，而是着重研究储蓄与投资关系波动的影响，(Skidelsky, 2003, pp. 391 - 394) 从而认为在一种信用经济中没有能使储蓄与投资之间保持均衡的自动调节机制，（同上书，p. 409）因而也正在酝酿他在后来的《通论》中所详细阐发的政府在改变消费者和企业家储蓄与投资的预期上应有所作为的思想。在这个阶段上，凯恩斯认为，现代社会的商业周期中繁荣与萧条的交替出现，是银行借贷行为的结果，而他同样相信政府和银行手里也握着治理商业周期的药方。而哈耶克这时却相信，如果政府"以非凡的谨慎和超人的能力加以管理"，为经济系统注入资金而引致社会需求的变化，短期"或许……能用来预防危机"，但长期如此操控经济，"将会给整个经济系统带来更严重的干扰和混乱"，制造危机而不是预防危机。（Hayek, 1995, pp. 118 - 119）由此看来，尽管同样受维克塞尔的货币均衡与产品市场均衡分析理路影响，但从一开始接触时，哈耶克与凯恩斯发生理论分歧和冲突，就是不可避免的了。

这次英国之行，哈耶克也遇见了当时只有 30 岁的罗宾斯这位"全英国最年轻的教授"。懂德语的罗宾斯，他从哈耶克的一篇用德语发表的论文中，恰好发现了一个理论水平和学术功力能与凯恩斯进行"华山论剑"的"年轻理论剑客"，随即立即关注上了哈耶克这位从奥地利来的只有 30 岁左右的年轻经济学家。

当时，罗宾斯和凯恩斯同是为英国政府做咨询的机构"麦克米兰金融和工业委员会"（简称"麦克米兰委员会"）的成员。后来，凯恩斯嫌这个委员会人多嘴杂，吵吵闹闹，实在无法帮助政府内阁做出任何有效的经济决策，建议英国首相成立一个更小范围的"经济学家委员会"（只有五位经济学家和两位秘书），凯恩斯作为主席还亲自推荐罗宾斯教授参加了这个委员会。但是，罗宾斯的经济学理论当时受奥地利学派经济学家门格尔和庞巴维克思想的影响很深，素来信奉自由市场，反对集体主义，支持自由贸易。尽管凯恩斯推荐罗宾斯进入这个小范围的向英国首相直接提供咨询意见的"经济学家委员会"，但他马上发现二人的学术理念和政策主张完全不同，意见经常相左，且二人的脾气同样都非常急躁。罗宾斯时任伦敦政治经济学院经济系主任，对剑桥大学的经济学及凯恩斯当时在英国学界、政界和社会上的影响也甚为眼红，且下决心要把伦敦政治经济学院打造成一个能与剑桥经济学院相竞争的、有影响力的学术中心。于是，罗宾斯与凯恩斯的冲突就不可避免了（但是晚年的罗宾斯则变成了一个凯恩斯主义者——这是后话）。

在这一时期，哈耶克所撰写的最重要的论文是一篇"储蓄的悖论"。这篇论文最早于 1929 年发表在一家德文经济学杂志上（后来由剑桥的一名著名经济学家卡尔多与另一人翻译为英文，重新发表在伦敦政治经济学院院刊 *Economica* 上）。这是一篇哈耶克与两位美国经济学家卡钦斯（Waddill Cathings, 1879—1967）和福斯特（William T. Foster, 1879—1950）商榷的文章。与后来的凯恩斯一样，这两位美国经济学家曾在 1926 年发表过一篇题为"节俭的悖论"，提出在现代市场经济中，经济衰退的原因是人们储蓄太多而商品和劳务需求不足，因而他们主张在经济衰退期间，政府要加大公共项目投资，以刺激社会需求和就业。这两位美国经济学家还提议在国家层面建立一个联邦预算委员会，主张用纳税人的钱来增加公共投资，增加就业岗位。但是，基于庞巴维克的迂回生产理论，哈耶克认为，让政府为经济体系注入货币来刺激需求的办法，或许能暂时预防危机，但长期而言，这样操控经济，更大的可能是"将给整个经济系统带来更加严重的干扰和混乱"。

由于罗宾斯懂德语，读过哈耶克的"储蓄的悖论"后，他立即觉得这篇论文是对付当时凯恩斯正在成型的经济理论的最恰当的"重磅炸弹"。于是他主动邀请哈耶克于 1932 年 2 月来伦敦政治经济学院做了四场讲座，实际上也是想叫哈耶克亮一下能向凯恩斯理论开火的"弹药库"。就连哈耶克本人也觉察到了这一点，以致他在晚年还回忆道：罗宾斯"盯上了我的主题。这是我们那时需要与凯恩斯论战的东西。"（Hayek, 1994, p. 77）

哈耶克在伦敦政治经济学院所做的这四场讲座的讲稿，就成了他一生最重要的经济学著作之一——也是导致他于 1974 年获诺贝尔经济学奖的主要著作——《价格与生产》。

从韦普肖特的书中，我们知道，这次哈耶克应邀重返伦敦做"价格与生产"的讲座之前，在英伦所停留的第一站不是伦敦，而是剑桥。在剑桥，哈耶克做了一场"马歇尔讲座"，听众全是在剑桥的凯恩斯的一批亲密追随者。那时哈耶克的英语口头表达能力还不是很好。尽管他在之前提供了书面发言稿，但也帮助不大。然而，在到达伦敦政治经济学院后，他的四场讲座却引起了巨大的轰动。在这四场讲座中，哈耶克先是从货币思想史的角度讨论了之前的经济学家对货币的理论论述，并着重介绍了瑞典经济学家维克塞尔的理论。

同样受到维克塞尔经济学思想的影响，哈耶克与凯恩斯一样，认为在现代社会中，"货币将始终对经济事件的过程起着决定性的影响，……因而，如果忽略了货币的作用，对实际经济现象的任何分析都是不完备的。"（Hayek, 1935, p. 129）哈耶克也与凯恩斯一样，相信维克塞尔所发现的市场利率与自然利率的背离是经济波动的主要原因。但是，从这一理论出发，哈耶克却得出了与凯恩斯完全不同的经济判断和政策结论。在这四场讲座中，哈耶克提出，现代市场经济中商业周期的主要原因是货币供给扩张和信用货币的过度膨胀。因此，如果通过增加货币供给和信用膨胀的办法来"创造人为的需求，那就一定意味着一部分可用资源被引导至错误的方向，并使一种决定和持久性的调整再一次受到阻滞。即使闲置资源的吸收因此而加速，也只等于播下了新纷扰和新危机的种子。因此，如果要长期地动员一切可用的资源，唯一的办法不是采取人为的刺激——无论在危机时期还是在危机之后都一样——而是让时间去完成一个持久的治疗……"哈耶克认为,"我们或许可以用及时阻止扩张的办法来避免一次经济危机,不过危机一旦发生,在它未自行消失之前,我们是无法摆脱它的。"(Hayek, 1935, pp. 98 - 99)由此哈耶克相信,除非为了保持中性货币所必要的限度之外,货币量的任何变动都是有害的。在"价格与生产"讲演中,哈耶克最后认为,"虽然我相信经济萧条不断重复出现只能用我们的货币制度的运作来解释,但是我并不相信用这个方法能够解释每一次经济停滞。"最后哈耶克得出结论说:"如果相信我们总能用货币政策把实业波动完全消灭,这或许只是一个幻想。"(Hayek, 1935, p. 128; p. 125)

从哈耶克的上述论述和判断中,我们可以看出,尽管这时他还没有指名道姓地与凯恩斯商榷,但实际上已经向凯恩斯在《货币论》中所主张的政府实行银行体系的货币金融管理、操控并利用利率去影响投资率使投资与储蓄相等的观点,投射出数支锋利的"暗镖"了。对于这一点,韦普肖特述道:"哈耶克的讲演,再次正中了听众的靶心,对凯恩斯主义的政府干预理念(作者显然还区分不开"the Keynesian economics"和"the economics of Keynes"——引者注),终于给出了一套令人信服的反驳。哈耶克表明,来自剑桥的药方乍看起来似有道理,但实际上是逻辑漏洞百出。光有良好的意图是远远不够的。用借来的钱投资,解决萧条中经济的综合征,只会让情况变得更糟。相反,哈耶克提出了自己冷静的解决方案:忘了快速修复吧!令人感到不舒服的事实是,只有时间才能治愈失衡的经济。要小心凯恩斯这种侃侃而谈、说自己那一套能快速见效的医生,因为他们是骗子,是卖假药的江湖术士。每一回操捷径,都只会回到起点。没有方便的出路,唯有足够的时间能带来真正的复苏。市场有其自身的逻辑,也有它天然的补救。他哈耶克是不给下药的,因为他跟凯恩斯不一样,他不是政治投机分子。"(同上书, pp. 77 - 78)

韦普肖特的这一大段话,显然不是哈耶克的原话,而是他作为一个记者和传记作者的推断、引申和演绎。但这大致应该是哈耶克当时的想法。

尽管哈耶克的英语发音一直不是很清楚，奥地利口音很重[1]，他的四场讲座在当时伦敦的经济学圈子中还是引起了轰动。讲座之后，时任伦敦政治经济学院院长威廉·贝弗里奇勋爵（Sir William Beveridge, 1879—1963）特别欣赏哈耶克的观点，也知道他的经济学理论功底。[2] 另外，他也真心"讨厌凯恩斯，认为凯恩斯是经济学的庸医"（见伦敦政治经济学院创办者 Sidney Webb 的夫人 Beatric Webb 的日记）。经与罗宾斯等教授商议，贝弗里奇勋爵先是邀请哈耶克来伦敦政治经济学院做一年的访问学者，次年又提议让哈耶克担任当时在伦敦政治经济学院闲置已久的"图克经济学与统计学讲座教授"的终身教职。贝弗里奇的这一提议得到了全票赞成，哈耶克则毫无保留地接受了这一教职。随之，哈耶克与凯恩斯经济理论论战拉开了序幕。

8.3 哈耶克论战凯恩斯：从公开论战到私下交流

从 1928 年哈耶克与凯恩斯第一次在剑桥见面，到 1931 年罗宾斯邀请哈耶克到伦敦政治经济学院做四次讲座期间，爆发了 1929—

---

① 在 1976 年的诺贝尔经济学奖获奖感言中，哈耶克自己还回忆道，他在伦敦政治经济学院的四场讲座的一开始，他自己就说："之前一年我一直待在美国，但我从来没有用英语讲过课。其实有人告诉我，或一直就在告诉我，只要我一用讲稿，就让人们听不明白。但是，不用讲稿也行，只要我觉得自己能够随意解说，人们就能听明白了。"这部传记的作者韦普肖特也判断说，哈耶克的带有浓厚奥地利口音的英语"就像伦敦的大雾，余生也没改变。"（p. 70）

② 这一点可以根据贝弗里奇 1934 年 10 月 23 日在伦敦政治经济学院"世界主义者俱乐部"所做的一场"我的乌托邦"演说中的一段话为证："那些靠资本主义生活的乌托邦主义者，在北美已经解决了货币在生产过程中保持中性的问题。他们有一件利器，这就是一个名叫约翰·梅纳德·冯·哈耶克（这里贝弗里奇风趣地把凯恩斯和哈耶克的名字组合在一起——译者注）的著名经济学家为他们所发明的。就我所知，它会自动改变气候，影响银行家和商人的血压，因为价格的涨跌是同生产效率联系在一起的。"（见 Caldwell, 2004, p. 174，注 1）

1933 年的世界大萧条，多年来深陷"英国病"的经济更进一步陷入了这场大危机。凯恩斯本人在这次大萧条中资产也损失惨重，个人投资几乎全军覆没。从各种传记资料看，这好像并没有影响凯恩斯一生的乐观精神以及他的经济学著述和广泛的经济与社会活动。1930 年12 月，他花费巨大精力写作了 7 年多的《货币论》以煌煌两巨卷的形式出版了。

在《货币论》中，凯恩斯认为，经济体内的物价是否稳定与经济是否均衡，取决于投资与储蓄是否相等，而投资与储蓄是否相等，又取决于市场利率与自然利率是否一致。凯恩斯还相信，储蓄与投资的背离，是当时英国持续了十几年的经济萧条——常被人们称作为"英国病"——的主要原因。由此他认为，政府应该对银行体系实行金融管理，操控并调节利率，去影响投资率，使投资与储蓄相等，最后使经济恢复均衡。

这部让凯恩斯耗时 7 年多的著作是在他一生中最繁忙的时间里写出来的。在这一时段里，他既主编英国老牌的"权威期刊"《经济学杂志》，又同时管着剑桥大学国王学院的财务工作。期间，他还结了婚，买了房子，并在金融市场上进行投资操作，还频繁地参加政府的各种会议和各种社会活动。因此，这本上、下两卷的《货币论》，他实际上写得断断续续，前后并不连贯。加上这部著作是货币理论和货币史兼论，内容涉及货币理论、货币史、银行制度、银行实务、物价指数、投资以及国际金融等领域，体系十分庞杂，结构松懈，甚至前后观点并不一致。

这里应该指出，尽管凯恩斯 1928 年在伦敦召开的那次有关商业周期的理论讨论会上曾与来自奥地利的年轻经济学家哈耶克发生过激烈的争辩，但是繁忙、乐观、学术观点多变且宽宏大度的凯恩斯①好像没有任何记恨哈耶克的意思，反而在《货币论》中对哈耶克伸出了

---

① 譬如，尽管罗宾斯与凯恩斯积怨很深，且在当时的麦克米兰委员会上经常因学术观点和政策主张不同而激烈争吵，凯恩斯还是把罗宾斯推荐到当时英（转下页）

友好的"橄榄枝"。譬如，在《货币论》上卷第 13 章中，凯恩斯就曾两次提到哈耶克，说"在德国和奥地利正在形成一个思想流派，这个学派可以被称作为维克塞尔学派。他们提出的银行利率对储蓄与投资之间均衡的关系，以及这种均衡对信用周期的重要性，和本书的理论相当近似"。在一个注脚中，凯恩斯还友善地说："可惜，当这些学者（指米塞斯和哈耶克——引者注）的著作到我手里的时候，我已经写完这本书且要去付印了。如果这些学者的书能够在我思想发展的较早时期到我手中，同时如果我的德文不是如此之差，我会更多地参考这些学者的研究。"（Keynes, 1983, *Collective Writings*, Vol. 5, p. 178）

另外，在这本书的"前言"中，凯恩斯本人也非常诚实且自谦地说了一些向读者致歉的话："当我校阅本书清样时，深感其中大有缺陷存在。原先写作本书时，我还一边在做别的工作，前后花去了数年的工夫。我的思想在这一时期中逐步发展和改变，结果本书各部分相互之间并不完全协调，结束时和开始时的看法相去甚远。我恐怕这样的结果会使本书中有很大一部分代表着我抛弃以往惯有观念和寻求现有观念的过程。有许多已被摈弃的观念残余仍然参杂在字里行间。因此，要是我重新写作这部书的话，就可以好很多，也会更简短些。但是，我还是希望能适当地把这本书就其现阶段的价值贡献给全世界，纵使这只代表着一种资料汇编，而不代表一本完成的著作，我也在所不计"。（同上书，pp. XVII - XVIII）

尽管凯恩斯在书中对米塞斯和哈耶克货币和商业周期理论表示比较欣赏，向哈耶克伸出友谊之手，并在"前言"中又如此真诚地向读者致歉，但是在 1931 年伦敦政治经济学院院刊《经济学刊》（*Econo-*

（接上页）国内阁总理的 5 人经济学家委员会。甚至连罗宾斯自己也回忆道，尽管他和凯恩斯在这两个委员会上经常激烈争吵，但"没过几个星期，凯恩斯和我又见面了，……他好像什么事都没发生过，我们俩之间无非是理念的分歧罢了"。（Wapshott, 2011, p. 64）罗宾斯还在后来说："我从不怀疑他是个伟大的人物，有着与他的身份相当的个人行为特征，与他整体的品质和性格比起来，他的那些让我大吃苦头的个人行为真的是不太重要。"从这里我们也可以理解为什么罗宾斯晚年又变成了一个凯恩斯主义者并在凯恩斯逝世时给了他极高的评价了。

mica）8 月号上所发表的一篇题为"对凯恩斯先生的货币纯理论的反思"的书评（上篇）中，哈耶克却较强烈和尖锐地批评了凯恩斯这部写作了 7 年多的《货币论》，指责凯恩斯"完全忽略了维克塞尔理论的一般基础"。

在这篇书评的一开头，哈耶克先用奥地利绅士的礼貌态度赞扬了凯恩斯的许多成就，说"凯恩斯先生的任何著作面世，都必然是一件重要的大事情，所有经济学家都怀着浓厚的兴趣期待《货币论》的出版"。但说到这里，哈耶克马上话锋一转，用了一些带有情感性的攻击性词语来批评这部著作："《货币论》很显然仅仅是知识急速发展中的一个转瞬即逝的表达，无非只是一个尝试而已，任何对它的高估都欠公平……"；"对欧洲大陆的经济学家来说，这种研究方法并不如作者所认为的那样新颖……"。在其后的分析中，哈耶克还在多处说，凯恩斯的"表述艰涩难懂，不系统，也不清楚……"，等等。在这篇书评的第一段最后，哈耶克对凯恩斯更是做了一些火药味十足的评论，说"无论这里他是否取得了成功，也不管他是否受限于他在理解'实际'经济学中的那些基本定理——而任何货币理论只能成功地建立在其上——时投入的精力不足，正如他必须附带所伪饰的那样，这些问题须留待未来探讨"。（Hayek, 1931, p. 270）

接着，在第二段中，哈耶克先是对凯恩斯说了一些正面的和奉承的话，说凯恩斯的"这样一部著作，在理论上能激发人们的思考（theoretically stimulating），这是没说的"。接着哈耶克还指出，尽管这部实际上未完成的著作是凯恩斯匆匆推出来的，但在这部书中提出来的一些建议，还是"真的具有革命性的"，"能引起广泛的关注，这是毫无疑问的"。哈耶克还指出，之所以如此，是因为凯恩斯在鼓励学术研究和现实问题的洞见方面"建立起了几乎无人可匹敌的、非常值得尊重的声誉"，"这些建议是在一个学识和现实知识均渊博且表现出具有杰出品质的作者的文论中得到阐释的，并且作者已经付出了最大努力，通过参考可用的统计资料而进行理论推理来证明的"。但在对凯恩斯本人工作和观点做了这些正面的评论之后，哈耶克笔锋一转，又开始批评凯恩斯这部著作的不足起来，说这部书"艰深、晦涩、无章可循""太难懂了""谁也无法肯定自己是否正确理解了凯恩斯先生"，从而让经济学家同仁们很难判断到底应该同意他的观点和主张与否。

除了一开始就对凯恩斯这本书的写作风格进行大量抨击外，哈耶克随后也对《货币论》进行了严肃的学理商榷，批评凯恩斯只是采用了维克塞尔的一些概念，"而完全忽视了维克塞尔的整体理论基础，可他自己似乎又觉得有所欠缺，于是就坐下来钻研出自己的另一套"。另外，哈耶克还责备凯恩斯对其和奥地利学派第二代传人庞巴维克的资本理论并没有深入研究，说"倘若凯恩斯先生不但接受庞巴维克理论的一脉，而且熟悉了该理论本身的实质，这不是使他自己的理论任务更容易了么?"(同上书，pp. 279 - 280)

这里特别应该指出，尽管哈耶克在书评的上半篇中对凯恩斯时而商榷，时而赞扬，且时而用了些带有一些刺激的甚至挑战性的词语进行评论，但通篇而论，哈耶克对凯恩斯的《货币论》的评论还是学术性的说理，而不是刻意地在"找茬"。尤其是书评的下半篇（发表于1932年2月号的 *Economica* 上），哈耶克一方面对凯恩斯的观点进行深刻分析，并做出一些直击要害的评论，另一方面则不断宣扬他在"价格与生产"的四场讲座中所阐述的他自己的货币与商业周期理论，或者说主要用自己的理论来批判凯恩斯的货币与商业周期理论。概言之，哈耶克与凯恩斯的论战，完全是因为学理上见解的不同而进行深入的理论探讨，而不是像许多有关哈耶克和凯恩斯传记的作者所错误地判断和渲染的那样，哈耶克这时与凯恩斯的论战，主要是为报答罗宾斯和贝弗里奇的知遇之恩而故意向凯恩斯找茬挑战的。如果这样来理解哈耶克与凯恩斯这场 20 世纪经济学界"华山论剑"的理论对决，即使不是以"小人之心"来度"君子之腹"，至少也说明这些传记的作者到今天也没真正弄明白哈耶克与凯恩斯到底论战了什么，更不能理解这场论战对 20 世纪经济学理论发展的巨大意义和深远影响了。换句话说，哈耶克之所以向凯恩斯发起了理论挑战，主要是因为理念、学理和对现实经济问题的判断和分析上的分歧，而不是源自他们二人之间乃至与罗宾斯和贝弗里奇四人之间个人的恩恩怨怨和情感不和。

这可以从哈耶克分为上、下两部分的长篇书评再加一个对凯恩斯回应的简短回答总共多达 50 余页的评论中的许多地方得到印证。凯恩斯《货币论》中最主要的理论主张和学术观点，在哈耶克的书评下篇第一段中被拎了出来。在第 12 章末尾，凯恩斯说："如果银行体系以一种方式控制了信用条件，使储蓄等于新投资的价值，全部产品的平均物价水平便是稳定的，而且与生产要素的平均报酬率相符。如果信用条件比这均衡水平更宽松，物价就会上涨，利润就会出现，……企业家就会争相投资生产要素的服务，他们的报酬率则会增加，直到某些事情发生使实际的信用条件与它们的均衡水平接近。如果信用条件比均衡水平更紧，价格就会下跌，亏损就会出现，财富的增长就会慢于储蓄的增长，其差额正好与亏损额相等。失业接着就会出现，并会有一种压力来降低生产要素的报酬率；直至发生某种变化使实际的信用条件与它们的均衡水平在整体上接近。"由此凯恩斯断定，"繁荣与萧条简单说来就是信用条件在均衡位置上上下摆动之结果的表现。"(Keynes, 2013, *Collective Writings* Vol. 5, p. 165)

尽管哈耶克也同意凯恩斯根据维克塞尔的银行利率（市场利率）与自然利率背离来解释现代市场经济的商业危机的理路，但是他却得出了与凯恩斯完全不同的基本判断和政策主张。

哈耶克首先认为，凯恩斯关于银行利率一般理论的阐释，即通过货币供给的变动来影响价格和生产的思路，根本解决不了银行利率与均衡利率是如何偏离的问题。他认为，凯恩斯的论述和理解太过于简单化了，因为凯恩斯没有看到，银行利率的变动，首先影响的是固定资本的价值，而不是投资。哈耶克认为，凯恩斯把这二者搞混了。哈耶克甚至认为，"资本化（capitalization）并不直接受利率的影响。更真实的情形是，利率和资本化均受一个共同的原因影响，即相对于这些生产资料需求而言的可用于投资的生产资料的稀缺和富足程度。假如相应均衡利率变动而发生银行利率变动，这只是［一个经济体系内］相对稀缺的外在表现，而相对稀缺与利率的变动无关"（Hayek, 1932, pp. 24 - 25)。其次，哈耶克还认为，"在储蓄和投资之间出现非均衡的最重要原因，是有效流通的变化，而不是货币数量的变动，或者说仅仅在于流通速度的有效性。"（同上书，p. 33）应该说，哈耶克的这些思想都是非常深刻的，在学理上看也是正确的。

根据这一点，哈耶克批评了凯恩斯的"救世"药方，说凯恩斯"真正感兴趣的，仅仅是变动现金流（money streams）从而改变价格水平。对他而言，好像从来没有想到，人为刺激投资，使其超过即时储蓄，可能会引致生产的真实结构的非均衡，最后迟早迟晚导致一个猛烈的回跌"。基于他在"价格与生产"讲座中的论辩理路，哈耶克还反复强调："尽管'过度投资'这个词一次又一次地出现"，但这好像怎么也进不了凯恩斯的脑子，使他认识到，"只要总收入减去储蓄量超过消费品生产的成本，物价就会趋于上涨"（同上书，p. 40）。但是，这一短期的繁荣"只会维持到需求超过供给的情形，一旦需求停止增长，或者反过来在非正常利润刺激下的供给一旦被需求赶了上来，繁荣就结束了。然后消费品的价格就会下跌到成本价，于是繁荣就终结了，……接着就会出现一次经济萧条"。（同上书，p. 41）

通观哈耶克上下两篇书评，哈耶克主要是理性地进行说理，并完全可以读得出来，这两篇书评中，哈耶克几乎是竭尽全力地想让凯恩斯接受他的论辩思路和结论，而不像过去的某些传记所描写的那样仅仅是基于某种情绪和报答罗宾斯与贝弗里奇的知遇之恩而故意向凯恩斯吹毛求疵地找茬争辩。

除了学理上的见解和结论完全相反外，也有另外一个原因引起了二人的理论冲突。由于凯恩斯和哈耶克二人在这个时候都实际上处在各自理论创新乃至孕育新的经济学理论革命的初始阶段，为了展示他们的思路和理论逻辑，他们都新创了一些前人没有使用过的经济学术语和词汇，且由于时间的紧促，二人并没有很好地界定这些各自新创的词汇和术语，这就成了他们"三来一往"①的公开理论商榷中以及在他们以后的私人通信中纠缠不清和各人要反复解释的主要缘由。在凯恩斯方面，他在写作《货币论》时，曾创造了许多新的概念，如"收入存款""生意存款""旧资本""新资本""旧资本存量""新储蓄""新投资""资本品的水平分工""投资的价值""投资增量价值""真实资本和借贷资本总值""储蓄存款"（saving deposits）"不活跃存款"（inactive deposits）"需求存款"（demand deposits）"流动性资产""非流动性资产""储藏起来的货币"等等。除了这些他新创的术语在《货币论》中并没有清晰的界定外，更为关键的是，在凯恩斯酝酿新的革命性理论的这个阶段上，他尚未成型的宏观经济学理论框架中的最核心的两个基本概念"储蓄"（saving——请注意，英文和宏观经济学中的这个概念并不等于中文意义的银行"存款"——即bank deposits）与"投资"（investment）以及二者的关系，他自己界定和阐释得还不是很清楚，这就叫一般读者乃至大多数经济学家同行很难理解凯恩斯在讲什么、到底在主张什么了；甚至连哈耶克这样熟悉凯恩斯思想来源——维克塞尔的学说和思想的人，也抱怨在很多地方根本不清楚凯恩斯在讲什么，尤其是指出他实在不理解"按照凯恩斯先生的思路为什么储蓄与新投资总是相等"。（Heyek, 1932, p. 32）

尽管如此，应该说当时最理解《货币论》理论论辩思路和问题的，还是哈耶克。而哈耶克这上、下两篇和一个简短回应的"两剑一匕首"的商榷，在整体上是想在学术上指出凯恩斯理论的一些问题，并试图用他自己的货币与商业周期理论来说服凯恩斯，让凯恩斯接受他的观点，或至少改正凯恩斯的理论错误。在这上下两篇书评的最

①　凯恩斯的《货币论》在 1930 年出版后，哈耶克先是在 *Economica* 1931 年 8 月号（第 33 期）发表他的书评性的商榷文章上部分，然后凯恩斯在该刊同年 11 月号上对哈耶克的商榷进行了回应，同一期也发表了哈耶克对凯恩斯回应的再回应。到了 1932 年 2 月号，该刊又发表了哈耶克商榷性书评的下半部分。故这里我有哈耶克与凯恩斯公开理论论战的"三来一往"说。

后，哈耶克总结道："任何想通过信贷扩张来治愈危机的努力，不但只是把病症当病因来治疗，而且可能通过延迟必要的真正调整而延长萧条时期。就此而论，在 1929 年大危机后［西方各国政府］所立即采取的宽松货币政策没有任何效果，就一点也不难理解了。"① 哈耶克接着总结道："非常不幸，与许多其他当代经济学家一样，凯恩斯先生的这些治标不治本的药方，却误导了大多数人的注意力。这并不是说他没有为治疗这些次要病症提出有价值的建议。然而，正如我在这一反思性书评一开始所指出的那样，他忽略了更深层的'真实'现象，使他不能对大萧条更深层原因给出一个令人满意的解释。"（Hayek, 1932, p. 44）

读到哈耶克的这些评论，尤其是读了在开头那些"非常不客气"甚至带有尖刻批评词汇的语句，当时正如日中天的凯恩斯先生自然大为光火。据韦普肖特考证，凯恩斯读了哈耶克长达 26 页的书评，手里握着铅笔，越看越生气，在刊物页旁的空白之处写下了 34 处反驳。比如在一处凯恩斯曾批注说："哈耶克在读我的书时，根本就没有怀着善意，而作者有理由期待读者的一定程度的这种善意。在他能做到这一点之前，他不可能明白我的意思，或弄清我到底是否正确。他显然是对我吹毛求疵，但我搞不懂他这种情绪的原因何在。"（Wapshott, 2011, p. 97）

尽管如此，凯恩斯在 *Economica* 1931 年 11 月号上发表了一篇回应文章"货币纯理论：回应哈耶克博士"，对哈耶克商榷文章的前半部分进行了说理和回应，并用他那行云流水般的英语进一步阐释了他自己的货币与商业周期理论，并不时用他那调皮甚至有些辛辣的文笔对哈耶克的商榷进行了不失尖刻的回击。

首先，凯恩斯在文章第一段中就指出，尽管哈耶克博士在文章中

---

① 在 2007—2008 年的世界金融风暴突然爆发之后，一场世界性的经济衰退接踵而至。西方各国政府均采取了数次极度量化宽松的货币政策，但目前西方各国的经济复苏仍然步履维艰。今天的这一世界经济格局，似乎又证明 20 世纪 30 年代初哈耶克的这些理论论断。

信誓旦旦地说我的结论错了，但并没有说明他所指的是我的哪些结论。针对哈耶克责备说他让人们很难把握这本《货币论》中的真正观点，"也因而让人非常不容易来辨识出他论证的错误之处"，从而让人很难不同意他的观点，凯恩斯自我辩解说，哈耶克所断言的他自己在这本著作中的"术语的混乱"并不成立，也与他的中心论旨无关。凯恩斯在一开始还说："我确实感到我几乎无法说服哈耶克博士。这实际上不是由于我语言运用的问题，也不是因为这远非一本完备的著作而使他有诸多困惑。这牵涉到一些更根本性的问题。在仔细阅读过他的文章后，我确信无疑地知道他的问题在什么地方。"（Keynes, 1931, p. 387）

接着，凯恩斯指出哈耶克极大地误解了他的结论，把哈耶克自己的观点和理解强加给他，然后又反过来批评哈耶克自己在评论文章中术语混乱不清，说这无非是在"故意找茬"。（同上书，p. 388）在转述了哈耶克在上篇书评中对他的两点批评后，凯恩斯把哈耶克在《价格与生产》中所提出的主要观点拎了出来："非常明显的是：为了达到现实资本的供求均衡，银行的贷款不得多于或少于储蓄存款的数量（包括节省下来加以储藏的货币增加额在内）。这自然意味着，银行无论何时都不应该改变货币的流通量。同时，一样明显的是，为了保持物价水平不变，货币流通量必须随生产量的增减而变动。银行或则把现实资本的需求保持在储蓄所限定的范围之内，或则保持物价稳定；但他们却不能同时完成这两个职能。"（Hayek, 1932, p. 27）对于这一点，凯恩斯明确指出，"我的分析与他的观点尤为不同。照我看来，仅仅是由于人们会改变他们的储蓄率，或者企业家亦会改变他们的投资率，储蓄和投资（如我界定的那样）可以发生脱节，而没有在银行体系中改变'货币中性'——如哈耶克博士所界定的那样，因而，在经济体系内部并不存在一种自动机制使公众的储蓄率与企业家的投资率保持相等。"（Keynes, 1932, p. 393）在凯恩斯看来，哈耶克只是固执地相信储蓄大于投资只能用"不活跃存款"的增量来衡量，而凯恩斯自己则相信他新发明的等式 $S+Q=I$，即储蓄（S）加企业家的利润（Q）总是正好等于新投资的价值（I）这一点。

接着凯恩斯还用他辛辣而活泼的文笔说哈耶克过于理论自信和固执己见，要让他否定自己的理论几乎是不可能的："当他认为我的结论与他的观点不一致时，就是我说上千言万语来证明他错了，那也如向一只鸭子背上浇水，它丝毫不沾。"（Keynes，1931，p. 390）针对哈耶克在上下两篇书评文章中说他的《货币论》"艰深、晦涩、无章可循""太难懂了""逻辑混乱"，凯恩斯也用他那犀利的文笔，反过来嘲讽哈耶克的《价格与生产》是一本"最令人毛骨悚然的大杂烩"。（Keynes，1932，p. 394）

整体看来，尽管哈耶克想苦口婆心地说服凯恩斯让他接受自己的理论有问题，在许多地方是错的，并试图说服凯恩斯认同他的理论，但是凯恩斯本人并未认真回答哈耶克所提出的问题，而是草草回应，并在回应文章最后说："我感到，在他（指哈耶克——引者注）和我的思想之间，有一道厚厚的大雾之墙将我们分隔开来。"（同上书，p. 397）这场论战，正好验证了凯恩斯在后来所说的一句话："在经济学中，你不可能判定你的对手有错；你只会让他愈发相信自己。况且，即使你是对的，如果你自己的阐释和说服力上有瑕疵，如果他脑子里已经充斥了相反的概念，跟不上你向他展示的思路，你也不可能说服他。"（转引自 Wapshott，2011，p. 107）

哈耶克向凯恩斯发起的这场论战，第一个回合就这样草草地结束了。两大经济学高手的这场"伦敦—剑桥论剑"，大致可以归纳为，哈耶克凝重地刺出了"两剑"并回扎了"一匕首"（对凯恩斯回应的回应），繁忙的凯恩斯匆匆回了"一枪"就匆忙退出了，而是让他的一个信徒、意大利裔经济学家皮耶罗·斯拉法（Piero Sraffa，1898—1983）去与哈耶克继续进行理论缠斗。[①] 就连目睹并参与了这场争论

---

① 在凯恩斯主编的英国《经济学杂志》1932 年 3 月号上，斯拉法发表了对哈耶克的《价格与生产》的书评，对哈耶克的理论进行了无情的嘲弄和攻击，说他的理论"是一座充满矛盾的迷宫，读者读到其中关于货币的讨论时就彻底晕头转向了，绝望得什么也不肯相信了"；（Wapshott，2011，p. 117）"在其他每一个地方，（转下页）

的经济学家、凯恩斯思想和生平传记的权威解释人哈罗德在 1951 年出版的《凯恩斯传》中也认为，对于哈耶克的批评和商榷，凯恩斯的"回答是虚晃一枪地躲闪开了"。[1]（见 Harrod, 1951, p. 513）

对于这场论战，韦普肖特评价道："伟大的凯恩斯和哈耶克的这场决斗，是一场技术性的、模糊的、难以理解的，且脾气暴躁的。这基本上是两位重量级思想家的推理逻辑的角力（logical sparring）。哈耶克坚信，经济作为一个整体是非常难以认知的，只能从市场中个体间的互动中去部分地理解。而凯恩斯……则相信，一个经济体最好从一个大的图景来认知，即自上而下地来考察诸如供给、需求、利率这些经济构成要素的总量。哈耶克卡在了现在所知的'微观经济学'的思维上，着眼于成本、价值这些不同的经济构成要素；而凯恩斯却正朝着思考经济运行的新思路上酝酿着突破：宏观经济学，即把经济视为一个整体来理解。"（p. 120）应该说，作者这里对哈耶克与凯恩斯大论战的理解是传统的思路，即基于现有的宏观经济学教科书的表皮理解。而更深层的认识是哈耶克的学生、且一生坚持哈耶克和奥地利经济学分析理路的经济学家路德维希·拉赫曼（Ludwig M. Lachmann, 1906—1990）在后来提出来的。拉赫曼曾指出："更敏锐的人会认识到，他们正在见证经济世界中两种不可调和的观点的冲突。不怎么敏锐的人只会迷惑不已，不知道论辩双方在吵什么。这并不是发生在 20 世纪 30 年代普通的盎格鲁—撒克逊经济学家之间的一场争论，而是经济思想史上两大流派之战所打响的第一枪。"（Lachmann, 1994, p. 148）

（接上页）我们所得出的必然结论是，[哈耶克的想法]只是为这一主题原本就混乱的思想又增添了更多的困惑"。（同上书，p. 116）除了让斯拉法与哈耶克进行理论缠斗外，凯恩斯也与哈耶克在私下通信中继续进行探讨和商榷。据哈耶克研究专家布鲁斯·考德威尔的研究，从 1931 年 12 月 10 日到 1932 年 3 月 29 日，凯恩斯与哈耶克之间相互通了 12 封信，在信中继续探讨他们的理论争论，并对各自的观点进行解释和辩护。（Bruce Caldwell, 1998, p. 549）

[1]　这句话的原文是："As things were, his rejoinders were displays of shadow fencing"。

8.4 哈耶克与凯恩斯的论战催生了《通论》的写作与问世?

对哈耶克细读过他的《货币论》后提出的周详、深入而十分尖锐的商榷与挑战,凯恩斯只是敷衍地回了一枪,就没再继续讨论下去,这一事实既不说明凯恩斯弃甲而逃,也不说明他对哈耶克的批评不重视,而是他在梳理自己的思想,在不断明晰自己的理论,或者说在哈耶克步步紧逼的批评与商榷中进行新的理论创新。正如目睹过这一场论战的《凯恩斯传》的作者哈罗德所言:"如果凯恩斯只须应付他的批评者的刺激,那么他无疑有责任重新起草一遍《货币论》中的某些部分,使他的那些论点更充实而且清晰。然而,当时他的思想正在前进。他在探索与简易化一般法则。他再次进入了一条漫长的隧道,并最终带着《就业、利息和货币通论》从隧道中走了出来(1936年)。"(Harrod, 1951, p. 515)

现在看来,哈耶克对凯恩斯《货币论》的抨击与商榷,无疑刺激了凯恩斯去进一步理清自己的思想和术语,去写作《通论》这部20世纪最伟大的经济学著作。因此,我个人判断,如果说哈耶克对凯恩斯的理论论战不是凯恩斯写作出《通论》的原动力的话,也是最重要的推动力或言促动力量,或至少我们今天可以认为,凯恩斯在《通论》中所形成和阐发出来的最主要的经济学思想,是在哈耶克的步步紧逼式的商榷和批评下逐渐形成和明晰的。根据这一点,我近几年来一直认为,凯恩斯的《通论》很大程度上是哈耶克与凯恩斯论战的结果,或至少可以说,哈耶克与凯恩斯的经济理论论战,催生了凯恩斯的《通论》。

我的这种判断,可以从《通论》整个文本中的多处解读出来。在《通论》序言中,凯恩斯开篇第一句话就说:"本书主要是为同行经济学家们所撰写的。……我的意图是想使辩解和争论尽量少一些。"他还在第一段中明确说:"如果我在争论中的文字太过尖锐,使分歧明确化,那么,我必须请求原谅。"(Keynes, 1936, p. v)在已经清楚地知道之前发生的哈耶克与凯恩斯的理论论战的情况下，现在我们自然会理解凯恩斯这里的话是说给谁听的了。在"序言"中，凯恩斯实际上还在向哈耶克的批评和论战致意："撰写这样一本书，笔者沿着陌生的道路摸索，如果想要避免过多的失误，他必须极度依赖批评和对话。如果一个人单独思考太久，什么愚蠢的事情都可以信以为真。"（Keynes, 1936, p. vii）从这些话中，我们能读得出来，凯恩斯在撰写《通论》时，潜意识里一直是把哈耶克的商榷和论战的观点作为他写作的论敌。对于这一点，《凯恩斯大战哈耶克》的作者韦普肖特也体会到了："《通论》隐含着对哈耶克及其同道所下的战书（invitation），希望他们就此做出回应。"（同上书，p. 152）

不仅如此，在写作过程中，凯恩斯在很多地方对哈耶克的经济理论和古典学派的观点进行了尖锐的批评，尤其是对米塞斯、罗宾斯和哈耶克的奥地利学派的经济学理论进行了"一轮无情的攻击"（同上书，p. 147），这也间接说明，《通论》的写作、凯恩斯思想的明晰化和理论进展，均与哈耶克对他的理论批评与商榷有直接的关系。根据哈罗德的回忆，到1934年底，《通论》的初稿就完成了，在次年进行修改，并与评论家们进行广泛联系时，"他虚怀若谷地接受种种建议，不辞劳苦地对大家所提出的疑点详尽作答；凡有歧见之处，则努力长篇论述加以解释，这令批评者们心悦诚服。"（Harrod, 1951, p. 532）尽管如此，据哈罗德的回忆，在看完初稿之后，一些经济学家朋友还对凯恩斯对哈耶克及其同道的严厉攻击大感震惊，多次劝说凯恩斯不要太针对个人："我所做的主要努力在于减弱他对'古典'学派的攻击的烈度。……在我看来，这一断言使他的批判有过犹不及之虞，将酿成巨大的骚动并引起无关宏旨的争论。"（Harrod, 1951, p. 534）

尽管哈罗德等经济学家曾努力劝说凯恩斯不要在《通论》中对古典经济学家（如马歇尔、埃奇沃思、庇古）以及奥地利学派的经济学家米塞斯、哈耶克和罗宾斯进行激烈的攻击，但在《通论》的第二稿中，乃至在1936年出版的《通论》中，我们今天仍可以处处读出他对哈耶克的经济学观点和商榷的批评甚至某些嘲弄。譬如，在《通论》第三章中，凯恩斯说："传统经济理论的众所周知的乐观主义，已使经济学家们被看成是甘迪德（Candide）[①] 式的人；他离开了现实世界来耕种自己的园地，并且教导人们，只要听其自然，在可能的最美好的世界中的一切都会走向最美好的路径。我认为，这种状态可以归之于他们忽视了有效需求的不足所造成的对经济繁荣的障碍。在古典经济学派所假想的社会中，显然会存在着资源最优使用的自然趋势。古典理论很可能代表我们的经济应该运行的方式。但是，把现实世界假设为这样，就等于把我们的诸多困难给假设掉了。"（Keynes，1936，pp. 33 - 34）很显然，凯恩斯这里是把哈耶克及其奥地利学派的思想家比喻为一种甘迪德式的人物，从而也解释了他自己的经济学与这些古典经济学家和奥地利学派经济学家的不同。

在其后，谈到哈耶克在与他争论中谈到的"自然利率"即"中性的"和"均衡的"利率以及"强迫储蓄"等概念和思路时，凯恩斯甚至尖刻而调皮地嘲弄道："野鸭子已经潜入到水底，深入到它力所能及的地方，并且紧紧咬住水草、须根和水底的一切垃圾不放，因此需要有一只聪明异常的狗潜入水中，重新把它捞上岸来。"（Keynes，1936，p. 183）凯恩斯对哈耶克以及他所谓的"古典学派的经济学家"的讥讽，也是真够形象和辛辣的！

当然，凯恩斯这位语言和思想大师，并不仅仅限于打这种文字笔墨仗，接着他道出了他的经济学理论的一个非常深刻的思想："由此可见，传统的分析是错误的，因为它未能把［经济］体系（system）的自变量正确地分离出来。投资与储蓄是为［经济］体系所决定的因素，而不是决定经济体系的因素。它们是经济体系中的决定因素的后果；这些决定因素是消费倾向、资本边际效率曲线和利息率。这三个决定因素本身确实是复杂的，而且每一个因素都会由于其他两个因素

---

① 甘迪德是伏尔泰的哲学讽刺故事中的一个人物。"该故事叙述了一位纯朴的青年天真汉和其所爱慕的公主以及他的老师乐观主义空论家葛罗斯的种种经历。"（见高鸿业先生所译凯恩斯《通论》第 38 页译注 1）

的变动而受到影响。但是，在其数值不能被相互推算出来的意义上，三者均是自变量。传统的分析觉察到储蓄取决于收入，但它却忽视了收入取决于投资这一事实……"（同上书，pp. 183-184）凯恩斯就是这样在不时的嬉笑怒骂中阐释他的严肃的经济学理论，这确实是常人所做不到的。

如果细读《通论》，也许会发现，凯恩斯在整个文本中提到哈耶克的名字并不多，总共只有四五处，且每次提到哈耶克，凯恩斯也总是客气地称呼他为"哈耶克教授"，并在三处与米塞斯和罗宾斯一起讲哈耶克的观点。故也许有人由此会认为，单就这一点来看，说哈耶克与凯恩斯的论战催生了凯恩斯的《通论》这部20世纪最伟大的经济学著作或许言过其实。当然，单从字面上来看，凯恩斯在《通论》中与哈耶克观点正面商榷的，大约只有三处。然而，只有深入了解哈耶克与凯恩斯的上下两篇的商榷文章和凯恩斯的回应的背景和其中涉及的问题，才能解读出整本《通论》好像自始至终均是在与哈耶克进行深入的理论论战这一点。在当今世界经济思想史学界，好像并没有多少人能够认识和体悟到这一问题。

我们先来看一下凯恩斯在《通论》中是如何与米塞斯、哈耶克和罗宾斯进行正面商榷的。在第14章的附录最后一节，凯恩斯指出："冯·米塞斯教授提出了一种奇特的利息理论；该理论为哈耶克教授所接受，我认为它也为罗宾斯教授所采纳。这一理论是：利息率的改变也就等同于消费品价格与资本品价格的相对变动。这一结论是如何得出来的并不清楚。但是，其论证似乎遵循下列方式来进行：通过某种异常简化的方法，新消费品的价格和新投资品的价格之间的比例被认为可以衡量资本边际效率。这一比例又等同于利息率。根据利息率降低有利于投资这一事实，因而他们得出消费品价格和投资品价格之间的比例降低也有利于投资。"（Keynes, 1936, p. 192）凯恩斯接着指出："通过这种办法，一个人的储蓄与投资总量增量之间的关系就被建立起来了。人们普遍认为，个人储蓄的增加可以造成消费品价格的下降，而下降的幅度很可能要超过投资品价格的下降幅度；因此，根据上述推理，降低利息率会刺激投资。"凯恩斯还认为，"当然，某些资本资产的边际效率下降，从而整个资本边际效率曲线的下降，与上述论点正好有相反的作用。其原因在于，资本边际效率曲线的上升和利息率的下降都能刺激投资。由于把资本边际效率与利息率混淆在一起，米塞斯教授和他的门徒们恰好得出了与正确结论相反的结论"。（同上书，pp. 192 - 193）

到这里，我们还可以看出，哈耶克与凯恩斯的争论，实际上仍然还是沿着维克塞尔的自然利率（到《通论》阶段，凯恩斯本人已经不再使用"自然利率"这个维克塞尔式的概念了，而是用"资本边际效率"来替代之，这是一个重大的改变）与实际利率的关系进行争论。说白了，到这时候，尤其是在 1929—1933 年的大萧条发生后，米塞斯、哈耶克和罗宾斯仍然从理论上坚持不要人为干预市场经济的自然运行，尤其是不要人为操控利息率来错配资源，导致资本品需求的扩张，人为制造过度投资和短期繁荣；而凯恩斯这时则全力思考如何在短期内通过增加货币供给和降低利率来刺激经济，从而把各国经济从大萧条中拯救出来。实际上，就连凯恩斯本人也清楚他的分析理路注重短期而米塞斯和哈耶克的经济理论注重长期这一点。譬如，在前面评论米塞斯、哈耶克和罗宾斯的简单逻辑推理后，他在一个注脚中写道："如果我们处于长期均衡状态，这可以在特殊的假设条件下得以成立。但是，如果所涉及的价格是萧条状态的价格，那么，认为企业家在形成他的预期时会假定价格永久不变这一简单化的办法肯定不符合事实。"（同上书，p. 192，注②）

在后边第 17 章，凯恩斯又对他在《货币论》中的观点进行了反思，并进一步与米塞斯和哈耶克的观点做了区别。他说："在我的《货币论》中，我把可视为最重要的唯一利息率称作为**自然利率**……即储蓄率和投资率相等的利率。我当时相信，我的定义是维克塞尔的'自然利率'的发展和明确化。按照他的说法，自然利率是能保持没有被他很明确地加以界定的价格水平稳定性的利息率。"接着，凯恩斯还进一步解释道："然而，我在当时所忽略的一个事实是，根据这个定义，任何社会在每一个就业水平上都会有一个**不同的**自然利率。同样，相对于每一个利率，都存在一个使该利率成为'自然的'利率的就业水平，即该经济体系的利率与就业处于均衡状态。……当时，我还没有懂得，在一定条件下，经济体系可以处于小于充分就业的水平。"基于这一反思，凯恩斯明确地讲述了他在《通论》中的新理论发展："我现在认为，过去被我当作在学术发展上似乎是有前途的'自然'利率的概念，对我们现在的分析不再很有用，也不再具有任何重要性。它不过是维持现状的利息率，而一般来说，我们对维持现状本身并没有多大兴趣。"（Keynes, 2013, *Collective Writings*, Vol. 7, pp. 242 - 243）

从这长长的三段话中，我们一方面可以看出凯恩斯本人相比《货币论》阶段在《通论》中的理论进展，另一方面也印证了正是与哈耶克的大论辩，促使他完成了他的理论的革命性的转变，即从对维克塞尔式的"自然利率"的概念分析转向对"资本边际收益率"的分析和重视。

在完成这一根本性的理论转变后，凯恩斯最后非常明确地表述道："我相信，经济周期最好应被当作系由资本边际效率的周期性变动所造成的；当然，随着这种变动而到来的经济体系中的其他重要的短期变量会使经济周期的情况变得更加复杂和严重。"（同上书，p. 313）沿着这一思路，凯恩斯构建了他的经济周期理论："对危机的更加典型的而且往往是更加决定性的解释在基本上并不是利率的上升，而是资本边际效率的突然崩溃"；"正是由于资本边际效率的崩溃，所以萧条才如此难以治理。……要恢复资本边际效率并不那样容易，因为资本边际效率在目前系由无法控制的（uncontrollable）和不服从的（disobedient）工商业界的心理状态所决定。用普通语言来说，在个人行为自己作主（individualistic）的资本主义经济中，信心的恢复远非控制所能奏效"。（同上书，pp. 315 - 316）

由此凯恩斯得出了他的政府干预市场的基本思想："在自由放任的条件下，除非投资市场的心理状态使自己做出毫无理由的巨大逆转，要想避免就业量的剧烈波动是不可能的。我的结论是：安排现行体制下投资的责任绝不能被放置在私人手中。"（同上书，p. 320）凯恩斯还具体解释道："有鉴于资本边际效率日益为甚的下降，我支持旨在由社会控制投资量的政策；而与此同时，我也支持提高消费倾向的所有政策。其原因在于，在现有消费倾向下，不论我们对投资采取何种措施，想维持充分就业均是不可能的。因而，存在着用两种政策同时操作的空间——既促进投资，同时又促进消费。"（同上书，p. 325）

到这个阶段上，主张政府在经济萧条中应主动通过积极的货币政策和财政政策来干预经济，使经济体系从萧条复苏的凯恩斯经济学理论和政策主张就基本形成了。

8.5　在《通论》的理论重炮轰击下，为什么哈耶克沉默了？

1936 年 2 月，凯恩斯的《通论》由英国的麦克米兰出版社出版了。在出版前，凯恩斯就把他书稿的校样和预印本送与了一些同事、朋友征求意见，包括哈罗德、霍特里，以及一直不同意他的观点的罗伯逊。现在我们也已经知道，到《通论》印行时，凯恩斯也曾把一本预印本送给了哈耶克，径直邀请哈耶克来进行批评。哈耶克本人在1936 年 2 月初也写信给凯恩斯，表示感谢，并且说如果对《通论》的一些观点仍有怀疑，"我会祈请你对一些要点在《经济学杂志》上予以解释"。（Caldwell, 1998, p. 559）这实际上表明哈耶克一开始还是想就《通论》写些评论的。但是，到今天仍然令人困惑不解的是，在《通论》出版后，尽管书中充满了对哈耶克许多观点的点名不点名的商榷，哈耶克却沉默了，对《通论》在公开场合不置一词。韦普肖特在书中问道："如果《通论》从头到尾充满了错误的解释、误导的假设、虚假的逻辑、不适当的和闪烁不定的想象，那么，哈耶克显然应该在它们扎根之前就摧毁凯恩斯的理论。"然而，韦普肖特发现，答案始终没有出现，哈耶克保持了沉默。在拿出全副力气与凯恩斯决战的关头，哈耶克失语了[1]。数个星期过去了，始终不见他的大力还击。从哈耶克的人生和学术发展的历程来看，罗宾斯从维也纳召唤他到伦敦政治经济学院的根本原因，亦即贝弗里奇任命他为伦敦政治经济学院教员的根本理由，是让哈耶克来对付当时如日中天的凯恩斯，看来原初的想法几乎落了空。"凯恩斯的巨著非但没有碰上炸弹，甚至连一句呜咽之声都没有听到。全英国和欧洲大陆的古典经济学家都在热切地期待着哈耶克的反应，可哈耶克却始终不置一词。"（Wapshott，2011，p.153）哈耶克到底怎么了？

60年后，当今世界著名经济思想史家（曾任世界经济思想史学会会长）、哈耶克思想研究专家考德威尔曾在《政治经济学史》杂志上发表了一篇文章，专门探讨了这一问题。考德威尔的这篇文章的题目就是"为什么哈耶克没有为《通论》写书评？"通过占有大量资料，尤其是根据在《通论》出版后数十年间哈耶克对这个问题自己的谈话和解释，考德威尔（Caldwell，1998，pp.556-557）总结出了以下几个可能的理由：

（1）通过之前与凯恩斯的交往，哈耶克发现凯恩斯经常改变自己的观点，因此哈耶克怕自己的评论还没写好，凯恩斯又改变他的观点了。

（2）与前一点相联系，哈耶克认为《通论》只是一个"应景之作"（a tract for the time），相信凯恩斯后来会改变他在《通论》中的观点（在1966年的一次谈话中哈耶克专门这样说过），因而一直拖了

---

[1]　韦普肖特曾认为，如果《通论》一出版，哈耶克主动请缨进行批判和反驳，"他兴许已经把凯恩斯革命掐灭在萌芽状态了"。他也发现，"凯恩斯径直邀请哈耶克来批评。他给哈耶克送了预印本，好让他的克星可以赶在正式出版之前写出评论来。凯恩斯是个公关大师，知道招揽争议的价值。与哈耶克进行争辩，能带动书的销量。"韦普肖特还猜测道："促使凯恩斯这么做的，不光是敏锐的商业意识。他长期以哈耶克以及古典学派的同事为靶子，真心想跟他们辩论。他的野心不仅是在论战中胜出，还要取代他们。只有后者与他辩论，这一点才能实现。他的大炮早已装填好了炸药，随时准备一战。事实上，哈耶克拒绝进擂台。这让他很失望。"（Wapshott，2011，p.139）

下来，没有专门撰写书评和商榷文章。

（3）哈耶克模模糊糊地感到，要对凯恩斯的观点写出真正到位和切中肯綮的评论与商榷，就要对凯恩斯的整个宏观经济研究方法提出挑战，这确实不是一件非常容易的事（哈耶克生前曾四次提到这一点，并在 1966 年的谈话中说这是主要原因）。

（4）1963 年，哈耶克曾说他当时实在是"厌倦了论战"，但在同时哈耶克表达出了他后悔在他一生中没有好好清算凯恩斯的思想这一点。在 60 年代后，哈耶克在不同地方一再讲，他一生没有好好地批判凯恩斯《通论》中的理论，这使他一直懊悔不已："我当时是卸责了，我迄今没有完全摆脱这种感觉，这显然是我应尽的责任。"（Hayek, 1995, p. 60）

（5）哈耶克这时正忙着构建他自己的理论框架，即他自己的一个改进的"资本理论"，他相信一旦自己的这一理论基础奠定下来，很快将会取代凯恩斯的理论框架。这里所说的"资本理论"，是指哈耶克自 20 世纪 30 年代中后期就着手撰写他的《资本纯理论》这本巨著。哈耶克一直相信，凯恩斯的货币理论没有资本理论基础，因而他计划先撰写"资本纯理论"，然后再撰写他自己的"货币纯理论"，以从理论上彻底击败凯恩斯的"货币、利息与就业的一般理论"。在晚年，哈耶克曾两次强调这是他没有批判凯恩斯的《通论》的主要原因。哈耶克这时正忙于构建自己宏大的经济学理论的思想框架，而没有时间腾出手来批判理论对手凯恩斯的新框架，这显然是一个能解释哈耶克一直没有批判凯恩斯《通论》的主要理由。譬如，按照韦普肖特的考证，1935—1936 年间，哈耶克在艰苦地撰写他的《资本纯理论》。1935 年，哈耶克已经把书稿搁置了一阵儿，但 1936 年，收到凯恩斯寄来的《通论》两周之后，他写信给他的好友、另一位奥地利学派的经济学家哈伯勒（Gottfried von Haberler），说写书挤掉了他所有的时间，因而腾不出手来应付凯恩斯的新作品。他的原话是："我努力专心地写我的书，必须把其他一切都搁置起来。现在说它已初具规模还太夸张，我希望能在复活节假期之前完成第一稿。"至于凯恩斯的《通论》，他写道："我暂时还没法发表意见，因为我绝望地卡在了第 6 章。"（转引自 Howson, 2001, pp. 369 - 374）

（6）如果说哈耶克对凯恩斯的理论论战是凯恩斯写作《通论》（即凯恩斯心中似乎是在想："我不给你哈耶克在书评和书信中唇枪舌剑地辩论了，我写我的货币纯理论来让你明白吧！"）的主要动因之一，反过来，凯恩斯对哈耶克的批评和商榷的回复和自我辩护也是哈耶克写作他自己的《资本纯理论》的主要动因。很明显，哈耶克认为，再在货币理论与商业周期问题上与凯恩斯来回商榷，谁也说服不了谁，因而也没什么意义了，并且他深深地感到凯恩斯已对他们之间的论战感到有些厌倦乃至有些不耐烦了，于是哈耶克开始坐下来写自己的资本纯理论，来填补他认为的凯恩斯理论体系的空缺和薄弱之处。在 1931 年发表在 *Economica* 上的题为"对 J. M. 凯恩斯先生的货币纯理论的反思"的论文中，哈耶克就明确指出，凯恩斯没有"认识到处理现有资本价值变化所有重要问题的必要性"。并且，照哈耶克看来，凯恩斯在这方面的失败"部分要由［凯恩斯的］资本概念所具有的所有缺陷负责。"（Hayek, 1931a, p. 281）很显然，哈耶克当时认为：既然在货币理论上跟你凯恩斯说不清也道不明了，我也不跟你再在这个问题上辩论和纠缠了。让我坐下来写我的《资本纯理论》吧！如果我补上你在资本理论上的缺陷，如果你又弄明白了，也许就知道你的理论问题出在哪里了。可惜的是，七八年后当哈耶克埋头把 450 多页的《资本纯理论》写出来并在 1941 年出版时，凯恩斯已经忙于各种英国国内和国际组织的事务，且身体健康状况不好，可能没有时间读哈耶克的这本纯理论思辨的《资本纯理论》了。在《资本纯理论》出版后哈耶克能腾出手来为《通论》写评论的时候，他却感到在他的"资本纯理论"的世界殚思竭虑地思考和写作已疲惫不堪，无力再写出他的"货币纯理论"了，因而哈耶克经济学的整个理论框架并没有完全建立起来。就在这个时候，哈耶克与凯恩斯又站在同一边来反对第二次世界大战时各国政府的通货膨胀政策，作为同一个战壕的战友，哈耶克当时也实在不想削弱凯恩斯的影响（晚年哈耶克曾两次指出这一点）。

（7）最后，在第二次世界大战的后期，哈耶克曾希望凯恩斯本人会站出来反对凯恩斯的信徒们的经济政策，但是不幸还没有等到这一天，凯恩斯就在1946年的复活节（4月21日）溘然辞世了。在1952年的一次谈话中，哈耶克回忆了他与凯恩斯最后一次对话的情形，并明确谈到了这一点。在20世纪80年代，哈耶克本人又重复谈了这一原因。

除了上述哈耶克自己谈到的7个原因外，作为研究哈耶克思想的专家，考德威尔还推测，可能还有其他另外两三条原因导致哈耶克没有为《通论》写书评，没有进一步与凯恩斯进行论战。

考德威尔的第一个猜测是，当时并没有杂志主动邀请哈耶克为凯恩斯的《通论》写书评。（Caldwell, 1998, pp. 558－559）另一个猜测是，在《通论》出版后的一段时间里，哈耶克与凯恩斯的私人友谊已经改善。在希特勒的纳粹空军1940年7月开始轰炸伦敦之后的一段时期，伦敦政治经济学院曾一度搬往剑桥的彼得豪斯学院（Peterhouse College）上课。在剑桥期间，凯恩斯在剑桥大学的国王学院附近给哈耶克找到了住处，二人的接触多了起来。[①]尤其是根据哈耶克儿子的回忆，在纳粹战机轰炸英国期间，凯恩斯曾与哈耶克一起在国王学院哥特式教堂的屋顶值班巡逻，提防德国轰炸机飞来轰炸。通过亲密的接触，哈耶克与凯恩斯逐渐建立起了友谊。后来哈耶克曾对这一段与凯恩斯的亲密交往回忆道："我们有好多其他共同的兴趣，如历史方面的，除经济学之外的。基本上，我们见面不谈经济学，……所以，在私交上，我们成了非常要好的朋友，包括莉迪亚·洛普科娃。"（Hayek, 1994, p. 91）如果是这样，加上哈耶克相信凯恩斯会经常改变自己的观点，这至少可以部分解释哈耶克在《通论》出版后没有写出一些严肃认真的书评来清算凯恩斯的理论了。

---

① 据韦普肖特考证，哈耶克初来剑桥，"本来是要搬到彼得豪斯学院住，而凯恩斯却以他善意的姿态，坚持要他的老对手在自己的国王学院附近找地方住，两人不时地在国王学院见面，履行教员职责"，于是，哈耶克与凯恩斯的见面和个人交往自然多了起来。（Wapshott, 2011, p. 192）

另外一个原因考德威尔并没有太言明，实际上我们今天已经慢慢认识到，随着哈耶克在 30 年代对中央计划经济可行性的批判，随着他对经济学与知识问题的研究，他在怀疑自己与凯恩斯论战时所坚持的经济学方法论基础。照考德威尔（1998，p. 565）的理解，现代奥地利学派的"市场过程理论"相信，"在一个具有市场过程的世界中，人们可以从广义上预期人的行为模式，但不可能精确地预期到相对价格变化的结果——而在《价格与生产》中，哈耶克正做了这样的描述。哈耶克到后来可能开始认识到，他在 1930 年代所形成的这一思路，对任何社会现象的理论研究——其中包括他自己早期的工作——来说，是有问题的。"除了考德威尔后来的这一怀疑外，实际上从凯恩斯在 1933 年写给他夫人莉迪亚的一封信中也可佐证这一点。就在《通论》第一稿成书之前，凯恩斯曾从剑桥大学的国王学院写信给太太莉迪亚，讲起了他与哈耶克的交往以及哈耶克那段时间的思想状况："昨晚，我和他一起坐在大厅里，今天还跟他在皮耶罗·斯拉法家里吃了午饭。我们在私交上处得甚好。但他的理论是垃圾，我今天觉得，就连他自己也开始怀疑自己了。"（Wapshott，2011，p. 124）在理解哈耶克与凯恩斯大论战问题上，这段话应该是一个非常重要的"注脚"。在殚精竭虑地写完《资本纯理论》后，哈耶克没有继续写他计划中的《货币纯理论》，而是转移了研究领域，去写《通往奴役之路》和《个人主义与经济秩序》中的一些文章了，甚至去研究和撰写心理学的著作了。这似乎也可以从另一个侧面佐证考德威尔的这一猜测。然而，从哈耶克 60 年代后所撰写的经济学著作——包括《货币的非国家化》（Hayek，1976）和一些文章与访谈，我们今天判断这可能是凯恩斯对哈耶克这位当时只有 30 岁上下的年轻经济学家的误判。

　　实际上，在最近重读哈耶克与凯恩斯理论论战的文献以及哈耶克本人在 20 世纪 30 年代所出版的基本经济学著作和发表的文章时，我一直在思考这样一个问题：在米塞斯的《货币与信用原理》和哈耶克的《价格与生产》中所构建出来的奥地利学派"货币与商业周期理论"，是否在理论上一方面假定了企业家和所有市场参与者都能对价格信息（货币的价格为利息）做出即时的理性反应；而另一方面，又隐含假定市场中的可用资源是无限的（尤其是劳动力资源是可无限供给的，这也意味着在经济体系内没有资源和资金可用性的任何限制）？没有这两个隐含的假设，怎么可能推理出一旦银行人为降低利率，企业家就会进行一些不当投资，最后因为过度投资而最终导致大萧条？

很显然，米塞斯和哈耶克所建立起来的奥地利学派的商业周期理论从自身的逻辑来看是自洽的，但用现在的经济学的话语来说，实际上是从在微观层面上假定企业和市场参与者对政府和银行的"宏观总量"的刺激政策做短期"理性"反应来论证奥地利学派的危机理论，这实际上假定了各个企业家和市场参与者既理性、又短视，对政府的误导性的宏观政策做出了即时的反应，即做出了长期来看并不合宜的经济决策（盲目和过度投资），从而最后导致整个体系发生周期性的繁荣与萧条。而凯恩斯只从宏观经济的总量反映上（当然他也从微观层面上考虑个人的流动性偏好、边际消费倾向以及受企业家预期所决定的资本边际效率）来进行理论推理，认为人们的流动性偏好和边际消费倾向等是受文化决定的自变量，这些自变量决定了资本的边际效率下降，而资本边际效率的突然下降会导致经济的突然崩溃。而当经济体系陷入萧条而无法自拔时，政府和银行应该有所作为，可以通过增加货币供给和降低利率以及促进投资和消费的政策措施，使经济从萧条中走出来。但是，如果像后来的新古典宏观经济学派和理性预期学派所模型化的那样，如果市场经济的每个企业家和参与者都是无限超理性的，那么，无论凯恩斯的宏观刺激政策，包括财政政策和货币政策，乃至米塞斯和哈耶克的商业周期理论，在现实中都要打折扣。[①]

---

① 如果每个企业家都能看到政府短期的财政政策和货币政策会导致长期的大萧条，那么企业家还会非理性地从银行借款而盲目地进行"不当投资"和"过度投资"吗？2008—2009 年的世界性经济衰退后，美联储和欧盟各国、日本等发达国家的央行不断进行量化宽松和超发货币，已经维持 0.25% 甚至近乎零利率多年，但是西方国家的企业投资仍然是萎靡不振，似乎从反面印证了这一点。这一现实是证明了凯恩斯的"流动性陷阱"理论，还是证伪了米塞斯—哈耶克的"货币与商业周期理论"？这要取决于你从那个角度来分析问题了。

现在看来，无论是米塞斯和哈耶克的货币与商业周期理论，还是凯恩斯的总量分析，都还有许多有待进一步论证的理论缺环。尽管如此，哈耶克与凯恩斯都自信自己的理论反映经济运行的现实逻辑，但实际上也是哈耶克与凯恩斯这 20 世纪的两大思想巨擘经过论战谁也说服不了谁的最深层原因。进一步的问题是，如果像哈耶克在 20 世纪 40 年代后认为每个人的知识都是分立的和有限的，因而完全的和长期理性预期均是不可能的，那么经济学理论的研究和诸种流派理论框架的建构又有何用？那么这是否意味着人类社会诸经济体永远也消除不了商业周期的困扰？那这是否又回到了哈耶克一生的基本经济学主张：请遵循经济运行的自然逻辑吧！忘掉任何政府宏观政策干预经济过程的虚幻作用吧！市场经济会自发运转和自然修复自己的波动！唯有时间才能治愈失衡的经济！

最后应该指出的是，尽管哈耶克在 20 世纪 30 年代乃至在其余生都没有专门为凯恩斯的《通论》撰写书评，没有从整体上批判凯恩斯的《通论》所建立起来的宏观经济理论框架，但决不是说哈耶克没有对凯恩斯的"新理论"做过一些零星的评述。而这一事实可能被《凯恩斯大战哈耶克》一书的作者韦普肖特忽略掉了。

譬如，在凯恩斯的《通论》出版后，哈耶克在他 1939 年出版的《利润、利息与投资以及关于产业波动理论的其他论文》一书中，就曾没点名地批评凯恩斯所提出的利用扩张性的货币政策来增加就业的做法："当然，从来没人否定利用扩张货币的手段能迅速增加就业，从而在最短的时间内达到'充分就业'的状态……。但必须加以说明的是，仅仅利用这种手段创造就业，有着内在的不稳定性；用这种手段创造就业，等于是让经济波动永无止境。"（Hayek, 1939, p. 63, fn1）其后，哈耶克还补充强调说："利用货币政策在短期内实现就业最大化的目标，在本质上是一种亡命徒式的政策，只有这类人才会在短暂的喘息中毫无损失地获得一切。"（同上书，p. 67, fn1）

到了 20 世纪 70 年代，在亲身目睹了西方世界推行了数十年凯恩斯主义的宏观经济政策而出现滞胀现象后，哈耶克于 1974 年 10 月 15

日在伦敦《每日电讯报》上发表了一篇题为"通向失业的通货膨胀道路"的短文。在这篇文章中,哈耶克一上来就说:"我要十分抱歉地说,目前世界范围的通货膨胀,其责任完全要由经济学家——或至少要由我的经济学家同行中那些信奉凯恩斯爵士的教诲的大多数人负责。……我们正在经历的事情,完全是凯恩斯爵士的经济学的后果。正是由于他的那些门徒的建议甚至鼓动,各国政府才不断增发货币而不断增加开支,而凯恩斯之前的任何一位值得尊敬的经济学家都能预见到,这种开支的规模是如此之大,肯定会引起我们正在经历的通货膨胀。"(Hayek, 1978, p. 192)在1975年9月25日洛桑召开的"日内瓦黄金与货币大会"上的发言中,哈耶克又进一步指出:"我们目前货币问题的主要根源,当然是因为凯恩斯爵士及其弟子为一种久远的迷信披上了一件科学权威的外衣,即相信通过增加货币开支总量,我们可以持久地保持繁荣和充分就业。"哈耶克认为,这种凯恩斯主义的政策选择,从根本上来说是错误的。因为,"从长期来看,凯恩斯主义的药方非但治不好失业,反而会使其恶化。"(同上书,pp. 218 - 219)

值得注意的是,由于在20世纪30年代哈耶克与凯恩斯的理论论战中,双方都带着较强的个人情感因素,在凯恩斯逝世后的60年代之后的许多著作中,哈耶克还不止一次地揶揄凯恩斯,说他"涉猎的领域极广,但经济学知识却相当狭窄"(1966年"对凯恩斯和'凯恩斯主义革命'的个人回忆",见 Hayek, 1972, p. 284),是"一位具有卓越智力但对经济学理论所知有限的人"(Hayek, 1976, p. 6)。

当然,晚年的哈耶克也认识到,要把凯恩斯本人的经济理论与所谓"凯恩斯主义的理论及其政策主张"区别开来。譬如,在1975年9月25日洛桑召开的国际会议上所做的题为"货币的选择:终结通货膨胀之道"的发言中,哈耶克就为凯恩斯这位宿敌和老朋友辩护道:"从某种意义上来说,过多地指责凯恩斯爵士,要他为身后的理论发展负责,这多少有点不公平。我确信,不管他以前说过什么,如若他还在世,一定是位反对目前通货膨胀的领袖。"(Hayek, 1976, p. 23)

9 哈耶克与凯恩斯论战的理论遗产

　　凯恩斯与哈耶克这两位杰出的经济学家之间的关系，是二十世纪中著名的儒林佳话。他们之间在经济学上虽然是著名的论敌，很少有彼此同意之处；然而他们在其他方面却有许多共同的兴趣与意见。第二次世界大战期间，当哈氏执教伦敦政治经济学院必须疏散到剑桥时，凯恩斯在他的学院中给哈耶克安排了住处；因此他们彼此见面的机会便更多了。当哈氏所著《通往奴役之路》在一九四四年出版的时候，凯恩斯在一次火车旅行中看完以后，曾立即致函哈氏。哈耶克师曾将该信原件出示笔者，其中有这样一段话："我在旅途中有机会把你的著作好好读过了。照我看来，这部著作是一部伟大的著作。在这部著作里，你把所极需说的话说得这样好，我们都应该感激你。当然，我不能全部接受你关于经济方面的学说，但是在道德方面和哲学方面，我简直同意你在这部著作里所说的一切。对于你所说的，我不仅是同意而已，并且深深受其感动。"

——林毓生[1]

9.1 哈耶克与凯恩斯

　　在当代经济思想史上，凯恩斯与哈耶克同为举世公认的曾影响过

---

[1] 《中国传统的创造性转化》（增订本），北京：三联书店，2011 年，第 387 页。

人类历史进程的两大思想巨人。注重短期政策效应，凯恩斯主张以积极的货币政策乃至合宜的财政政策来影响企业家和消费者的预期，从而影响市场经济过程。这一导向曾支配了二战后西方主要工业国家政府的经济政策达数十年之久，导致了世界当代经济史上的"凯恩斯革命"。与之相对照，注重人类社会长期历史走势，哈耶克则数十年坚持弘扬他的自发社会秩序理论，一贯反对政府干预社会经济过程，从根本上捍卫了自由市场秩序的核心理念。

凯恩斯与哈耶克，两大杰出经济学家，两大思想巨人，两个互知对方学理套路的熟人，在经济理论、政策导向上，却有着截然不同的见解，甚至可谓经济理论上的一对宿敌。

哈耶克与凯恩斯，不但在理论见解上说格格不入，在治学风格上也相去甚远。凯恩斯在几十年的写作生涯中好像总是有新的理论观点不断涌出，且总是不断改进和修正着自己的观点。这自然使老实巴交的哈耶克这位宿敌常常不知如何应对。譬如，在凯恩斯的"论文"① 发表后，尽管哈耶克对其主要观点进行了全面批驳，但仍然客观地指出凯恩斯"论文"要比他的《货币论》好。但是，当哈耶克评凯恩斯的"论文"的第二部分在凯恩斯本人主编的《经济学杂志》上发表时，凯恩斯却告诉哈耶克："别把此放在心上，我自己已不再相信我所写的一切了。"结果，弄得哈耶克啼笑皆非，无言以对。二战后，在丘吉尔与美国商谈战后的世界金融体系时，凯恩斯曾在其中起了很大作用。之后，哈耶克曾写了一封短信给凯恩斯说："我正在接近你的观点。"但想不到凯恩斯的回函却是："获知此事非常遗憾，因为我已经改变原来的观点了。"②

---

① 哈耶克可能是指 1933 年凯恩斯写的一篇"生产的货币理论"（A Monetary Theory of Production）。凯恩斯的这篇短文最早于 1933 年发表于一本德文文集中，后来收入 Keynes, 2013, *The Collective Writings of John Maynard Keynes*, Vol. 13. pp. 408 - 411.

② 这里好像是凯恩斯给哈耶克开了一个玩笑。在上一篇的论述中，我已经指出，从凯恩斯的《货币改革论》，到《货币论》乃至《通论》，凯恩斯的理论观点和政策主张基本上是一致的，并未发生多大改变。只是随着凯恩斯研究的不（转下页）

与凯恩斯相似也有些不同，哈耶克这位举世公认的思想深邃的知识贵族，从 20 世纪 30 年代起到 90 年代初，在数十年间保持了自己的理论观点和立场基本不变，始终如一。

　　凯恩斯与哈耶克，不但在理论见解、治学风格上截然相反，在文风上也有着鲜明对照。凯恩斯一生多才多艺，才华横溢。无论是著述，还是讲演，凯恩斯均妙趣横生，语言极美。凯恩斯堪比文学天才，在英文散文方面，已达炉火纯青的境界。有人曾认为，凯恩斯作为英文散文作家将名传千古，他著作的某些篇章将作为文学作品与英语并存。相比之下，哈耶克的著述在学界却是出了名的晦涩难懂，且啰哩啰嗦。2000 年圣诞前一个大雪纷飞的傍晚，我和美国著名方法论经济学家和时任世界经济思想史学会会长布鲁斯·考德威尔教授在剑桥的蓝鹰酒吧中喝酒闲聊，这位哈耶克专家就对我说："哈耶克这老兄的毛病就是说话啰嗦。一句话不重复说三遍以上，他总觉得人家不理解。"听布鲁斯这么一说，我觉得也是。不信，读读哈耶克的名著《法律、立法与自由》，看看他重复说了多少话？这部三卷集的鸿篇巨制，压缩三分之一，恐怕只会增加它的学术分量。

　　语言是思想的载体。语言的美，自然映照着思想的美。但反过来，思想的美，尤其是思想的深，却不一定尽在语言之美中反映出来。语言美与思想深之间，好像不在个人"理性消费选择"的同一条无差异曲线上，因而二者之间好像没有边际替代关系。于是，在长期与短期、自发与干预、思想深与语言美、哈耶克与凯恩斯之间，以前多年我偏好前者。然而，在最近几年通读了《凯恩斯全集》30 卷的

（接上页）断深入，他不断修正、改善乃至完善自己的经济学理论体系。由于凯恩斯的语言优美，涉及到的现实问题太广泛，使哈耶克和许多经济学家（包括之前多年的笔者自己）均误认为凯恩斯自己的经济学观点和理论灵活多变。这其实也是对凯恩斯的一个误解。甚至连专门研究哈耶克的作者安德鲁·甘布尔也注意到了这一点。例如，在谈到哈耶克与凯恩斯就《货币论》出版后二人之间的理论论战时，甘布尔指出："无论如何，哈耶克在凯恩斯对于《货币论》的早期态度问题上犯了一个错误。凯恩斯从未改变过他的思想。"（Gamble, 1996，见中译本 247 页）研究凯恩斯的专家斯基德尔斯基也同样注意到了这一点。（Skidelsky, 1992, pp. 458 - 459）

大部分著作后，我更有点偏好后者，尤其是在经济理论上。当然，在政治和社会理论上，我仍然认为，哈耶克更加深邃和重要。哈耶克对自由市场经济制度的运行和国家法治化的弘扬、阐述和捍卫，已经对20世纪人类社会的历史进程，产生了重大影响，已经留在人类社会思想史册上，并将与人类社会共存。

作为两位严肃的经济学家，哈耶克与凯恩斯的理论分歧在西方学界已广为认知。然而，相对于国内经济学界而言，也许鲜为人知的是，尽管哈耶克与凯恩斯在学术观点上当仁不让，唇枪舌剑地进行过多次争论，但二人却私交甚笃。哈耶克在晚年也专门澄清了他与凯恩斯的关系："虽然我仍然不同意凯恩斯的观点并与他有过白热化的辩论，但我们却保持了最好的私人友谊。并且，就他作为一个人而言，在很多方面我都对他怀有极高的敬意。"

9.2 哈耶克与凯恩斯论战对理论经济学的未来发展意味着什么？

1999年，当代著名的奥地利学派的传人和宏观经济学家罗杰·加里森曾在为一本专门研究哈耶克与凯恩斯理论论战的专著所写的序言中说过：凯恩斯与哈耶克论战的许多深层的货币和理论问题从未得到解决，只是被人们有意回避了。（Garrison，1999，p. x）在反复阅读20世纪30年代哈耶克与凯恩斯的理论论战的有关文献后，我觉得加里森的这个判断是符合事实的。

1936年凯恩斯的《通论》的出版，无疑标志着现代经济学的一场革命，从而诞生了宏观经济学，并随之出现了当代经济学中宏观经济学与微观经济学的分野。凯恩斯经济学的总量分析，从思想渊源上来看，与哈耶克一样均来自瑞典经济学派的克努特·维克塞尔。基于货币市场的均衡和产品世界的均衡相互作用的分析理路，凯恩斯经济学最主要的贡献是他在"货币三论"中研究和论证了现代市场经济中货币和银行体系的运作，以及货币在现代经济增长中的作用。由此也可以认为，凯恩斯主要是一个货币经济学家，而后才是一个创新的理论经济学家。然而，尽管凯恩斯的《通论》在 1936 年的出版标志着现代宏观经济学的诞生，但是到目前为止世界上绝大多数宏观经济学教科书理论并没有真正把凯恩斯的货币理论完全吸纳进来，而只是把凯恩斯《通论》中所新创的一些术语如边际消费倾向、有效需求、乘数、流动性偏好等概念以及总量分析方法和政策理论主张放在教科书里做了一些规范化的处理。更为悖谬的是，希克斯（Hicks，1937）、莫迪里阿尼（Modigliani，1944）以及后来的汉森（1949，1953）所程式化的 IS-LM 模型，被当作凯恩斯经济学思想的精粹而在所有的现代宏观经济学教科书中普遍讲解，大行其道。值得注意的是，当希克斯用"IS-LM"模型（希克斯在 1937 年的文章中表述为"IS-LL"模型）来诠释凯恩斯的经济学理论并把文章寄给凯恩斯听取批评意见时，一贯都及时回复朋友信件的凯恩斯竟然在 6 个月后才回信。在这封信中，凯恩斯也只是对希克斯的文章含含糊糊地说了这样一句话："我觉得这篇文章非常有意思，但就批评而言，我几乎真的无话可说。"（见 Skidelsky，2003，p.548）从这句话中，我们今天很难认为凯恩斯本人对希克斯用 IS-LM 模型来程式化他的思想的做法是认可的。[①]

作为一个货币经济学家，凯恩斯对现代货币理论和金融系统的运作做出了许多重要的理论贡献，其中包括他在《货币论》中发展出来的"货币内生"理论。甚至连哈耶克这位凯恩斯经济理论的宿敌，也在晚年所撰写的一本小册子《货币的选择：结束通货膨胀之道》中肯定凯恩斯在货币理论中的贡献："我总觉得凯恩斯爵士是个新的约翰·劳（John Law）。像劳一样，凯恩斯是一位对货币理论做出诸多

[①] 按照斯基德尔斯基的研究，希克斯的论文是 1936 年 10 月送给凯恩斯的，而凯恩斯到 1937 年 3 月 31 日才回信。凯恩斯这里回信的原话是："I found it very interesting and really have next to nothing to say by way of criticism"。斯基德尔斯基（Skidelsky，2003，p.54）还指出："具有讽刺意味的是，约翰·希克斯虽然从来没有参与《通论》的形成，但他却给这本书的传播构建了一个模型。他的 IS-LM（转下页）

真正贡献的金融天才。"（Hayek, 1976, p. 23）由于以希克斯-汉森IS-LM 模型为基本理论架构的现代宏观经济学的基本假定之一是中央银行能够控制货币供应量，从而能够控制一个经济体的货币总量，如果把凯恩斯本人的货币理论——尤其是他的货币内生理论——运用到总量经济分析中，那就要对现代凯恩斯主义宏观经济学中的许多理论打个大问号了。

为了说明这一点，我们不妨用凯恩斯在《货币论》中所提出的"内生货币理论"来分析问题。在《货币论》第七篇第 31 章一开始，凯恩斯就明确指出："银行系统不能直接控制单种商品的价格和生产要素的货币报酬率。它实际上也根本直接控制不了货币量；因为现代银行制度的一个特点是：中央银行在一个规定的贴现率上通过随时买入某种被批准的证券来释放货币。""实际上这意味着，在当今世界，对物价的控制是**通过控制投资率**来实现的。中央银行当局除了通过银行利率或公开市场操作来影响投资率外，什么也做不了。"[①]（Keynes,

---

（接上页）曲线图出现于 1937 年 4 月在《计量经济学杂志》上发表的那篇著名文章'凯恩斯先生与古典经济学：一种建议的解释'中。但是正如沃伦·扬（Warren Young）在他那本《解释凯恩斯先生》一书中所指出的那样，希克斯所构建的《通论》的数量（但都是非线性的）模型，最早是哈罗德和米德于 1936 年 9 月在牛津的计量经济学会议上提出来的（其他的一些年轻经济学家也很快把凯恩斯的模型转化为方程式的形式）。希克斯所完成的工作是将凯恩斯的理论转化为一般性就业理论的一个特例，并可以用一套联立方程式来表述，而不必注重因果关系，这些方程式的解可以包括任何数量均衡的条件，而这些条件则根据所采用的那些行为假设的前提而定。"斯基德尔斯基接着指出，在牛津会议之后，在凯恩斯的《通论》形成过程中起作用最大的卡恩以及琼·罗宾逊就对希克斯等经济学家把凯恩斯的思想用 IS-LM 模型程式化的做法甚为不以为然，认为把《通论》的思想简化为"曲线图和代数碎片"是一大悲剧。他们认为，凯恩斯"一直强调预期的绝对重要性，其受风险和不确定性的影响巨大，这是他的最大贡献。这就彻底颠覆了把凯恩斯理论当作是上天赐下的种种稳定性关系的流行观点——当然，凯恩斯也要为试图简化他的理论负责"。（转引自同上书，p. 548）

① 很显然，凯恩斯在这里提出了现代经济运行中一个非常重要的观点：中央银行是通过影响投资率来控制物价的。这应该是凯恩斯的一个伟大理论发现。但是非常不幸的是，这一点并没有被多少当今的经济学家注意到。现在又有多少中央银行的经济学家真正认识到这一点？

1930，Vol. 2，p. 189）如果这里凯恩斯还是在讲中央银行"外生地"向经济体注入货币的话，那么，在同一章中，凯恩斯则说："确实，银行家并不否认在某种意义上他能够创造信用。他进行这种创造所需要的实际上只是一定比例的黄金（或其他形式的准备金）。当一家银行在英格兰银行的准备金余额超过了通常的需要，他便能向工商界贷出一笔增量贷款，而这笔增量贷款就会在这家银行或其他银行的资产负债表中创造一笔增量存款。就银行整体而言，这种信用创造，只有在导致黄金流出从而导致银行准备金减少时，才为过多……"（同上书，p. 195）之后，凯恩斯还特别追加道："相信英国工业资本的运营量取决于英格兰银行金库中的黄金储备量，无异于相信别人的鬼话。"（同上，p. 196）这里，凯恩斯非常清楚地解释了现代金融体系中央行"外生地"注入货币和商业银行通过创造信用而"内生地"创造货币的两种机制。现在的问题是，如果把商业银行通过创造信用而创造货币这一点引入现代宏观经济学的理论分析中，那现在建立在希克斯-汉森程式化的 IS-LM 模型上的整个流行的宏观经济学的分析框架是否还成立？[①]

到这里，我们也可以认识到，尽管希克斯—汉森式的 IS-LM 分析模型试图把从维克塞尔到凯恩斯的现代市场经济中的货币市场均衡与产品市场均衡统一起来，但由于他们把深邃繁复的凯恩斯的经济学思想简单化了，使我们今天所看到的流行的宏观经济学的框架实际上还是一个没有货币和金融市场的产品世界均衡的分析框架（只有詹姆斯·托宾等少数经济学家的宏观经济学著作是些例外，见

[①]　实际上，20 世纪 60 年代以来，许多流派的经济学家都对希克斯-汉森模型进行了诸多批评。譬如，一些后凯恩斯主义者如罗宾逊夫人（Robinson，1964，1975）和沙克尔（Shackle，1967）将不确定性视为凯恩斯经济学理论的真正本质，而认为希克斯和汉森等用 IS-LM 模型来解释程式化凯恩斯的理论是不适当的。沙克尔批评 IS-LM 模型分析的均衡框架道："凯恩斯关于经济活动的最核心观念就是不确定性预期，而不确定性预期和均衡概念是不相容的，乃至是完全矛盾的。"（Shackle，1982，p. 438）莱昂霍夫德（Leijonhufvud，1968）则认为，希克斯-汉森的 IS-LM 模型的根本问题在于它是用静态（完全信息）的同步均衡框架来研究（转下页）

Tobin, 1989; Tobin & Golub, 1998，但这些经济学家更偏重货币和金融市场的分析，而不是像从维克塞尔到凯恩斯那样分析"货币市场均衡"与"产品市场均衡"的一般理论）。流行的宏观经济学不能很好地解释现代经济的运行，没能预测到 2007—2009 年全球金融风暴以来的这次世界性的经济衰退，以至在西方各国陷入经济衰退后几乎所有的经济学家都不能给出管用的经济复苏的良方（或者说大家所给出的所谓的"凯恩斯主义的经济政策"救治药方均不管用），这在今天我们就可以完全理解了。

除了在凯恩斯的博大精深、复杂多变甚至有些扑朔迷离的经济学思想宝库中今天还有很多值得挖掘的金矿外，哈耶克在 20 世纪 30—40 年代经过艰苦和缜密的经济学推理而形成的货币与商业周期理论，尤其是他的资本纯理论，显然也还有大量的有价值的金矿闲在那里而

（接上页）不完全信息条件下的动态调整。在《论凯恩斯主义的经济学与凯恩斯的经济学》这部当代经济学名著中，莱昂霍夫德还指出，虽然标准的希克斯-汉森 IS-LM 模型一直作为凯恩斯在《通论》中的经济学理论的简单化表述向大学生们讲授，但是它不论在字面上或实质上都不符合凯恩斯的原意。另一位后凯恩斯主义者温特劳勃（Weintraub, 1982）则认为，缺乏微观基础导致凯恩斯主义经济学对凯恩斯本人经济理论总体的整体理解错误，而后凯恩斯主义经济学的一项主要任务就是为凯恩斯理论提供非新古典的供应方的微观基础。面对诸多对 IS-LM 模型的批评，甚至希克斯本人晚年也对他和汉森提出的这一 IS-LM 分析模型有些反思。在 1980 年发表在《后凯恩斯经济学杂志》上的一篇文章中，希克斯自己在文章一开始就承认对 IS-LM 分析模型负责任，但在结论中他说这个模型只是一个方便在经济学课堂教学的"小玩意（a gadget）"，它之所以一直被沿存下来，只是用均衡方法来进行一种特定的因果分析。他还警告，对于应用经济学家来说，直接应用这种分析方法将是荒谬的，因为"现实世界与理论模型有诸多差异"。（见 Hicks, 1980, pp. 152 - 153）在 1988 年的那篇文章（"Towards a More General Theory"）中，希克斯则进一步解释道，IS 曲线代表"产业部门"的均衡，而 LM 曲线代表"金融部门"的均衡，但他后来发现 IS 模型所表达的"产业部门"的运作由"流量关系"（flow relations）决定，而 LM 所代表的"金融部门"的运作则只是反映了"存量关系"（stock relations）（Hicks, 1988, pp. 6 - 7）。他又承认，凯恩斯的《通论》整本书所假定的是一个"封闭经济"，在封闭经济中，IS-LM 模型不能解释金融部门的流量关系，而只是说明产业部门的流量关系，因而整个模型仅仅是一个简单化的静态分析，仅仅说明了一个简单的"存量均衡"。希克斯最后认为，只有在开放经济中，才能考虑金融部门的流量关系，因而只有在开放经济条件下，他们的这个希克斯-汉森模型才会变成为更通用的理论。（Hicks, 1988, p. 14）

少有人问津——甚至连少数活着的奥地利经济学派经济学家也很少去研究哈耶克在 20 世纪 30—40 年代的货币、资本和商业周期理论。此外，实际上 20 世纪 70 年代后在哈耶克对他与凯恩斯论战的理论反思中，尤其是在他晚年所撰写的几本关于货币和通货膨胀问题的小册子中，都有很多闪亮的思想需要进一步挖掘，且哈耶克的这些经济学思想在今天可能仍有切实的现实意义。譬如，1972 年 12 月 11 日在斯德哥尔摩诺贝尔经济学奖获奖演说中，哈耶克实际上对凯恩斯本人的经济学思想及其二战后对各国政策的影响，做了许多批评，并对他自己的经济学思想做了一些总结性的讲述。在这篇题为"知识的僭妄"（The Pretence of Knowledge）的著名讲演中，哈耶克说："……市场，是一种极其复杂的现象，它取决于众多个人的行为，对决定着一个过程之结果的所有情况，几乎永远不可能进行充分的了解或计算。"（Hayek，1978，p. 25）在其后的分析中，哈耶克还指出"我们的理论所要说明的，是在一个良序运作的市场中自我形成的相对价格和工资体系的决定因素。就此而论，以上所言尤为正确。市场过程的每个参与者所拥有的特殊信息，都会对价格与工资产生影响，而这方面的全部事实，是任何科学观察者和任何一个单独的头脑都无法确知的。这其实正是市场秩序的优越性之所在，也是在不受政府权力所压制情况下市场秩序会取代其他类型秩序的原因。……我们这些从事观察的科学家，由于无法知道这样一种秩序的全部决定因素，结果也无法知道在某种具体的价格与工资结构下需求总是等于供给，因此我们无法度量对这种秩序的偏离程度，也从而无法从统计上对我们的理论与'均衡'的偏离加以检验……"（同上书，p. 27）。

基于上述认识，哈耶克认为，"主流'宏观经济'理论为救治失业所提出的药方——即增加总需求，已经成为大规模资源错配的主要原因，这后来又不可避免地导致大规模的失业。向经济体系不断地注入增量货币，会创造一时的需求（一旦货币量的增加停止或放慢速度时，这种需求也会消失），加上人们对价格持续上涨的预期，会使劳动力和其他资源暂时得以利用，但这种情形只有在货币数量以相同或加速度的速率继续增加时才能维持。这种政策所导致的就业，……只有靠一定的通胀率才能维持，而这种通胀率会使一切经济活动迅速解体。事实上，错误的理论观点已经把我们引向一种岌岌可危的境地（a precarious position），使我们无法阻止大量失业的一再出现……"（同上书，p. 29）很明显，哈耶克这里是根据20世纪70年代西方各国出现的滞胀现象对凯恩斯主义理论和政策所进行的理论批评。

根据这一点，哈耶克在这篇诺贝尔经济学获奖感言中最后说："人类在改善社会秩序的努力中，如果不想弄巧成拙，他就必须明白，在这件事上，就像以性质复杂的有机体为主的任何领域一样，他不可能获得主宰事务进程的充分知识。因此他不能像工匠打造器皿那样去模铸产品，而是必须像园丁看护花草那样，利用他所掌握的知识，通过提供适宜的环境，养护花草生长的过程。自然科学的进步使人类情不自禁地觉得自己的能力正在无止境地增长，'让人眼花缭乱的成功'诱使人们像早期的空想共产主义那样不但想主宰自然环境，而且想通过控制人的意愿而控制人类的环境，这才是危险之所在。"（同上书，p. 34）这应该是哈耶克作为一个年迈的诺贝尔经济学奖获得者对自己一生理论探讨和经济社会哲学研究所做的总结。

1992年3月23日，92岁的哈耶克在德国的弗莱堡去世了。15年后，2007—2009的全球金融危机突然爆发和接踵而至的世界经济衰退，打破了20世纪和21世纪之交现代西方主流经济学家那种认为人类已经认识到经济运行的自然法则因而经济危机会一去不复返的迷梦。① 更令当代西方主流经济学家头痛的是，2009年以来，尽管美国、欧盟各国和日本等发达国家的政府均采取了凯恩斯主义的宏观政策，即一方面通过多次量化宽松向各经济体内注入了大量货币、且

---

① 据克鲁格曼讲，芝加哥大学教授、1995年诺贝尔经济学纪念奖得主罗伯特·卢卡斯在2003年的美国经济学年会上所做的主题发言中，先是指出宏观经济学是"大萧条"催生出来的一门学科，然后他宣布，这门学科已经走到了告别过去、另辟天地的时刻："预防萧条的核心问题，实际上已经解决了。"克鲁格曼（转下页）

不断降低利率乃至维持一个接近于 0 的利率多年；另一方面又通过不断加大财政支出和采取赤字财政政策来刺激经济增长，但到目前为止所有西方发达国家的经济复苏仍然步履维艰。这无疑说明了传统的凯恩斯主义经济理论和经济政策的失灵。然而，从另一个角度我们也要看到，尽管几乎西方各国都大量"超发货币"，2007—2009 年全球金融危机之后西方国家中央银行已经进行了数轮"量化宽松"，广义货币也在增加，但西方各国到目前为止并没有出现以米尔顿·弗里德曼为代表的货币主义经济学理论所预言的"超发货币"必定产生的高通胀的情形，因而也没有出现 1973 年西方石油危机之后的那种"滞胀"现象（只有"停滞"）。这无疑又在另一方面宣告了货币主义的破产。更进一步的问题：现在西方世界各国经济衰退后复苏的步履维艰与路途漫漫，难道证明了米塞斯和哈耶克的货币与商业周期理论？还是意味着西方国家的经济均长期陷入了凯恩斯在《通论》中就提出的"流动性陷阱"之中？

当今世界的现实格局，世界各国的种种经济问题，均说明差不多 80 年前哈耶克与凯恩斯理论论战所涉及的问题还没有过去，他们在论战中所争辩的观点和在论战中所阐释的理论还仍然有现实意义，还在影响着各国政府现实的经济政策。人类经济社会在当代仍然**自在地**运行、发展和成长着。世界各国在不断地进行着生产、科技、金融、组织和制度的创新，尤其是互联网的广泛运用和"数字货币时代"（the era of digital money）的到来，使人类社会的诸经济体的运行尤其是银行和金融系统发生了巨大的变化。然而，这种现实世界创造出

（接上页）还进一步解释道："卢卡斯并没有说商业周期——即至少已经伴随了我们 150 年的衰退与扩张的不规则的交替——已经一去不复返了，但他确实声言，到了这个时代，商业周期已被驯服，针对商业周期的任何举措所带来的益处都会微不足道。"（引自 Krugman, 2009, p. 9）克鲁格曼还注意到，曾任美联储主席的伯南克甚至到 2004 年还声称，现代宏观经济学已经解决了商业周期问题。（同上书，pp. 9 - 10）在卢卡斯、伯南克和其他主流宏观经济家自信已经认识和掌握了人类经济体系的运行法则的时候，显然他们并没有预想到在三四年后就发生了世界性的经济大衰退。这难道不是对当代主流经济学的一个莫大的讽刺？

来的且不断演化的种种现代市场经济运行体系，迄今为止不能被研究经济体系运作的经济理论在整体上完全理解、完全解释，因而也不能完全预期其波动以及演变方向①。这又将呼唤一种什么样的经济学？人类社会在 21 世纪的经济学发展，是更需要凯恩斯？还是更需要哈耶克？

---

① 在 1996 年的诺贝尔经济学奖获奖讲演中，当代最著名的经济学家罗伯特·卢卡斯曾把哈耶克的货币与商业周期理论视作自己研究的先驱。但是，他把哈耶克与凯恩斯的理论中缺乏现代数量工具视作为时代的不足。他说："在第一节中我所引用的休谟的那段关于动态过程的话使我落入了凯恩斯的《货币论》（1930）和哈耶克的《货币理论与贸易周期》（1933）之中，这不会引起任何时代错置的感觉。……而且所有这些理论家都希望从一般均衡的角度思考问题，认为人们在做着长期最大化和跨期替代的事情。他们诉诸非均衡的动态理论只是因为他们所能利用的分析手段使他们别无选择。"卢卡斯还进一步解释道："对当代读者来说，这些对货币变化真实作用进行理论研究的智慧思想，仍会给当代读者留下深刻印象，但也清楚地表明，缺少现代数量经济学的手段，试图讨论艰深的动态问题是徒劳的。哈耶克、凯恩斯及其同时代的人很想做出种种假设，提出某种像是模型的东西，可是他们根本没有能力用自己的理论做出预期。"但在 2008—2009 年全球金融风暴后的今天，难道我们认为像卢卡斯这样具有极高深数学分析工具（现在连一些数学家和物理学家都对经济学家高深的数学水平赞叹不已！）的当代经济学家们就能为现实经济的运作做出正确的预测吗？

第三篇

货币：历史、现在与未来

人们似乎不大容易看清他们手中货币的真实面目：它不过是一种交易的媒介，本身并没有什么重要的意义，只是不断地从一个人的手中流到另外一个人手中，流转来流转去，被不断地收进来，又被分散出去。最后，当它完成了自己的任务后，就从一国财富中消失不见了。

——约翰·梅纳德·凯恩斯①

---

① 《货币改革论》，见 Keynes, 2013, *Collective Writings*, Vol. 4, p. 124。

10 凯恩斯经济学理论在中国的传播

"经济学愈加被认为是一种集知识整合、社会控制和精神安慰三位一体的学科。相信经济学家能够(以某种方式)控制并摆脱意识形态偏见的观点长盛不衰,质疑经济学家能够将意识形态完全剔除出去的观点也广泛存在。当前,学界已将研究重点更多放在将价值观和意识形态明晰地阐述出来,而不是将它们剔除出去,但是,在意识形态因素或其特征的识别与说明方面还存在严重的分歧。最后,关于在经济分析和经济政策中发挥重要作用的终极价值观是什么,依然众说纷纭。"

——沃伦·J. 萨缪尔斯[1]

1929—1933 年,西方世界陷入了有史以来最为严重的经济危机。面对这场突如其来的大萧条,主要西方国家纷纷放弃了原有自由市场经济的传统政策,政府开始以各种形式干预经济运行,乃至对经济实施管制。当时,在世界上出现了德国和意大利的法西斯主义统制经济和美国罗斯福新政等多种国家干预经济的形式。第二次世界大战期间,许多西方国家按照凯恩斯经济理论制定并实施了一系列国家干预经济运行的政策和措施。凯恩斯的经济理论随即在世界范围内得到广泛传播。这一时期的中国,正处在南京国民政府的统治之下。民国时期的

---

[1] "经济学中的意识形态",见 Sidney Weintraub, 1977, *Modern Economic Thought*, Chap. 23, Philadephia: University of Pennsylvania Press。中译本:〔美〕悉尼·温特劳布编,《当代经济思想》,卢欣译,北京:商务印书馆,2021 年,第 662 页。

中国经济也同样受到了世界经济大萧条的冲击。在这样的背景之下，中国的经济学家开始介绍凯恩斯的经济理论，凯恩斯的一些著作被翻译和介绍到中国。从目前来看，最早将凯恩斯的著作翻译成中文的是杭立武，他翻译的《自由放任主义的终结》（*The End of Laissez-Faire*，书名被翻译为《放任主义告终论》，凯恩斯的姓名也被译作为"坎恩斯"），1930 年由北京一家出版社出版。凯恩斯 1940 年出版的小册子《如何筹措战费》，也很快被翻译成中文，由殷锡琪和曾鲁两位译者翻译，由中国农民银行经济研究处 1941 年出版印行。在民国时期，尽管国内有许多经济学家如杨端六、卢逢清、王烈望、刘觉民、陈国庆、李权时、陈岱孙、马寅初、巫宝三、杭立武、姚庆三、林迈可、徐毓枬、滕茂桐、方显廷、李卓敏、陈振汉、钱荣堃、唐庆永、樊弘、罗蘱苏、杨叔进、胡代光、刘涤源和雍文远等学者，都用中文介绍了凯恩斯的经济学理论，包括他的货币理论和财政理论，但由于凯恩斯的货币经济学著作极其艰涩难懂，他的主要经济学著作在民国时期并没有被翻译成中文。这一时期，凯恩斯的经济学理论也受到一些中国经济学家的批评和商榷，如哈耶克的弟子、时任北京大学经济学教授的蒋硕杰以及琼·罗宾逊的弟子樊弘等等。

1978 年中国开始了市场化改革和对外开放后，人们开始解放思想，西方当代许多宏观经济学和微观经济学教科书开始引入中国，凯恩斯的名字和凯恩斯主义的经济学也在中国广为学界和社会各界所知。一些《当代经济思想史》的教科书也开始出版发行，其中凯恩斯及凯恩斯的经济学是各类教科书中讲述的一个重要部分。实际上，早在 1974 年，中国著名经济学家陈彪如教授就写过一本《什么是凯恩斯主义》（陈彪如，1974）的小册子。因为时在"文革"之中，陈彪如先生从马克思主义政治经济学的视角，对凯恩斯主义产生的背景及凯恩斯的"反动立场"进行了介绍。接着该小册子还对"虚伪透顶的'就业理论'"、凯恩斯的救治方案，以及凯恩斯主义的破产进行了论述。在极左横行的年代，陈彪如教授这样介绍乃至批判凯恩斯经济学和凯恩斯主义，是可以理解的。这本书有用的价值在于对当时西方各国的失业率、储蓄和消费占总收入的比例、收入与消费的关系、美国的资本和利润以及投资，乃至税收占美国国民收入的比例、美国的通货膨胀率、美国的直接军费开支、西方主要发达国家出口贸易，以及美国政府的财政赤字和国债的增长趋势等等，都给出了一些具体数字。由于当时的学术规范还不太严谨，以致我们今天无法知道陈彪如先生的这些数据来源何处，但至少给当时极其封闭的国人了解西方一些主要发达国家在二战后的经济运行，提供了一个了解的窗口。

在"文革"结束后，武汉大学以刘涤源教授为主的经济学说史研究团队成了中国国内研究凯恩斯和凯恩斯主义的重镇。1981年，武汉大学经济系经济学说史教研室编辑了一套五卷辑的《当代资产阶级经济学说》，其中第一辑就包含了刘涤源教授写的"宏观经济分析与凯恩斯经济学（提要）"和"凯恩斯就业理论批判"两章，中间还插了陈彪如教授翻译的一位美国经济学家狄拉德的《凯恩斯经济学》前三章。这些为20世纪80年代国内对凯恩斯经济学和凯恩斯主义的理论主张感兴趣的学人提供了一些初步的乃至框架性的理解。

接着，到1997年，在刘涤源教授的带领下，武汉大学经济系经济学说史教研室出版了五卷本的"凯恩斯主义研究丛书"。第一卷为刘涤源（1997）自己撰写的《凯恩斯经济学说评论》，第二卷为冯金华和徐长生主编（1997）的《后凯恩斯主义理论的发展》，第三卷为冯金华（1997）撰写的《新凯恩斯主义经济学》，第四卷为方福前（1997）撰写的专著《从〈货币论〉到〈通论〉：凯恩斯经济思想发展过程研究》，以及由颜鹏飞和张彬（1997）主编的《凯恩斯主义经济政策评述》。这5本学术性很强的凯恩斯经济学和凯恩斯主义经济学的研究丛书，在当时都是研究凯恩斯和凯恩斯主义经济学的重量级和最新成果。尤其是刘涤源的《凯恩斯经济学说评论》和方福前的《从〈货币论〉到〈通论〉：凯恩斯经济思想发展过程研究》，都是专门研究凯恩斯本人经济学理论的、学术功力很深的理论专著。

随后，在20世纪90年代，中国国内的学术期刊上出现了研究凯恩斯经济学和凯恩斯主义经济学的大量文章。但总体来看，对凯恩斯本人的经济学和凯恩斯主义的经济学及其政策主张，中国大陆经济学界大都持批判的态度。像方福前（1997）教授那样深入、无偏颇地研究凯恩斯本人的经济学发展过程的，到目前为止还比较少。

从凯恩斯经济学著作的翻译来看，在中文世界里，最早完成凯恩斯《通论》翻译的是徐毓枬。徐毓枬曾在剑桥大学攻读经济学博士，还亲自听过凯恩斯的课。从剑桥回国后，徐毓枬在中国的高校中讲授过凯恩斯的经济学理论。实际上，早在 1948 年徐毓枬就完成了《通论》的翻译，但经过各种波折，直到 1957 年才由三联书店出版。后来，该译本也被收入商务印书馆的汉译世界学术名著丛书（见宋智丽、邹进文，2015，第 133 页）。1999 年，高鸿业教授重译了凯恩斯的《通论》，目前是在国内引用最多和最权威的译本。2007 年南海出版社曾出版了李欣全翻译的《通论》，但在国内并不是很流行。1962年，商务印书馆出版过由蔡受百翻译的凯恩斯的《劝说集》。凯恩斯的《货币论》到 1997 年才被完整地翻译为中文，上卷的译者是何瑞英（1986 年出版），下卷则由蔡谦、范定九和王祖廉三位译者翻译，刘涤源先生则为之写了一个中译本序言，后来，这套中译本也被收入商务印书馆的汉译世界学术名著丛书。2008 年，陕西师范大学出版社出版了凯恩斯《货币论》另一个汉译本，上卷由周辉翻译，下卷由刘志军翻译（实际上错误地把凯恩斯的《通论》误译成《货币论》的下卷了——这简直令人不可思议！）。凯恩斯的《和平的经济后果》由张军和贾晓屹两位译者翻译成中文（中文版书名为《和约的经济后果》，由华夏出版社 2008 年出版——引者注）。凯恩斯的《印度的货币与金融》则由安佳翻译成中文，由商务印书馆 2013 年出版。凯恩斯的《货币改革论》这本小册子，多年一直没见到甚好的中译本，直到 2000 年，才由改革出版社出版了一套由李春荣和崔铁醴编辑翻译的《凯恩斯文集》上、下两卷，在上卷中包含凯恩斯的《货币改革论》的短篇，由王丽娜、陈丽青和李晶翻译。到 2013 年，由中国社会科学出版社重新出版了这套《凯恩斯文集》，但分为上、中、下三卷，由李春荣和崔人元主持编译。

尽管凯恩斯是 20 世纪最有影响力的经济学家，但是，由于其经济学理论尤其艰涩难懂且前后理论观点经历了一个演变和发展过程，英语语言又极其灵活和优美，加上各种各样的社会原因，到目前为止，英文版的 30 卷《凯恩斯全集》还没有被翻译成中文。鉴于这种状况，李井奎教授从 2010 年起就致力于系统地翻译凯恩斯的主要著作，先是在中国人民大学出版社翻译出版了《劝说集》（2016）、《通往繁荣之路》（2016）、《〈凡尔赛和约〉的经济后果》（2017）、《货币改革略论》（2017）。之后，李井奎教授又在复旦大学出版社翻译出版了《约翰·梅纳德·凯恩斯文集》，目前已经出版了《货币论》上、下册，还有数种凯恩斯的著作将在最近陆续出版。最近，商务印书馆也在开始系统地翻译《凯恩斯文集》，目前出版的有第 11 卷《经济学论文与信件：学术》（楚立峰译），以及第 13 卷《社会、政治和文学论文集》（严忠志译，实际上，这一卷中译本是译自剑桥大学出版社2013 年出版的《凯恩斯全集》第 28 卷）。

自 1978 年改革开放以来，中国开启了从中央计划经济向市场经济的制度转型。到目前为止，中国已经基本形成了一套独特的现代市场经济体制。在中国市场化改革的过程中，1993 年中国的国民经济核算体系已经从苏联、东欧计划经济国家采用的物质产品平衡表体系（简称 MPS）的"社会总产值"，转变为在西方成熟市场经济体制国家采用的国民经济统计体系，简称 SNA 核算，从而国内生产总值（GDP）已成了中国国民经济核算的核心指标，也就与世界各国的国民经济核算体系接轨了。随之，中国政府的宏观经济管理方式包括总需求、总供给、CPI、货币、金融、财政和汇率政策，也基本上与现代市场经济国家接轨了。这样一来，实际上指导中国整个国家的经济运行的经济理论也不再是古典政治经济学的理论和斯大林的计划经济理论了。

现代经济学理论，尤其是宏观经济学，在很大程度上可以说是由凯恩斯开创的。但是，由于一些经济学流派实际上并不认同凯恩斯的经济学理论，在国际和国内仍然常常出现一些对凯恩斯经济学的批判和商榷，尤其是凯恩斯主义经济学所主张的政府对市场经济过程的干预（实际上世界各国政府都在这样做），为一些学派的经济学家所诟病。更有甚者，一些经济学人实际上并没有认真读过凯恩斯的经济学原著，就对凯恩斯本人及其经济学理论（与各种各样的凯恩斯主义经济学有区别，英文为"Keynesian economics"）进行各种各样的批判，从而实际上在许多方面误读了凯恩斯原本的经济学理论和主张。在此情况下，系统地把凯恩斯的主要著作由英文翻译成中文，以给中文读者一个较为容易理解和可信的文本，对全面、系统和较精确地理解凯恩斯本人的经济学理论，乃至对未来中国的理论经济学的发展和经济改革的推进，都有着深远的理论与现实意义。

11 从货币的起源看货币的本质及东西方社会的不同演化路径

> 因专研货币的本质而受愚弄的人，甚至比受爱情愚弄的人还多。
>
> ——威廉·艾瓦特·格莱德斯通（William Ewart Gladstone，1892—1894 年任英国首相）

随着中国和世界各国经济越来越市场化，我们越来越生活在一个无形的货币世界之中。然而，却少有人弄清楚什么是货币，货币是如何产生的，以及货币是如何影响经济社会发展和每个人的生活的。即便是经济学博士、经济学家，或者专门教授货币经济学的教授，面对这些问题，也往往满头雾水。那么，环顾世界，谁真正弄懂了这个问题呢？

在《金融炼金术的终结：货币、银行和全球经济的未来》（Mervyn King，2016）一书中，曾任英格兰银行首席经济学家超过 25 年、任英格兰银行行长超过 10 年，并担任美国纽约大学和伦敦政治经济学院经济学教授的货币经济学家默文·金（Mervyn King）讲了这样一个故事：2011 年他访问北京期间，曾在钓鱼台国宾馆与一位中国央行高官聊天。这位央行高官直言不讳地对他说："我并不认为你们已经完全弄懂了货币和银行的运作机制。"这句话显然深深刺痛了他，他在这本书的"导言"的注脚中也悻悻地说："他不用说我也知道，中国的同行们同样也没有彻底弄清货币的本质和银行是如何运作的。"（King，2016，p. 3，p. 371）

如果连大国央行的经济学家们和行长们都尚未弄清楚货币的本质和银行的运作机制，那么世界上就很难有人敢说自己真正弄清楚了它们。

11.1　什么是货币？

11.1.1　经济学家们如何谈货币？

在经济思想史上，从英国古典哲学家约翰·洛克、大卫·休谟，古典经济学家亚当·斯密、大卫·李嘉图、卡尔·马克思，到美国经济学家欧文·费雪，英国经济学家阿瑟·庇古，再到宏观经济学的奠基人约翰·凯恩斯，以至当代货币主义大经济学家米尔顿·弗里德曼和当代主流经济学泰斗肯尼斯·约瑟夫·阿罗等，都曾对货币有过许多论述。

理解了货币的本质和货币在经济增长和市场均衡中的作用，就大致理解了经济学的基本问题。反过来，可能正是因为经济学家们在什么是货币、货币在经济运行中的作用及其与实体经济总量的关系等问题上莫衷一是，才衍生出了经济学说史上和当代经济学林林总总的门派和思想体系。

11.1.1.1　货币金属论与货币名目论

从经济思想史来看，学者一般认为，对货币本质的把握有两条思路：一是货币金属论，二是货币名目论。

"货币金属论"（mentalism）又称金属主义的货币论，强调货币的价值尺度、贮藏手段等职能，将货币与充作货币的足值金银等同为一。该理论认为，货币是一种商品，货币必须具有实质价值，其价值由贵金属的价值决定，即货币的本质是贵金属。

"货币名目论"（chartalism），又叫货币工具论，是从货币的关键职能——交换媒介和支付手段等角度认识货币。"货币名目论"将交换媒介和支付手段视为同一种功能，但实际上二者是有区别的。"货币名目论"完全否定货币的商品性和价值性，认为货币不是财富，主张货币只是一个符号，一种票证，是名目上的存在，是便利交换的技术工具。

11.1.1.2 商品货币观和货币债务起源说

新近的货币理论提出了不同的划分方法，其基本看法是货币问题不再是"金属论"与"名目论"之争，而是"商品货币观"和"货币债务起源说"之差，认为货币的本质是信用、是债，而不再把货币当成是贵金属。这样的区分是一种进步，但也存在一定问题。传统的"货币金属论"对货币本质的把握是一种"商品货币观"，认为物物交换导致货币商品作为一般等价物出现，这种观点又被称作"货币自发起源说"。目前几乎所有主流货币经济学教科书都持有此观点，这也是被亚里士多德、约翰·洛克、亚当·斯密、卡尔·马克思、约翰·穆勒、阿尔弗雷德·马歇尔、欧文·费雪、米尔顿·弗里德曼、保罗·萨缪尔森等绝大多数经济学家所认同的传统理论。

"货币名目论"起源于 13 世纪的神学家和哲学家托马斯·阿奎那（Thomas Aquinas），发展于 19 世纪苏格兰的货币经济学家亨利·迈克里奥德（Henry Dunning Macleod），他著有《货币银行学》《货币理论》等书。后来沃尔特·白芝浩（Walter Bagehot）著有《伦巴第街》，约翰·凯恩斯、约瑟夫·熊彼特、大卫·格雷伯（David Graeber）、菲力克斯·马汀（Felix Martin）等进一步发展了"货币债务起源说"。

11.1.1.3 "货币自发起源说"存在的问题

1695 年 12 月，英国新任财政大臣威廉·朗兹（William Lowndes）发表了一篇货币改革报告，约翰·洛克在评论该报告中关于"要不要铸造足够分量的银币"时曾指出："银是全世界开化地区与贸易地区所有商业活动中的工具与度量……商业活动是靠银来度量的，这也是对银的内在价值的度量。"但在现代社会，这个问题是非常复杂的，比如目前中国的广义货币多于美国，GDP 却少于美国，很难度量哪个国家的货币更多。

亚当·斯密在《国富论》第2篇第2章中讲到，货币是流通的大转轮，是商业的大工具。像贸易等其他工具一样，虽然货币是资本的一部分，并且是极有价值的一部分，但它本身不是社会收入的一部分。把收入分配给应得收入的人，固然依靠构成货币的金属块，但这些金属块本身并不是社会收入的一部分。

1776年前后，英国基本上用黄金或银铸币，纸币到19世纪才出现，这些金属块被称作"称量金"或"称量银"，但亚当·斯密认为这不是社会收入的一部分。亚当·斯密是否错了？货币是不是财富？货币只是社会财富的镜像和衡量手段吗？这些都是深不可测的问题。

在《政治经济学批判》中，卡尔·马克思指出，金银天然不是货币，但货币天然是金银。在《资本论》第1卷，卡尔·马克思认为，作为价值尺度并以自身或通过代表作为流通手段来执行职能的商品，是货币，因此，金（银）是货币。在《资本论》第1卷第3章，卡尔·马克思指出：从表面上看货币是"物"，货币形式体现的是物与物的关系，但其背后隐藏的是一定的社会生产关系。过去我们认为正确的思想，现在是否还认为是正确的？1973年后，美元与黄金脱钩，金银的价格要用美元来衡量。金银与美元，哪个才是真正的货币？今天，白银更像是一种投资品。

约翰·梅纳德·凯恩斯是货币经济学家，他一生最重要的著作是"货币三论"。近些年来读的经济学著作越多，我就越觉得凯恩斯伟大和深刻。在《货币论》的第1卷，凯恩斯提出了"债务货币观"："记账货币（money of account）是表示债务、物价与一般购买力的货币。"关于"记账货币"，凯恩斯的表述是"money of account"，他说，货币不仅仅是金是银，更是记账货币。不但在20世纪30年代是如此，到今天更是如此。从货币诞生那天起，记账货币就是一个主要的存在形式，但是在过去的教科书里，几乎都忽视了这个概念。

"记账货币是和债务以及价目单一起诞生的，债务是延期支付的契约，价目单则是购销时约定的货价。这种债务和价目单不论是用口传还是在烧制的砖块或记载的文件上做成账面目录，都只是以记账货币表示。"凯恩斯的这句话被大家忽视了。"货币本身是交割后可清付债务契约和价目契约的东西，而且是储存一般购买力的形式。"理解了记账货币，才知道什么是货币和货币的本质。甚至在古罗马时期，都还在用记账货币，只是最后清算交割的时候，零头才用现金支付，或者是用金银，或者是铜币。凯恩斯的短短三段话背后含着深刻的道理，非常值得仔细琢磨。

约瑟夫·熊彼特主要研究企业家理论、经济发展理论，资本主义、社会主义和民主，以及经济思想史，他著有《货币论》和《经济周期》等。在1939年的《货币论》中，熊彼特指出，货币的"本质"并不在于其可发现的任何外在形式，如一种商品、纸币或其他任何东西，而在于稳定地转移支撑经济交易的信用和债务。熊彼特让我们看到了货币的本质。

11.1.2 当代主流经济学家对货币的认识

对于货币到底是什么，卡尔·马克思和一些当代主流经济学家均认为"货币是一种社会关系"，而米尔顿·弗里德曼和新凯恩斯主义的明星经济学家、哈佛大学的年轻教授曼昆却认为，货币是经济中人们经常用于购买其他人的物品与劳务的一组资产。

弗里德曼和曼昆的这一界定似乎很现代、很时髦，也很到位，但如果从哲学本体论的角度去思考问题，就会发现这种定义存在很多问题。最主要的问题是，它使用了一个更难去定义的概念去定义一个本来就很复杂的概念。如果说货币是一种资产，那么什么是资产？如果不说明和弄清什么是资产，对货币的定义就没有实际内涵。对此继续思考下去，就通向路德维希·维特根斯坦（Ludwig Josef Johann Wittgenstein）、约翰·奥斯汀（John L. Austin）、吉尔伯特·赖尔（Gilbert Ryle）、彼得·斯特劳森（Peter, F. Strawson）、迈克尔·达米特（Michael Dummett）、约翰·塞尔（John Searle）、索尔·克里普克（Saul A. Kripke）等当代语言哲学家所关注的核心问题了：我们必须用词来界定词，用语言来解释语言。

19世纪英国经济学家亨利·迈克里奥德认为，货币和信用本质上是相同的，货币只是最高和最普遍的信用形式。在亨利·迈克里奥德所著的《政治经济学原理》（*Elements of Political Economy*）中，他说，货币的基本用途是衡量和记录债务，并促使它从一个人的手中转让到另一个人的手中。只要是为了这个目的，不管采取任何手段，也不管它是金、银、纸币或其他，它就是一种货币，因此，我们可以确定以下基础性概念：货币和可转让债务是可以互用的两个词；任何代表可转让债务的东西都是货币；货币可以由任何材料构成，它代表的是可转让债务，并且只代表这种东西。在"货币债务说"中，货币只代表可转让债务。

奥地利经济学派创始人卡尔·门格尔之子小卡尔·门格尔（Karl Menger）将货币视作一种社会制度（social lnstitution）。之后詹姆斯·托宾（James Tobin）把货币视作一种社会惯例（social convention）和社会制度（social institution）。他认为，"在几乎每个有记载的人类社会惯例中，均涉及货币的使用，货币是某种特定商品、价值计量符号（tokens as measures of value）和经济交易中的交换媒介；货币作为一种社会制度具有普遍性，其原因在于它能使贸易便利化"。在托宾为《新帕尔格雷夫经济学大词典》所撰写的条目中，他提出货币有三种职能：一是记账或计价单位（unit of account, or *numéraire*），二是支付手段（means of payment）或交易媒介（medium of exchange），三是价值贮藏（store of value）。

11.1.3 债务货币观：来自人类学和考古学研究证明

一些新近的考古学的证据发现，人类早期社会中根本不存在"物物交换经济"（尽管在任何社会中都存在或多或少的物物交换）。在古苏美尔人那里，有借贷关系，有利息，但还没有发现市场交易的记录（见《乌尔纳姆法典》）。在古巴比伦，《汉谟拉比法典》中有许多关于债务和支付的法律规定，明确规定了雇人需要每年给多少玉米，或者多少银两，更多是一种实物支付。当然如果被支付了银两之后，雇工又去交换其他物品，这时候，白银就有点实际意义上的"货币"了。但许多考古学的研究发现，古代社会的雇工在拿到银两之后并没有用于交换和买东西，而是把银两交存到神庙中。如果把这些银两视作某种原始货币，那么这恰恰意味着货币起源于"债"，而不是商品交换。

中国的借贷行为起源于何时？叶世昌先生在《中国金融通史》一书中指出，商周之际，尤其是周朝时期，债务与信用关系就比较紧密了。但铸币是在战国时期出现的。这也不排斥货币的债务起源说。

11.1.4 货币的本质：债务支付契约

最新的理论发现，货币源于债，本质上是一种信用和支付承诺，用现代制度经济学的话来说是一种"债务支付契约"。国家的货币发行从原初到现在实际上都是一种"欠债"关系，但货币没有一个固定的数量。从古至今，政府通过铸币和增加货币供给来扩张货币的数量，实际上是向整个社会"征税"，以及发放一种不用还款兑现的"债"。在现代商业银行制度中，商业银行内生地创造货币；在金融危机期间，随着企业的破产和银行的倒闭，货币又被大量消灭；在当代金融体系中，证券和各种金融机构又不断扩大货币的数量。

1694年英格兰银行成立后，其核心理念是把国王和王室成员的私人债务转化为国家的永久债务，以全民税收做抵押，由英格兰银行来发行基于政府债务的国家货币。这个设计把国家货币的发行和永久国债绑定在一起。要新增货币就必须增加国债，而还清国债就等于摧毁了国家货币制度。这更彰显了货币的债务本质。纸币的发行并不意味着金币和金条不再重要了，因为在当时的金本位制下，英国货币是用含金量来确定的。

货币是用来清偿债务的工具这一点，也在美国的货币制度上有所体现。例如，美元的正面写着：这张纸币是清偿所有债务的法定货币（This note is legal tender for all debts）；反面则写着：以我们相信的上帝的名义（in God We Trust），意指以上帝的名义发行，并非乱发。

从英镑、美元这两种最流行的货币中可以看出，货币是清偿债务的一种手段。

11.1.5 从货币的职能看货币的本质

我们要弄清楚什么是货币，并非易事。要把握货币的本质，需要从货币的职能来看。但是，关于货币职能的划分争论很大。卡尔·马克思在《资本论》中介绍了今天我们非常熟悉的货币的五大职能：价值尺度、流通手段、贮藏手段、支付手段和世界货币。曼昆的《经济学原理》和劳伦斯·哈里斯（Laurence Harris）的《货币理论》中划分了货币的三种职能：交换媒介、计价单位和价值贮藏。在《新帕尔格雷夫经济学大词典》里，托宾把货币的职能分为：记账和计价单位、支付手段，以及交易媒介。对比来看，不同经济学家对货币职能的理解既有差异，也有重合之处。

史学大家、哈佛大学华人讲座教授杨联陞著有《中国货币史》的小册子。在其中，他提出，货币具有两种主要职能：作为交换的媒介和作为支付的手段。有时候，这两种职能会被认为是同一种功能。但是，如果我们把第一种职能限定为商品交换的媒介，把第二种职能限定为对诸如税负之类等其他方面的支付，那么这两者之间还是可以区分的。循着中国货币史，杨联陞已经发现了区分二者的重要性，因为这两种职能不是在同等程度上发展的。

受杨联陞观点的启发，我认为可以把货币的职能分为四种：计价和记账单位、交换媒介、支付手段，以及价值贮藏。在古代社会，货币出现的时候，主要是作为支付手段，其次是作为交换媒介。

11.1.6 货币作为支付手段和交易媒介在历史上的交替作用

从大范围的世界货币制度史来看，在人类社会的远古时期，货币最多是作为一种支付手段，具体用于偿债、罚款、赠予，以及国王与大臣之间的"薪饷"支付，故有现在流行的货币债务起源说。铸币出现之后，在有限的市场经济发展阶段，货币作为交换媒介起着重要作用，以至于古典经济学家尤其是奥地利学派经济学家路德维希·冯·米塞斯相信，交换媒介是货币的唯一功能，其他功能均是从这一功能上衍生出来的。

但是，我们仔细想一下，在金融市场高度发达的现代社会中，货币在作工资发放、纳税、投资等方面起着更大的作用，而用在商品和劳务交易的比例则相对少了。由此也可以说，货币的支付手段职能占据了主导地位。一个经济体越货币化，金融和投资市场越发达，人均GDP越高，货币作为支付手段和价值贮藏的职能便越大。

11.2　从货币的起源看货币的本质

11.2.1　人类社会的最早货币起源

在《人类货币史》这本书中，大卫·欧瑞尔（David Orrell）和罗曼·克鲁帕提（Roman Chlupatý）指出，货币是人类最早的发明之一，其历史和文字的历史一样久远，而且二者密切相关。他们还认为，货币和文字都是用符号描述世界的方式，二者均为沟通工具，因而从根本上具有社会性，并且在个人与国家的关系中处于中心地位。两位作者还举例道，现存最早的文字制品是 5 000 多年前美索不达米亚地区的苏美尔社会用于记录粮食库存的泥板，因而他们认为，美索不达米亚最早的楔形文字也记录了"货币"在人类社会最早的使用。当时的"货币"，主要是"称量白银"，使用的单位是谢克尔（shekel，约为现在的 8.3 克）和迈纳（mina，约 500 克，古苏美人用 60 进制，即 1 迈纳约等于 60 谢克尔，正好等于中国的 1 斤）。

从有文字记载的早期人类社会历史来看，在公元前 3000 至公元前 2500 年间，两河流域的苏美尔人、阿卡德人相继建立了一些城市国家，这些早期国家已经有自己的首脑、长老议事会和诉讼机构，具备了国家的基本特征，并制定了管理国家和社会的法律。据历史记载，在公元前 3000 年左右，曾出现了用楔形文字记载的零星的法律规范，如禁止欺骗、偷盗等。约公元前 2113 年，乌尔纳姆（Ur-Nammu）创建了乌尔第三王朝，统一了两河流域南部，实行中央集权统治，国王集军事、行政和司法大权于一身。为了统治和管理社会的需要，乌尔纳姆国王颁布了《乌尔纳姆法典》。该法典用楔形文字写成，内容已涉及人身损害与赔偿、婚姻、家庭和继承、通奸、奴隶管理和刑罚、农业耕作，以及土地管理、赔偿和荒耕罚款等一系列法律条文规定，其中也有人类最早使用"货币"的一些记录。目前破译的破损较严重的《乌尔纳姆法典》的主要内容是对奴隶制度、婚姻、家庭、继承、刑罚等方面的规定。例如：若有人绑架了别人，应该入狱和支付 15 迈纳白银；若一个男人第一次离婚，要支付他妻子 1 迈纳白银，若第二次离婚，则应当支付 1/2 迈纳白银；强暴自己的女奴者，将被课以 5 谢克尔罚金；在打架斗殴中斩断了别人的一只脚，要赔偿 10 谢克尔白银；用铜刀切了别人的鼻子，要赔偿 2/3 迈纳白银等。

根据这些法律条文规定和文字记录，货币史学家均认为，白银应该是 4000 年前苏美尔社会的"货币"。另外从《乌尔纳姆法典》中的最后几条法律规定来看，早期的苏美尔人也用大麦（barley）来赔偿与农业有关的民事侵权行为和支付罚金。譬如，这部法典的第 28 条规定，如果一个人用水淹没了另一个人的耕地，他应该按每阿库（iku，根据现在的研究为 0.3 公顷）耕地支付 3 古尔（kur，根据现在的研究为 300 公升）的大麦来赔偿；如果一个人把一块耕地出租给了另一个人，但另一个人却不耕种，使之成为了荒地，这个人应该按每阿库耕地支付 3 古尔的大麦作为罚金。根据这两个条款，也有货币史学家认为，大麦也是早期苏美尔社会中的"货币"。

11.2.2　白银在苏美尔早期社会中主要作为支付手段来使用

从《乌尔纳姆法典》的这些规定来看，银和大麦在早期苏美尔人那里还主要作为支付手段来使用，但看不到银被作为交换媒介来使用。伊格尔顿（Catherine Eagleton）和威廉姆斯（Johnathan Williams）根据在大英博物馆存放的一些早期的泥板史料也发现，在生活在美索不达米亚地区的苏美尔人中，已经有了非常发达的借贷关系，并且神庙在借贷关系中起着非常重要的作用。

根据大英博物馆中编号为"WA82279"的早期史料，公元前1823年西巴尔城沙玛什神庙贷出的一笔款项："伊利·卡瑞达之子普足拉姆向沙玛什神借贷了381/16谢克尔的银。他将偿还沙玛什定下的利息，收获季节来临时，他得偿还白银和利息。"从这段文字记录中，我们已经看出在四千多年前的苏美尔人那里，已经有了借贷关系，而白银是主要的偿债支付手段。这也为货币的债务起源说提供了一种佐证。另外，早期世界历史和货币史的研究均发现，神庙在苏美尔社会的"货币"流通中起了一个非常重要的作用。

根据这些远古的陶筹和泥板上文字契约和法律条文的记载，欧瑞尔和克鲁帕提认为：苏美尔的"社会"体制既不依赖物物交换，也不依赖广泛流通的铸币，相反，"最好将其形容为一种以复杂的债务网络为基础、以类似临时凭证的虚拟货币为表现形式的体制……楔形文字以可交易的形式表达这种债务，我们认为它是一种实物货币，但在更严格意义上，虚拟银才是真正的货币。虚拟银好比当今大行其道的看不见、摸不着的电子货币，但在经济活动中发挥着重要作用。"（欧瑞尔、克鲁帕提，2016，《人类货币史》，中译本第16页）

从现有已经发掘和解读出来的古代苏美尔社会的陶筹、泥板和刻在岩柱上的法典中，我们知道白银在苏美尔社会中确实起到了支付、记账和债务清偿的功能。但是，在苏美尔社会中，白银是否也曾作为市场交易中的一般商品等价物？从目前的世界史前史文献中，我们还不能确认这一点。这实际上牵涉到一系列货币理论的根本性问题：货币与市场的关系如何？货币与市场商品交换是否同时产生并同时存在？货币作为一种计价标准和支付手段，是否比市场交换出现得更早？这些问题实际上牵涉到如何理解货币的本质和货币自发生成观。

在《埃什南纳法令》中，我们能发现白银作为交换媒介和计价手段在发生作用：从该法令的文字中，人们发现了白银在古代苏美尔社会中与其他物品的比价。《埃什南纳法令》的制定时间，应该在《乌尔纳姆法典》（制定时间为乌尔第三王朝创始人乌尔纳姆执政时期，约公元前 2113—前 2096 年间）与《汉谟拉比法典》（制定时间为古巴比伦国王汉谟拉比在位时期，约公元前 1792—前 1750 年）之间。据一些二手资料可知，在《埃什南纳法令》中，曾规定 1 谢克尔白银相等于 12 塞拉（sila）油、15 塞拉猪油、300 塞拉草木灰、600 塞拉盐、600 塞拉大麦等。据专家估算，1 塞拉的重量约为 1 升。从这一法令中，1 谢克尔白银可以购买 180 谢克尔铜或 360 谢克尔羊毛。一个劳工一个月的劳动报酬是 1 谢克尔白银，而租赁一辆牛车（包括牛和车夫）一整天需要花费 1/3 谢克尔白银。在乌尔纳姆王朝与汉谟拉比王朝之间，白银已经作为市场交易（包括劳动力市场的交易）的一般等价物了。也就是说，白银作为一种早期货币，其职能已经基本健全了。

11.2.3　金银在古埃及的使用情况

就目前的考古研究文献来看，埃及也使用黄金和白银作为交易手段。但是，一些研究发现，古埃及地区缺乏白银，但是努比亚（Nubia）地区富产黄金，且农业极其发达。依照曼涅托[①]的《埃及史》记载，从埃及新王国时期（公元前 1553—前 1085 年，相当于中国的商朝时期）起，金属作为流通手段开始增多，借贷关系也大为发展，一些真正的商人开始出现。但是，埃及的商品交易水平还不高，

---

　　① 曼涅托（Manetho）大约生活在公元前 3 世纪上半叶，是托勒密二世费拉德尔甫斯（Philadelphos）时期古埃及的一位大祭司，他效忠于托勒密一世（Ptolemy I，公元前 367—前 282 年）和托勒密二世（Ptolemy II，公元前 284—前 246 年），受托勒密二世的委托，用希腊文撰写了《埃及史》。然而很不幸的是，这部名为《埃及史》（Aigyptiaka）的作品没有保存下来。我们只能通过历史学家弗拉维奥·约瑟夫斯（Flavius Josephus，公元 37—110 年）摘出的两个片段来了解它。

物物交换依然比较普遍。神庙、贵族、王室还占有大量地产和金属，经济极度封闭，对外贸易被国家控制。这一时期的古代文献中经常提到金属的标准重量：德本，以及它的十分之一——凯特。根据古文献记载，在埃及新王朝时期，金属被当作货币，或直接交易，或在物物交易中用于会计记录。"新王国时期的一份文件记录了警察阿曼莫购买了劳动者泊那姆的一头价值 50 德本（约 4.55 千克）铜的公牛，但实际上只支付了 5 德本铜，余额用各种以德本铜为单位标记的商品相抵——肉（30 德本）、油（5 德本）和衣服（10 德本）相抵。"（Eagleton & Williams，2007，pp. 20 - 21）

11.2.4 远古时期金银的支付、交易职能

在古代苏美尔社会中，白银很早便具有了被借贷、租赁和政府罚款的支付功能，有 4000—5000 年的历史，但白银作为一种市场交易媒介却要晚得多，至少要晚 500—1000 年。早期远古人类文献确实说明了"货币起源于债"，即银或金先是用于支付债务，然后才被用于做市场交换的媒介。

由此我们也可以认为，货币的"支付手段"与"交换媒介"职能是可以分离的。但是，货币一旦作为支付手段流行开了，就能很快作为"交换媒介"发生作用。问题是，任何物品只有具有这两种职能才能算是"货币"吗？还是说，只要具备一种职能就是"货币"了？

11.2.5 中国古代夏商周时期的货币

中国钱币史家一般认为，中国古代以贝作货币，最早始于夏代。其根据是，早在公元前 80 年前后出现的《盐铁论·错币篇》中，就有"夏后以玄贝，周人以紫石，后世或金钱刀布"之说。在《汉书·食货志》中，班固曾说："货谓布、帛可衣，及金、刀、龟、贝所分财、布利，通有无也。"在许慎的《说文解字》中，也有"货贝而宝龟"之说。

另外，从中国古代的文字结构来看，凡与价值有关的字，大都带

有"贝"的偏旁部首，或者说是由贝（繁体为"貝"）字演化而来。在许慎的《说文解字》中，属于买卖（这里"買賣"都含"貝"）的，有"賒、貰（出赁、出借、赊欠）、贅、質、買、販、賣、貴、賤、購"等字；属于赏赐的，有"賀、貢、賚（临别时赠送的财物）……賂、贈、賞、賜、賚"等字；属于钱货的有"賄、財、貨、資、賑"等。从中国古文字的使用中，我们可以看出，几乎所有描述市场交易手段，以及社会生活中与支付和买卖活动有关的字，都有"贝"的偏旁。这也充分说明"贝"在中国古代社会确实被用作我们今天理解的赠赐、债务支付，以及商品买卖、财产转让和租赁支付中所用的"货币"了。

从文字结构和词源上看，记述中国古代的王和贵族大臣之间支付手段和交易媒介的活动多与贝有关，以致中国的象形文字中用于支付手段和交易媒介的文字都带有"贝"旁。此外，从中国远古文献典籍中也可大量发现。当时人们把各种贝视作一种财富或财富的代表，储藏更多的贝变成了人们积累财富的象征。许多货币史家通过研究发现，到殷商时期，贝作为货币已经成为人们追求财富的象征。譬如，《尚书·盘庚》就曾记载盘庚谴责贵族大臣贪恋货币财富："兹于有乱政同位，具乃贝玉。"《尚书·孔传》中也有记载："此我有治政之臣，同位于父祖，不念尽忠，但念贝玉而已，言其贪。"

正是因为从夏到商周时期人们把贝视作为一种财富的代表（价值贮藏）和支付手段，所以 20 世纪 20 年代在中原各地发掘的大量殷商墓葬中，发现大量贝币。譬如，在 1960 年之后才发现并发掘的洛阳盆地东部偃师市境内二里头夏商文化遗址中，出土的器物有铜器、陶器、玉器、象牙器、骨器、漆器、石器、蚌器，其中就有贝。在之前之后各地发掘的商周墓葬中，均发现有大量的各种海贝、骨贝、石贝、铜贝，甚至金贝。譬如，1928 年在河南安阳的殷墟中就曾发掘出 96 枚贝。之后，1976 年在安阳小屯村发掘的被确认为是商朝王室"妇好"的墓葬中，竟有 6 880 枚海贝。还有人统计，从 1969 年到 1977 年，在安阳殷墟西区发掘出的 939 座殷商墓葬中，其中 342 座有殉贝，总数达 2 459 枚。这说明各种贝在殷商时期已经非常流通，并被殷商人视为财富的代表。

尽管如此，古钱币学家对夏、商、周时期的贝是不是被用作市场交易中的货币，或者何时各种贝被作为货币来使用，还存疑甚多。譬如，在《中国货币史》中，彭信威指出："在古代赐锡品种，最常见的无过于贝。这种贝是不是货币，若是货币，从什么时候其变成货币，无法加以断定。""贝和中国人发生关系很早，早在新石器时代的初期，便已经有贝的使用，相当于传说中的夏代。但夏代使用贝，并不是说夏代就有了货币。自贝的使用到它变成货币，应当有一个相当长的时间上的距离。因为货币的产生要以商品生产为前提……"（彭信威，2017，第 9 页）最近几年，姚朔民教授及其研究团队，经过多年的研究和考察，明确认为中国古代商周时期的贝还不能说是货币（姚朔民，2018）。澳门大学的杨斌教授，经过 20 多年的深入研究，运用了大量的中外史实说明，尽管在南亚各国，包括印度、孟加拉国、泰国、缅甸、西非乃至元代时期的滇国（云南）等国家和地区均实行过贝币制度，但先秦时期中国的贝还不是货币（杨斌，2021）。另外，台湾"中央研究院"的学者李永迪，中国钱币博物馆馆长的周卫荣研究员[①]，也都认为中国商周时期的各种贝还不是货币。

于是，这里就产生了一个经济学问题：到底什么是货币？是否一种物品具备了价值贮藏和支付功能就可以被当作货币？还是一种物品必须成为市场交易媒介和计价标准后才能真正成为货币？

根据一些货币史学家的研究，到了西周时期，除了各种贝之外，青铜也被用作称量货币，甚至有些古代传世文献显示，商代已经有钱币。如《史记·殷本纪》中就有纣王"厚赋税以实鹿台之钱，而盈钜桥之粟"之说。《周书》中也有周武王灭商后"发鹿台之钱，散钜桥

---

① 2018 年 9 月 7 日，在西宁召开的中国钱币学会学术年会的主旨报告中，周卫荣馆长提出，先秦时期海贝的基本功能是祭品、饰品，也是礼品和财富，它在特定时空下可以用作货币，但它不是专门的货币，可称"原始货币"。（见《中国钱币》2018 年第 5 期第 79 页）

之粟"的说法。但是，从目前的考古发现来看，还没见到任何商代的钱币。西周时期用称量铜作支付手段，已经在被大量发掘出来的钟鼎铭文上有所记载。由于那时古人还很难区分铜与金，在古代青铜器的铭文中，以及先秦和晚期的一些传世文献中，把红铜称作赤金，把银称作白金，黄金和铜有时都被称作金。到战国时期，黄金和铜才有了明确的区分。据中国钱币学家的考证，到了西周时期，王对大臣的赏赐、罚金赎罪、征收贡金，几乎都用称量金属货币了。而且金属货币（主要是铜）也成了战争掠夺的重要对象，即古文中所出现的"孚金"。

到西周时期，除了各种贝被用作支付手段，金、银等贵金属和铜等贱金属，也开始被赋予赏赐和罚金的货币对象性。《尚书·禹贡》中记载了荆扬二周"厥贡惟金三品"，即金、银、铜。《史记·平准书》中就有"虞夏之币，仅为三品，或黄或白或赤，或钱或布或龟贝"。

中国最早何时将金、银、铜作为货币，目前我们还不能完全考证出来。但是到西周时期，人们已经大量用称量金、银、铜作为赏赐和罚金，这是有大量记载的。这说明西周时期已经开始用称量贵金属和贱金属作为支付手段和价值贮藏了，并且同时期，以贵金属金银和贱金属铜作为计量单位的情况也大量出现了。但是到目前为止，我们还无法从出土文献中找到商周时期用称量铜或铜饼做市场"交换媒介"的记录。

从中国夏商周时期出土的墓葬文物和青铜器的铭文中，也可以看出中国古代无论是"贝币"，还是"称量青铜"，多作为支付手段来使用，而不是作为交换媒介来使用。在一些之后的传世文献中，出现了夏商周时期的市场贸易，但多是理论推测，且主要在讲"物物交换"。

在《法理学讲义》中，亚当·斯密说："货币有两种用途，一为还债，一为购物。"（见《亚当·斯密全集》，第6卷第208页）斯密简单平实的这句话，道出了任何社会的货币的本质。货币，不管是以金银块、金银铸币、铜铸币、纸币的形式出现，还是以现在的电脑数字存在，一旦被创造出来，一是用于支付（国王和政府支付官吏和行政勤杂人员的薪酬，军饷可被视作国王和政府为服务而支付的劳务"欠债"）人们之间的债务；二是用于物品和劳务交换。

但是可惜的是，在当代经济学中，货币的还债（支付手段）的功能被绝大多数经济学家忽视和遗忘，只把货币当作购物的一种手段（交换媒介）了。

11.3 从货币制度的差异看东西方社会的不同演化路径

世界上最早的铸币在公元前 600 年左右，相继在吕底亚（Lydia）和伊奥尼亚（Ionia）（今土耳其境内）、希腊、罗马出现，但债务危机均在铸币之前就出现了。在印度，公元前 6 世纪，银块被刻上官方的标志，后摩揭陀王国出现银币和铜币，主要用于支付军饷。在中国，春秋战国期间出现金属铸币，如"镒"、布币、刀币、环币和蚁鼻钱，中国有可能是最早出现金属铸币的国家。

苏格拉底、释迦牟尼和孔子轴心时代出现的货币都主要用于支付军饷，主要是"军事—铸币合成体"而不是"辅助交易"。但亚里士多德和约翰·洛克的"商品货币"或言"物物交换自发产生货币说"一直延续到今天。

罗马时期主要使用金币，但货币的存在形式主要是记账式债务货币或信用货币。后来的法兰克王国也基本上都是信用货币，只有少量铸币。

中世纪，越来越多欧洲的黄金、白银存放在教堂，货币也采用虚拟货币的形式（支票、符木和纸币的形式）。12—13 世纪，威尼斯、热那亚和佛罗伦萨等城市国家几乎全都采取"记账货币"。

随着地理大发现的出现，美洲的黄金、白银流入欧洲大陆，欧洲开始脱离"虚拟货币"和"信用记账货币"，再度使用金属块货币，这一点被约翰·洛克和亚当·斯密看到了，出现了"商品货币观"，后演化为卡尔·马克思的"金银天然不是货币，但货币天然是金银"之说。

尽管在人类社会漫长的历史中，货币的主要存在形式是铸币，但是，稍有一点人类社会铸币史知识的人都会发现，西方社会中的铸币从一开始到 20 世纪初，主要是金铸币或/和银铸币。从 15 世纪末开始，随着中欧铜产量的激增，在 16 世纪尤其是 17 世纪，在西班牙、法国和德国出现过一段时期的铜铸币。但整体而言，即使在这段时期，金币和银币并没有退出欧洲舞台，它们仍是基准金属货币，尤其是作为流通记账货币的基础。反观中国的货币史，会发现它与西亚、北非和欧洲的古代国家的货币史有很多不同之处。在中国这个有着自己独立社会发展演变路径的封闭皇权专制国家里，主要采用的是铜铸币，辅有一些铁币、纸币和其他金属货币。尽管从五代时期起，白银在中国就被用于支付手段，尤其是到明代中后期，白银被用作称量货币，但直到 1793 年（乾隆五十八年），清廷宝藏局才根据中央户部颁发的钱式铸造了"乾隆宝藏"银币，中国真正的银币出现了。其后，依次有"嘉庆宝藏"银币、"道光宝藏"银币，但这种银币只限于在西藏发行使用，数量不多。到了 1884 年（光绪十年），吉林机器局率先铸造出了我国第一套机制银币——"吉林厂平"银币。

从表面上看，西方以及世界其他国家和地区的铸币主要是金银铸币，它们只有在较短时期内实行过铜铸币，且铜币主要是辅币；而中国则在两千多年的历史中主要采用铜铸币。宋元以后，中国实行了一段时期的纸币和称量金银货币（主要是白银，按千家驹、郭彦岗二位中国货币史家的研究，中国历史上王朝更替频繁，货币制度混乱，用以制造货币的币材曾达二十多种，见《中国货币演变史》，2014 年版，第 242 - 245 页），但在货币制度方面，中国与世界上其他国家有着根本的制度差别。中国和西方各国不同的货币制度，也反映出了历史上中国与西方各国不同的社会制度演化路径。进入 20 世纪后，世界各国的货币制度才大致趋同。

为什么中国历史上的皇帝不像西方的国王、君主一样铸造金银币？在货币史和经济史学界有一种观点认为，这主要是因为古代中国是一个缺少金银的国家，而铜的储量比较丰富，且铜的开采和冶炼铸造技术发展得比较早。现在看来这一说法并不完全成立。理由有两个：首先，尽管古代美索不达米亚、西亚的吕底亚王国、意大利半岛、古罗马、拜占庭帝国，乃至后来的东欧地区很早发现金矿，但是按照美国金融史学家彼得·L.伯恩斯坦（Peter L. Bernstein）在《黄金简史》中的研究，欧洲本身的金银产量并不多，"欧洲经过3000年的发展，到公元1500年，欧洲境内以各种形式——铸币、贮藏品和各种装饰——保有的全部黄金数量可以用一个2立方米的体积来容下"。但这并没有影响古代吕底亚王国、希腊一些城邦国、古罗马、马其顿王国、拜占庭帝国，以及一些欧洲其他国家采用金铸币或银铸币。

反过来看，按照中国的典籍和史书记载，中国古代王朝并不缺少黄金和白银。譬如，据千家驹、郭彦岗的研究，"单就《汉书》中记载的赐金数九十万斤，折合今天276 335公斤，即276吨强"。他们还估计，汉武帝时，全国有金百万斤，皇室藏50万斤。到东汉时期，社会黄金贮藏量也不少，如董卓死后，其郿坞居所中有黄金两三万斤，白银八九万斤；王莽库藏的黄金高达60万斤。（千家驹、郭彦岗，2014，第116–119页）

彭信威先生也曾对公元前后西汉和罗马帝国的黄金财富进行了估算，他认为，罗马帝国的黄金储量大致只有179 100公斤，显然没有中国两汉时期的黄金储量多（彭信威，前引书，第108页）。因此，不能说中国因缺少金银而没有铸造用于流通手段和支付手段的金币和银币。彭信威先生还追问道：为什么在盛用黄金的西汉不铸造金币呢？他好像没给出答案，但他认为至少是不能用当时的币制混乱来解释的。

现在看来，与其问为什么中国古代历代王朝没有铸造用于市场商品交易流通和支付的金币和银币，不如反过来问，从秦半两、汉五铢钱，到唐代至晚清的通宝钱，为什么中国基本上都采用铜铸币？这与中国独特的社会制度有关。从秦汉开始，中国就形成了皇权专制一体的大一统国家制度。在这种传统专制社会中，奉行的是"普天之下莫非王土，率土之滨莫非王臣"的无刚性私产制度。个人的私有产权制度在传统中国没有完全形成，人们也没有形成个人权利意识。再加上从秦汉王朝到晚清，中国历朝历代实行重农抑商的基本国策，数千年来，中国基本上是一个市场贸易相对较少的自然经济体。

这反映在了中国历朝历代的货币制度上。虽然可以认为货币源于商品交易和债务支付，但它实际上成为皇帝和政府为有限发展经济、富强国家而采用的一种工具和手段。故从春秋各国的铜铸币，到秦始皇统一中国货币秦半两，再到西汉时期的五铢钱制和唐帝国开始的通宝铸币，铸币权全被垄断在国家手中，皇帝屡屡禁止（甚至通过杀戮和处极刑的方式）民间私铸货币。这是中国古代经济学思想中的"货币国定论"的起因。

由此看来，在两三千年的历史中，中国历朝历代的铜铸币与其说是用作商品和贸易的交易媒介、支付手段以及债务清偿手段，不如说是皇帝和官府为维持王朝运作的一种工具。

从东西方货币制度史的大范围比较来看，不管是在最早的西亚、希腊、罗马，还是自秦代以后的中国，货币被铸造出来，首先用于发放朝廷大臣、官吏和工匠佣人的俸禄、酬劳以及将军和士兵的军饷，在这些"吃皇粮的人"领得官俸后，再从市场上购买各自所需的物品，从而把货币投入市场流通，让民间进行有限的商品交易。农民通过将农产品拿到市场上换得货币，也部分参与了货币流通。朝廷再以税收的方式把部分货币回收，然后再通过俸禄、军饷和实物花费流向市场，完成一轮又一轮的货币循环。

若遇战争，朝廷会屡屡通过新增铸币和通货贬值来对全社会进行财富搜刮。由此看来，在中国历朝历代中，市场贸易和商品交换只是货币流通的部分环节。货币的主要功能是皇帝官府用以维持社会运作及从民间汲取生存物资。

既然货币的本质是皇帝和政府从民间汲取生存物资和财富的工具和手段，那为什么西方还要用被认为具有稀缺价值的贵金属来做铸币呢？为什么不用相对不稀缺、铸造和发行成本较低的"法定铜铸币"

来做货币？因为铸币成本与货币标量值之间的差额越大，朝廷和官府从中攫取的"铸币税"就越多。这应该是历朝历代采取铜铸币的主要原因。归根结底，在中国数千年历史上，皇权不受约束，个人没有法律保护的权利，刚性的私有财产制度没有形成，市场贸易非常有限，在这样的传统社会中，用铜铸币是必然的制度选择后果。

反过来看，在西方和世界其他文明中，尽管从表面上看，君王和军事首领也一样通过金属铸币来支持皇室开销、营建宫殿城堡、发放官员的俸禄和军饷，但是，由于一开始君王们就用有其"真实内在价值"的黄金和白银等贵金属铸造货币，他们对民间的掠夺实际上是有限的（而不像在中国皇权专制政府中，掠夺完全取决于皇帝和官府的意志），甚至可以在一定时期看成是一种"交易"和交换：我为你服务，提供给你商品和财物，你就要给我足值的货币。这本身就意味着皇帝和政府的权力是有限的，也存在真正意义上的财产和个人劳动能力私有制。这才是中国古代社会的货币制度与西方国家的货币制度的本质区别。从这个意义上来理解人类社会的货币现象，我们就能发现一个现有经济学理论和货币理论的"缺环"：货币本身不仅仅是一种市场商品交易的一般等价物和流通手段，而且是任何一个国家的国王和政府与民间市场进行"交易"的工具和手段，是皇帝与臣民、国家与社会博弈的一种产物、一种工具。从这个意义上看，明代中后期以称量白银做货币，以铜铸币做辅币，实际上是民间富商、百姓与皇室政府之间的货币选择博弈，是对抗朝廷官府不受限制的权力和任意攫取掠夺社会财富的制度均衡。

从这个角度来看，不管是货币债务起源说，还是货币物物交换自发产生说，似乎都不是太重要的问题。货币是在有市场交易的社会阶段中的一种商品和劳务交换的媒介，一种支付信用和手段，也是完成人类经济社会运作的制度构建。

不同的是，西方用黄金和白银做货币，其稀缺和内蕴价值本身就是对君主和政府从民间任意攫取财富的一种限制，而古代中国的货币制度，皇帝和政府强制用法定铜币做铸币，实际上与纸币一样是一种

"fiat money"（中文通常译为"法币"，英文原意为由朝廷和政府强制推行的一种货币），只不过一个是纸质，一个是不易损坏和易保留的金属铜，后者的铸造成本更高一点而已。由此我们可以认为，中国的货币制度，从春秋战国铸币开始，就是一种带着皇帝与政府意志和命令的"fiat money"。

最后，不管世界各国和各地区的货币的起源如何，无论是用贝壳、大石轮、牛羊、布帛，还是金银、铜铁、铸币或纸币，到了现代社会，世界各国的货币制度和货币创造机制正在趋同。人类社会正在从近代的金本位制、金银复本位制、纸币制度向无锚的电子数字货币制度演进，而这种无锚的电子货币也正在向货币的本质回归，即作为清偿债务和完成物品、劳务交易的记账工具。

但是，在任何社会中，作为记账工具的货币都不是一个常量，而是一个由皇室、政府、造币局、央行、商业银行乃至个人（如已被美国联邦法院判决是一种合法货币的比特币的创造者）所能创造的变动不居的量。货币量的变动不居，又在社会经济运作中以通货膨胀与紧缩，乃至经济繁荣和萧条的外在形式反映出来。没有货币，人类就没有市场交易、经济运行、科技进步和社会组织运作。

进入文明社会后，人类所有国家和社会均离不开货币，但到目前为止，世界各国还均处于货币的困惑之中。这是人类社会的一个现实，也是人类存在的一个悖论。

12 货币制度的演变与世界经济新变局

经常有人这样告诫我们：要想对货币问题进行科学的处理是不可能的，因为银行界从智识上也没有能力理解它自身的问题。如果真是如此，它们所支撑的社会秩序就会衰败。但是，我却不这么认为。我们所缺乏的，是对真实的情况做出一番清晰的分析，而不是理解既有理论分析的能力。如果目前在很多地方发展出来的这种新思想的确正确无误，那么我并不怀疑它们迟早会大行于天下。

——约翰·梅纳德·凯恩斯[1]

12.1 引言

20世纪70年代以降，随着互联网和移动互联网的迅猛发展和迅速普及，世界各国的货币制度发生了很大变化，人们的生产、消费和交往方式，乃至人们对社会财富的追逐行为，都在发生一些潜移默化的变化，各国的经济表现也产生了巨大差异。这些变化是巨大的，但也是渐进的，以致许多经济学家和社会科学家对此还没有完全反应过来，还在自己已有理论知识框架中解释世界经济的变局和各国的经济增长。近几年，由美国两家著名大学出版社出版了三本经济学著作，提出了许多新的理论洞见和观点。把这三本书合起来读，可以得出一

---

[1] 《货币改革论》序言，见 Keynes, 2013, *Collective Writings*, Vol. 4, p. xiv.

幅网络信息时代世界经济变局的现实理论图景。

这三本书分别是：2016 年由美国普林斯顿大学出版社出版的哈佛大学经济学教授、曾任国际货币基金组织首席经济学家的肯尼斯·S. 罗格夫（Kenneth S. Rogoff）的著作 *The Curse of Cash*（《纸币的诅咒》），该社于 2018 年出版的两位英国经济学家乔纳森·哈斯克尔（Jonathan Haskel）和斯蒂安·韦斯特莱克（Stian Westlake）合著的著作 *Capitalism without Capital: The Rise of the Intangible Economy*，以及 2016 年由耶鲁大学出版社出版的穆哈默德·埃尔-埃里安（Mohamed A. El-Erian）所撰写的 *The Only Game in Town: Central Bank, Instability, and Avoiding the Next Collapse*（《城中唯一的游戏：中央银行、不稳定以及避免下次崩溃》）。这三本书目前都有中译本，但是可惜的是三本书的中译本书名都被翻译得不当。如果说第二本书用了原书副标题《无形经济的崛起》还可以理解的话，第一本罗格夫的书，书名被翻译成《无现金社会：货币的未来》，就叫人有点莫名其妙。第三本书名被翻译为《负利率时代：货币为什么买不到增长》，就更令人觉得不可思议了！好在这三本书在网上都有英文原文。在阅读原文的基础上，笔者把这三本书放在一起读，希望能整合出 21 世纪以来世界经济变局的一个大致清晰的理论图景。

12.2　无纸币社会即将来临？

自中国宋元时期开始，纸币在人类社会历史上已经存在一千多年了。19 世纪中期以降，英国和西方主要资本主义国家也开始实行金本位制的纸币制度，到 1929 年和 1933 年大萧条后，美国和英国等国家先后废除了金本位制，世界各国随即进入了没有任何贵金属储备支撑的纯法定纸币制度（fiat money regime）时代。尤其是 1971 年美国尼克松政府宣布美元与黄金完全脱钩后，黄金也随之失去了市场交易中货币的属性。除了工业用途和贵金属首饰外，黄金在今天主要是作为一种增值、保值和避险的资产。然而，无论是在金本位还是银本位制的时代，商业银行出现后，货币的存在形式并不完全是纸币，而在很大程度上是银行存款账户中的数字货币，即凯恩斯在《货币论》中所说的"记账货币"（money of account）。70 年代到 80 年代，在美国和一些西方国家，信用卡和银行借记卡快速普及，随后，世界上的交易开始大规模地使用信用卡、银行借记卡和电脑互联网乃至移动网络进行货币支付。按照罗格夫的说法，现在全世界主要发达国家已经进入了"less-cash societies"（少现金社会），正在向"cash-less societies"（无现金社会）转变。尤其是北欧国家，已开始进入无现金社会。按照罗格夫在《纸币的诅咒》一书中图 3.8 给出的数据，到 2015 年，挪威、瑞典等国家的现金与 GDP 之比不到 2%，加拿大这一比率也只占 3.4%，英国占 4.07%，美国占 7.38%；中国占 9.34%。之前也看到过一些数据，到 2015 年左右，西方发达国家 M0 占广义货币（M2，M3，甚至 M4）的比重平均都不到 5%，当然在北欧国家这一比率更低。实际上，现金存量与 GDP 之比这一指标并不能完全反映纸币现钞交易在当今世界各国交易中的实际运用。因为无论在西方发达国家，还是在中国，大量大面额的现金钞票都不知道被人们贮存到什么地方去了，并且不管人们在现实生活中进行实物和劳务消费（如购物、旅游和住宿等），还是在商业支付和国际贸易中，都是通过信用卡、银行卡、智能手机和银行转账支付来完成的。无论是在欧洲（尤其是在北欧国家）还是美国，到处都看到人们使用现金纸钞越来越少了。到 21 世纪后，中国也迅速进入了"less-cash societies"（少现金社会）阶段，并正在迅速向"cash-less societies"（无现金社会）的银行账户数字货币制度转变。1979 年中国银行广州分行发行了我国的第一张信用卡。2001 年，中国银行卡联网通用进入深度发展阶段，由此可认为 2000 年后中国也逐渐进入银行数字记账货币时代。2003 年 10 月 15 日支付宝开始在中国上线，2014 年出现了微信支付。现在公众所需的纸币越来越少，M0 即现钞在广义货币和 GDP 中所占比率越来越小。截至 2020 年 10 月，中国的 M0 只有 8.1 万亿元左右，占 215 万亿元广义货币量的比例仅为 3.8%，占

GDP 比例降到了 8% 以下。尤其是从 2020 年 10 月起，中国央行开始在世界上首先推出数字人民币（DC/EP，其中 DC 为 Digital Currency 的缩写，即数字货币；而 EP 是 Electronic Payment，意指电子支付），未来中国的货币非纸币化进程将会加速，并将领先其他国家。

尽管世界各国均在过去几十年中出现了用纸币交易减少的大趋势，但格罗夫还是指出："如果有人认为，借记卡、手机支付以及虚拟货币的发展，正在逐步淘汰现金的使用，那就大错特错了。过去 20 年里，多数发达国家对纸币的需求在稳步上升。"（Rogoff, 2018, p. 3）罗格夫发现，尽管从大趋势上看，随着科学技术的进步和互联网的发展，纸币会减少，从而进入少现金社会乃至无现金社会，但在美国、日本和欧洲共同体国家，目前人们还存有大量现金，且近几年现金与 GDP 的比率在主要发达国家均出现回升的趋势。譬如，按照罗格夫在《现金的诅咒》后记中的数据更新，到 2016 年底，美国流通中的现金已经从 2015 年的人均 4 200 美元上升到 4 400 美元，现金与 GDP 的比率也从 2015 年的 7.4% 升至 7.9%（如果考虑 2020 年新冠疫情暴发后美联储迅速超发货币，尤其是大量印发美元现钞，这个数字更加恐怖。到 2020 年 11 月，美国的 M0 即流通中的现金达到 5.093 万亿美元，人均按 2019 年年底美国人口和 GDP 计算，也迅速回升到 15 433 美元，与美国 GDP 之比回升到 23.8%）。在欧洲，2016 年底人均持有欧元 3 300 欧元，欧元区现金总额与 GDP 之比也回升到 10.6%。在日本，纸币总额占 GDP 的比率由 2015 年底 19.2% 升至 2016 年底的 21.2%。按 2016 年底日元兑美元的汇率计算，目前日本每个国民平均拥有现金 7 300 美元。而按照目前中国的 M0 即流通中的现金 8.1 万亿元来计算，中国的 M2 占 GDP 的比率大约为 8%，并没有多少回升；但中国人均流通中的纸钞现金为 58 909 元，按现在的汇率计算，中国的人均纸币拥有量约为 9 063 美元，比日本还高。

在《纸币的诅咒》中，罗格夫还发现两点：（1）各国的大部分现钞是以大面值纸币的形式存在，如类似 100 美元、500 欧元和 1 000 瑞士法郎；（2）各国财政部和中央银行都遵循惯例发行了大量大面值货币，但是没人真正知道这些大面值货币都到哪里去了，也不晓得都被用在什么地方（据说一个贪官赖小民，在一个自己私家的号称"超市"的别墅中就藏了两亿人民币现金），只知道很少一部分现金存放在收银机和银行的金库中。（同上）他还发现，在全部美元纸币中，约有40％—50％为境外人士所持有，这也导致"任何大面额纸币的突然废钞行为，都是一种对外美元持有者的违约行为"。（同上书，p. 182）

随着人类社会进入网络信息时代，用计算机互联网尤其是移动互联网进行货币支付和转账都非常方便和快捷，这种无现金支付又能节省纸币和少量小额金属铸币的印制和铸造成本（按照美联储的数据，生产100美元纸币的成本为12.3美分，生产1美元的纸币成本是4.9美分），（同上书，p. 81）那么为什么世界各国还要保留一定量的现金纸钞和少量小额金属铸币呢？而且更不能让人理解的是，在移动互联网迅速发展的情况下，美国、日本和欧盟各国的纸币占GDP的比率还在上升。在这本书中，罗格夫从正反两个方面讨论了纸币流通制度的坏处、好处和对废钞的反对意见。

从纸币流通的坏的方面看，罗格夫发现，到目前为止，大面额纸币占据了全球硬通货供应量的80％—90％，且大部分都是在地下经济中流通，从而助长了各国的逃税、犯罪和腐败，并且规模巨大。他还举例道，在美国，各种层面的逃税总额加起来超过GDP的3％，而在欧洲大多数国家这个比例可能更高。犯罪活动所造成的直接和间接成本可能比逃税更重要。由此，罗格夫认为，如果消除大面额货币，大部分市场交易都由银行转账和移动网络支付完成，那显然可以减少犯罪、逃税漏税和腐败献金。（同上书，p. 218）但为什么世界各国还在印制大量纸币且近些年纸币占各国GDP的比率还在上升呢？

罗格夫给出了社会上支持保留纸币的以下几点意见：首先，即使到了没有贵金属实物储备来支持的纯政府法币制度（fiat money regime）时代，纸币现金交易仍具有匿名性，可以保护个人隐私，即纸币如陀思妥耶夫斯基在《死屋手记》中所说的那样是"被铸造出来的自由"（coined liberty）。反过来，如果将来消灭了纸币，完全采用央行发出的电子数字货币（CBDC，即 Central Bank Digital Currency，如在中国已经开始试行的"DC/EP"），或完全采用银行的数字转账支付或银行存款账户内的数字形式，那就会失去货币的匿名性，理论上可以被政府行政部门和执法机构监督，乃至进行控制。可以想象，如果在社会上完全取消了纸币而采取央行的电子货币和银行的电子记账货币，那么政府完全有可能达至乔治·奥威尔（George Orwell）在小说《1984》中所描述的那样一个完全极权的控制社会。除此之外，纸币交易还不受停电和其他网络中断的影响，可以瞬间完成交易清算，又可以免受网络犯罪之害，还可以为没有银行账户的低收入群体提供交易的媒介。根据联邦存款保险公司的调查数据，到 2013 年美国有超过 8％的家庭仍然没有银行账户，超过 25％的美国成年人没有借记卡。（同上书，p. 98）除此之外，还有一个民众的用钱和花钱的习惯和习俗问题，即一些民众还是习惯用现金来支付等。

除了上述种种理由外，近些年西方发达国家，随着货币交易越来越多地通过电子媒介来完成，银行借记卡、信用卡和智能手机均是不同形式的物理载体，这是不争的事实。在这种银行记账货币的时代，对银行账户内所持有的数字货币支付负利率是完全可行的，而且自 2008—2009 年全球金融危机后，西方国家的许多央行和商业银行都这么做了。（同上书，p. 5）在新世纪这种新的货币金融制度下，如果实行负利率，那人们就会把国债变现转而持有大面额的纸币贮存起来，甚至把银行存款提取出来而存储大面额的现金纸币。这也是自 20 世纪 90 年代起，美国和日本纸币占 GDP 的比例不降反升的一个重要原因（欧盟国家则是在 21 世纪之后才开始这一比例的回升）。到了 2008 年全球金融风暴后，西方各国央行普遍大水漫灌式地猛增基础货币，且普遍进入了低利率乃至负利率的时代，随之，西方国家的非纸币化进程停滞并逆转，纸币占 GDP 的比率开始大幅回升，这就完全可以理解了。

尽管如此，罗格夫在该书中还是一开始就问："对发达国家的政府而言，逐步取消纸币（现金）和硬币，或者只保留硬币即小面额纸币的时代是否已经来临？这一看似简单的问题背后，涉及到经济、金融、哲学乃至道德等方方面面的问题。总体而论，我在本书中给出的答案为'是'。"（同上书，p. 1）罗格夫还认为，"总而言之，迈向少现金社会乃至无现金社会（尽管还没达到）似乎是势不可挡，给定充裕的时间，大部分各种各样的反对意见都很容易得到解决"。（同上书，p. 115）他还坚定地相信："尽管在可预见的未来最终会进入完全的电子货币阶段，但最好的货币制度仍然是政府发行的货币充当记账单位。"（同上书，p. 209）但是，罗格夫还是主张应该保留一些纸币，因为他相信"即使在央行发行了进入流通的数字货币之后（这可能在数十年后发生），社会将仍希望保留一种标准化的实物货币，以保护隐私并应对突发的电力故障"。（同上书，p. 186）由此看来，尽管中国央行已经开始实行数字货币（DC/EP），其他国家的央行如瑞典、南非和英国等也在考虑发行数字货币（CBDC），完全消灭纸币，估计在人类社会历史上还要经历相当长的时间。

20 世纪 80 年代以来世界各国货币制度的渐进性的演变，即从"少现金社会"向"无现金社会"的银行账户数字货币制度转变，实际上对世界各国企业的生产、居民的消费、人们对财富的追求乃至社会财富的分配都产生了重大影响，也在很大程度上改变了各国政府的宏观经济政策调控方式和手段。因此，这本书受到了美联储前主席本·伯南克的称赞："这本书引人入胜，所论述的观点也意义重大。罗格夫从历史和现实的角度出发，用大量的理论与数据来说明：经济必须摆脱纸币的禁锢。"

无论在宏观经济学还是货币理论方面，伯南克均是大家。作为连任两届（8 年）的美联储主席，伯南克经历了 2008—2009 年的全球金融危机并具体领导了美联储应对美国的经济衰退和复苏的货币政策的制定。伯南克如此称赞罗格夫的这本《纸币的诅咒》，自有他的道理。但是，人类经济社会能否最终摆脱纸币的禁锢？能否走向无纸币的货币制度时代？在何时？

就在这本书出版 4 年后，中国央行率先推出了自己的法定数字货币 DC/EP。这在人类社会的货币非纸币化方面的发展可以说是一大步。如果完全消灭了纸币，人们的货币财富都变成了手机中的电子钱包和银行账户中的数字，个人电子"钱包"中的货币，也变成"非匿名"的了。这样一来，无论从理论上，还是从技术上，手机中电子钱包里的数字货币完全无法避免被一个中央机构或商业银行随时监控用途、以至冻结甚至收回，这样一来，整个社会的市场交易也会变成在一个中央机构监督下的非匿名的了。如若将来完全消灭了纸币，货币全都变成了中央银行所发出的电子数字，人们的货币财富都变成了（对央行和商业银行来说）透明的电子钱包中的数字，这固然从理论上可以完全消灭某些私藏大量纸币的"傻贪官"，也可以基本上减少乃至杜绝企业家和个人的偷税漏税。但是，完全消灭了纸币，是否也消灭了"印出来的自由"？人类诸社会在未来是否都有可能变成小说《1984》中所描述的那种极权主义控制的社会？

尽管 2020 年美联储增发基础货币主要是靠纸币，而 2020 年美联储的资产从 2019 年的 3.8 万亿增加到 2020 年底的 7.56 万亿，这几乎扩张一倍的美联储资产主要靠增发 M0 即印纸币来完成。但是，这并没改变美国用现金和支票支付在消费者购买支付中不断下降的趋势。美联储亚特兰大分行在 2020 年所做的消费者调查非常明显地表明了这一点（见图 12.1）：

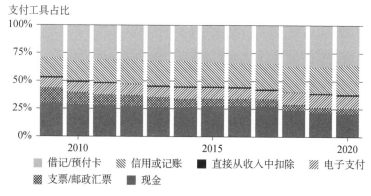

图 12.1　美国消费者购买中的支付构成及其发展趋势
资料来源：美联储亚特兰大发行，2020 年消费者支付选择调查。

12.3 央行疯狂发钞就能够救得了全世界?

就在罗格夫《纸币的诅咒》出版的同一年,美国耶鲁大学出版社出版了 *The Only Game in Town: Central Bank, Instability, and Avoiding the Next Collapse*(《城中唯一的游戏:中央银行、不稳定以及避免下次崩溃》)。作者穆哈默德·埃尔-埃里安是国际上"新常态"(new normal)一词的首创者,曾任奥巴马全球发展理事会主席、国际货币基金组织的副司长和太平洋投资管理公司首席执行官和联合首席信息官,亦曾连续 4 年被美国《外交政策》评为"全球 100 位思想家"之一。肯尼斯·罗格夫对埃尔-埃里安也熟悉,并给这本书写了推荐:"被广泛认作为全球经济趋势最敏锐的观察家之一的穆哈默德·埃尔-埃里安,因为提出现在人所共知的术语'新常态'概念而著名。五年前,他担心全球经济需要多年时间才能重回正轨。现在,他更担心的是全球经济跌入悬崖。这本书所带来的好消息是,假如政策制定者行动一致,事情可能会更好。坏消息是,那些经验丰富且有影响的从业者,并非全都相信这会发生。要想了解未来五年全球经济如何展开,这本书无疑是必读之书。"连美国政府前财长劳伦斯·萨默斯[Lawrence Henry("Larry")Summers]也大赞这本书说,"不管你同意不同意,他在这本书中提出的想法都值得思考"。

尽管这本书得到萨默斯、罗格夫乃至诺贝尔经济学奖得主迈克尔·斯宾塞这些大牌经济学家们的推荐,但读下来,你会觉得这并不是一本严肃的经济学著作。书中既没有严谨的理论逻辑推理,也没有多少数据说明,而似乎是在听作者根据自己对全球经济的观察"侃大山",从经济到政治,从历史到文化,从政府到企业,从西方发达国家到中国,想到哪里,侃到那里。但正是在这随笔式的聊天中,埃尔-埃里安不但讲出了许多深刻的洞见,而且实际上描绘了 2008—2009 年全球金融危机后当下全球经济一幅较为现实的图景。

这本书关心的是 2008—2009 年全球金融危机后世界经济的现状

和未来走向，他的话题也自然是从那场危机开始："2008—2009 年全球金融危机事实上对每一个国家、政府和家庭都产生了冲击。尽管央行已经出台了大量干预政策，也进行了转型创新，但随之而来是低速增长的'新常态'、收入不平等拉大、政府职能紊乱，以及社会紧张，等等。"（El-Erian, p. XV）。埃尔-埃里安还认为，"在我看来，全球经济正在接近一个三岔路口，更精确地说，即英国人所说的 T 字形路口。经济发展道路将很快走到尽头，与此同时将面临两种截然不同的选择：一个更好世界的物质状态或一个更糟糕的物质状态"（同上书，p. 176）。他还认为，对现在和未来几代人来说，现在的选择至关重要。

全球经济是如何走到今天这个 T 字路口的？这还得从 20 世纪末西方发达国家的低通胀、高增长且通胀和增长的波动幅度都很小而被称为"大缓和时代"（great moderation）说起。自 20 世纪 80 年代中期罗纳德·里根（Ronald Wilson Reagan）总统第二任执政起，美国和西方发达国家迎来了长达 20 多年经济波动很小的"大缓和"时期。从统计学上来看，从 1945 年到 1982 年期间，美国经济有 22% 的时间处于衰退期；但从 1982 年到 2008 年，美国只有 5% 的时间处于衰退时期，且经济波动很小。这一现象曾导致当代经济学中两大巨擘罗伯特·卢卡斯和伯南克在 2004 年先后声称，经济危机以后大致会从人类社会历史上消失。没想到他们二人这话讲了没几年，2008—2009年就发生了一场全球金融风暴，随之而来的是一场世界性的经济衰退。突如其来的全球金融风暴和经济衰退，让世界各国政府几乎全慌了手脚，纷纷推出了救市政策。但按照穆哈默德·埃尔-埃里安的看法，在应对这场全球的金融风暴和经济衰退上，实际上只有各国央行在忙乱中自个在干活："面对眼前的混乱局面以及可能到来的更为严重的后果，各国中央银行从自由放任模式转变为'不惜一切代价'的高度干预模式"；"印钞机开始超速运转，无数应急资金窗口打开，大量现金从四面八方注入金融系统；主权借贷和信用担保全面开放，公共资金直接被发放到美国主要银行和无数中小银行。""这就像你拼命往墙上扔东西一样，有什么就扔什么，并希望总有什么可以贴在上面。在经历了一个危险阶段之后，作用终于显现了。"（同上书，pp. 48 - 49）也正是考虑到由于各国央行成了应对全球金融危机的唯一玩家，于是就有了这本书的书名 *The Only Game in Town* 之说。（同上书，p. 143）

埃尔-埃里安还发现，在很长一段时间中，乃至在大多数时间里，央行都是主要且唯一负责任的经济政策的制定者。尤其是在 2008 年及其随后的时间里，"央行挺身而出来拯救全球经济，并负起了更大的政策责任"。因此，"我们都欠央行一个大大的感谢。多亏（各国）央行在金融危机期间大胆的创新行动，整个世界才免于陷入一场旷日持久的大衰退之中。在这个过程中，它们在一定程度上弥补了之前的失误，包括放任越来越多的银行、家庭和公司把一些不负责任的风险堆在他人头上。"（同上书，pp. 252 - 253）

埃尔-埃里安也发现，在 2008—2009 年全球金融危机袭来之后，央行的积极干预已成功地纠正了市场的不正常状况，平息了让全球经济陷入停滞的金融危机，其功劳是大大的。但是，之后央行干预经济的积极性并没有消失。原因在于，"它们发现，危机过后，没人可以接手将全球经济复苏带入下一段的工作。因此，它们别无选择，只好承担起了宏观经济方面前所未有的重任。"（同上书，p. 253）他也发现，这并不是各国央行执意要争夺权力，也不是各国央行真正想要的。相反，政治的失灵让其他决策者无法提供有效的工具，使央行无论从道义上还是从伦理责任上都觉得应尽自己的一份力去争取时间，让私营部门恢复元气，让政治体系重新集中起来，来承担起经济治理的职责。

然而，埃尔-埃里安发现，这场央行救世的唯一游戏越来越无效。正如他在书的序言中所引用的美国政府前财长、哈佛大学前校长萨默斯所言："在当今世界，靠中央银行的应急措施来作为增长策略的空间已经穷尽"。萨默斯的这句话，可以作为这本书的画龙点睛之笔。而萨默斯所说的这种增长策略，就是埃尔-埃里安说的"流动性辅助增长"（liquidity-assisted growth）操作模式，即"由于特殊的流动性注入而带来的金融市场的繁荣所驱动的经济增长"（同上书，p. 13）。这种流动性辅助的增长，看起来似乎神神秘秘，但实际上很简单，即各国央行从它们的魔术师帽子里掏出来的不是一只只兔子，而是不停地印钞，即拼命地进行量化宽松。所谓央行的印钞，用经济学的专业术语来说，就是扩大央行资产负债表，向实体经济投放基础货币，其主要渠道，是在二级市场购买资产，主要是购买国债、机构债券和MBS，以及少量高信用等级公司债券，等等。比如，2008年1月至2020年8月，美、欧（盟）、日、英四个经济体央行资产负债表分别扩张684.5%、326%、513.6%和987%。四大央行合计扩张资产负债表近20万亿美元。如果换成各国央行的基础货币总量，更能看出各国央行的魔术师们无中生有地从它们的魔术帽子掏出来的这一只只"肥兔"长得多快、变得多大了：1970年，全球央行的基础货币总量（央行资产规模），不到1000亿美元；1980年，这个数字大约是3500亿美元；1990年，这个数字大约是7000亿美元；2000年，这个数字大约是1.5万亿美元；2008年，这个数字变成了4万亿美元；2020年，加上中国，这个数字变成了33万亿美元。这样一算，2020年全球央行的资产（反过来也是负债）是2000年的22倍，2008年的8.25倍！这些年，各国央行都干了多大的事（且不说好事坏事），以上这些数字最能说明问题了。

各国央行从它们的魔术师帽子里掏出来的第二种有点令人吃惊的东西，不是一只只越来越大、越来越肥的鸽子，而是越来越低的利率。在货币不断宽松的背景下，各国的利率到了1%以下，乃至百分之零点几，最后竟到了负利率。曾几何时，世界各国的商业银行间还在为争夺客户存款而斗得头破血流，吸储手段五花八门，从免费赠烤面包机和各种礼品，到直接返还现金。然而，2008—2009年全球金融危机后，在美国、英国、日本、欧盟、瑞士乃至全世界，央行和商业银行似乎都不再欢迎客户存款了，而是努力阻止人们来存钱。到近几年，欧洲大量政府债券的实际交易利率比市场上的名义利率还低，乃至最后债券本身的利率都变成了负的。政府债券的负利率意味着什么呢？这实际上意味着"政府向投资者借钱，投资者却为这种借钱的机会埋单"（同上书，p.6）。

不但政府债券的利率为负的了，在欧洲，甚至商业银行的存款利息都为零，以至为负。在 2009 年 7 月，瑞典央行首次将隔夜存款利率下调至-0.25%。2012 年，丹麦央行利率破零。令许多人惊讶的是，负利率并没有给当时的金融体系带来压力。随后，欧洲央行（ECB）于 2014 年 6 月将存款利率下调至-0.1%。另外根据一家国际信用评级机构惠誉（Fitch）的数据，在此之后，其他欧洲国家和日本都选择了负利率。到 2017 年，全球就有 9.5 万亿美元的政府债务出现负收益。

面对突如其来的全球金融危机，各国央行拼命印钞，并把利率压低到零乃至负，是史无前例的。但这好像还有它们的道理。因为在各国央行都在大肆放水的当今世界，世界上似乎到处都不缺钱；而另一方面则是政府、企业和家庭负债累累。既然不缺钱，银行的钱贷不出去，那也只有降低利率了。低利率，乃至负利率，才能让负债累累的政府继续运转，让企业存活下来，让金融和银行系统不崩溃。正如应对金融危机的专家、曾任美国奥巴马政府财长的蒂莫西·盖特纳（Timothy E. Geithner）在 2014 年的一本书《压力测试：对金融危机的反思》中所说的那样："总统知道，如果不首先修复金融系统，就无法修复整个经济。银行就如经济的循环系统，像电网一样为日常的经济运行提供活力。离开一个正常运转的金融系统，任何经济都不能增长。"（转引自同上书，pp.55-56）

然而，当今世界的问题是，当银行和整个金融系统被修复好了之后，国家、地区乃至全球经济仍然停滞不前。不但如此，还出现了在这本书中所描述的 10 个经济、政治和社会问题。其中包括：第一，经济增长动力不足且不平衡，遇到了周期性、长期性和结构性的增长阻力，也就是萨默斯所说的发达国家经济进入了"长期停滞"（secular stagnation），从而埃尔-埃里安所说的"新常态"，也随之变成了国际货币基金总裁克里斯蒂娜·拉加德（Christine Lagarde）所说的"新平庸"（new mediocre）。第二，许多发达国家失业率仍然很高，如欧洲的失业率曾超过 10%（现在仍然很高，2020 年欧元区失业率的平均值为 8.3%），希腊的失业率超过 25%，青年失业率甚至超过 50%。第三，居民家庭收入和财富拥有的不平等在迅速恶化。第四，机构公信力（institutional credibility）丧失导致对政治家乃至整个"制度"（system）信任的侵蚀，民怨爆发，美联储、IMF、欧洲央行、政府乃至伯南克本人都被呼吁要被问责。第五，国家政治的失灵。在美国，两个政党之间很难就推动国家向前发展的政策达成一致。在欧洲，这个问题既存在于国家内部，也出现在国与国之间。第六，由于国家功能的失调对全球政策性协调造成了破坏，使传统的核心/外围关系变得十分脆弱，地缘政治的紧张局势逐步升级。第七，在系统性风险从银行向非银行机构转移和变形的过程中，如何占领先机，如何应对未来的问题，向监管机构提出了新的挑战。第八，当市场范式（market paradigm）发生了变化时，将不可避免地导致人们重新配置资产组合的意愿远远超过整个系统可以有序容纳的空间和范围。第九，在经济、金融、制度、地缘政治、政治和社会的不确定性面前，应该有更大的金融市场的波动。然而，自 2007—2008 年全球金融危机之后，市场的波动性一直很低，金融市场一直在持续地膨胀。另一方面，资本市场与基本面的鸿沟却越来越宽、越来越难以弥合。结果，自 2008—2009 年全球金融危机以来，各国央行增发出来的货币，并没有注入实体经济推动经济基本面的增长，各国似乎都玩起了"钱生钱"的游戏，导致全球虚拟财富像吹气球一样地迅速膨胀（这一点是埃尔-埃里安没有注意到或者是注意到并没有提出来的一个新的现象）。第十，所有这一切问题，给管理好国家、地区和全球经济体系带来了很大的阻力。

如果说埃尔-埃里安在书中所讲的以上 10 大经济社会问题，都是在 2007—2008 年全球金融危机后，特别是在央行成了全球市场游戏中的唯一玩家后，美联储和各国央行为救市（世）而拼命超发货币的经济后果，另一个根本性的和深层次的问题是几乎世界各国的政府、企业和个人家庭的债务均在迅速膨胀。埃尔-埃里安在书中对此有些讨论，但没有给予充分解释和展开讨论。照笔者看来，根本问题在于埃尔-埃里安并没有从经济学的基本理论上认识到货币在市场经济中的功能，不仅仅是辅助商品和劳务交换的一个工具，而且在很大程度上是用来清偿债务的一种手段。正是从这个意义上，多年来我自己一直相信，**一个经济体中货币的增长和扩张，与一个经济体内部债务扩张，常常是一枚硬币的两面。**也许只有在中国历史上元帝国末期朝廷及其所属各路钞库狂印纸钞导致千万倍的超级通货膨胀、德国魏玛共和国时期政府因债务货币化疯狂印钞而导致上千倍的物价上涨，以及在国民党政府于 1940 年代的战争时期狂发金圆券而导致政权垮台这样的非常时期，货币总量与债务总量的内在联系才有所背离（实际上，在这些人类社会历史上的超级通货膨胀时期，帝国朝廷和战时政府为生存之需狂印纸币来掠夺国民财富，也是剥夺民众而欠国民的债）。从这个意义上来说，2007—2008 年全球金融危机之后，各国央行毫无节制地增加基础货币，其结果之一是全球金融市场中资产价格的迅速膨胀，而这个问题的另一个面则是全球的负债率和杠杆率的迅速扩张。一些最新数据表明，自 2008 年以降，就在各国央行资产迅猛扩张、注入到经济体的基础货币越来越多时，各国的广义货币也在迅速增加，同时全球主要国家的负债率也在猛增。譬如，在 2002 年，全球的债务总量才 85 万亿美元左右，到 2020 年第 3 季度，就在这 18 年不到的时间里，全球债务总量攀升至 272 万亿美元，翻了 3.2 倍。目前全球的债务总量已相当于全球 GDP 的 360%，并且在全球的巨额负债中，仅美国和中国两国就占了其中的 40%。

尽管埃尔-埃里安在这本《城中的唯一游戏》中对全球的债务问题没给予足够的重视和讨论，但他确实在第 20 章第 3 节专门讨论了如何消除各国沉重的债务负担问题。他提出有四种方式可以用来消除过度的和持续存在的债务负担。其中，第一也是最好的一种是通过经济的高速增长来实现："这种方式允许债务人——包括国家、公司和家庭——在偿还现有债务的同时，还可以维持现有生活水平并且可以投资未来。"（同上书，p. 152）但是在萨默斯所说的全球陷入"长期停滞"的今天，这等于什么都没说，或者说至少不是一个可行的选项。第二是通过人为降低利率对债权人"征税"来补贴债务人。实际上，自 2012 年以来，西方发达国家都在这样做了——只有中国到目前为止还是个例外。第三是单方面违约。这无疑会造成经济动荡和一些不良后果，这也是任何人都不想看到的。除了上述三种消除债务的方式，世界各国债务杠杆率的猛增，也催生出了埃尔-埃里安所说的第四种消除债务负担的方式，即有序债务和债务服务减轻计划（orderly debt and debt service reduction，即 ODDSR）。对于后一种解决办法，他并没有给予充分的解释，而只是说，"在充分的增长尚无法立即实现且金融抑制又远远不够的情况下，需要利用有序债务和债务服务减轻计划来处理债务负担。"（同上书，p. 153）说了半天，好像是在绕口令，也好像什么都没说，但实际上是在说拖延债务偿还。在现实中，各国政府、央行以及商业银行处理巨额和长期债务的手段，到目前为止还只有低利率乃至实行负利率，以及让一些企业和个人违约和破产。

之后，埃尔-埃里安也开出了治愈当今世界经济 10 大问题的药方，但整体看来是大而化之的夸夸其谈，其中包括如克服认知盲点和偏见，认知多样性的推进和提高，把意识转化为可选择性、弹性和灵活性，等等。最后他指出："央行和我们自己都需要探索这个世界。在很长一段时期中，央行都主要是乃至在大多数期间里是唯一负责任的经济政策制定者，这是一个有意义的且没有被人预期到的结果。"（同上书，p. 252）同时埃尔-埃里安也认识到，"尽管许多私营部门——首先是企业和银行，其次是家庭——已经利用央行争取到的时间修复了自己的资产负债表，但是更大范围的全球经济还没有恢复到合适的增长，未来的增长潜力甚至会有下降的危险。"（同上书，pp. 254 - 255）而在另一方面，埃尔-埃里安也发现，作为城中游戏的唯一玩家，"央行发现它们自己被推到了从来未有过的更深层次的实

验性政策决策领域，且停留的时间也超出了所有人开始的预期和希望"。（同上书，p. 253）

问题是到这里还不算完。埃尔-埃里安最后发现，由于政治的失灵，各国的政府仍然无法及时应对各种经济挑战，及对各种风险充分地做出反应："世界等待这种全面响应的时间越久，之前讨论的那 10 种不同的却逐渐加强的力量就越会对稳定的和可持续的发展道路造成破坏，并且无以为继。我们正在迅速接近一个拐点，即央行发现自己的政策慢慢变得无效。随着金融波动的不断增强，最后会达至一个极限状态：当金融风险从经济的基本面的锚中分离出来之后，将无法再被人为地抑制住。到了某一天，我相信这个拐点会迅速到来，且之前会有预兆出现。"（同上书，p. 257）

如果当今世界处在这样一种局面，人们又怎么会对未来世界经济乐观得起来？不乐观，用凯恩斯经济学的术语来说就是人们的预期更差。那又怎么会进行投资来启动新一轮的增长？2020 年突如其来的新冠疫情的大暴发，又给萨默斯所说的"长期停滞"的雪上加了寒潮和飓风，导致世界经济增速急速下滑，各国的失业率大增。在此情况下，各国央行又在超前地猛发货币，远远超过 2008—2009 年全球金融风暴时的量化宽松。在各国经济增速急剧下滑到负增长和失业率急剧回升的同时，各国的债务和杠杆率又在增加。新冠疫情对全球经济的长期影响如何？各国经济增长何时才能恢复到"新常态"？目前看来这还都是些未知数。生活在这个世界里，不管你在哪个国家、哪个地区、哪个行业和哪个角落，还是紧紧地系好自己的安全带吧！

12.4　金融的扩张与遁形的资本主义

2018 年，美国普林斯顿大学出版社出版了两位英国年轻经济学家合著的著作 *Capitalism without Capital：The Rise of the Intangible Economy*（这本书书名的精确翻译是《没有资本的资本主义：无形经济的崛起》，中译本为谢欣翻译，书名采用了原书的副标题《无形经济的崛起》）。第一作者乔纳森·哈斯克尔（Jonathan Haskel）是帝国理工大学经济学教授，第二作者斯蒂安·韦斯特莱克（Stian Westlake）则是英国国家创新基金会的研究员。微软公司的创始人比尔·盖茨（Bill Gates）还专门为这本书写了序，建议更多的人去关心无形经济的崛起这个全球经济的新趋势。但是，正如比尔·盖茨在短序中所言，虽然这本书令人大开眼界，但并不适合所有人读。读者需要具有一定的经济学知识，才能知道两位作者在说什么，才能认识到他们所发现的当今世界经济中的一些经济现象是多么重要。在我看来，只有把这本书所提出的无形经济的崛起，与前面所说的两本书——即罗格夫的《纸币的诅咒》和穆哈默德·埃尔-埃里安的《城中的唯一游戏》——合起来读，方能对 21 世纪初以来世界经济的新变局有一个大致清楚的认识和理解。实际上，这本书并不仅是对 20世纪末以来西方发达国家经济变局的"特征事实"描述，也对传统的经济学理论解释提出了一些新的挑战。正如他们在导言中所言："事实上，一旦我们考虑到了现代经济中变化着的资本的性质，那么许多疑惑也就迎刃而解了。本书将探讨向无形投资的转变，这能够帮助我们认识经济领域备受关注的四个问题：长期停滞、不平等的加剧、金融体系对非金融经济的支持作用，以及经济繁荣所需的基础设施类型。在理解了这些问题之后，我们便可以看清这些经济变化对政府决策者、企业界和投资者意味着什么。"（Haskel & Westlake, 2018, p. 11）

从经济学理论的角度来看，这本书的革命性贡献在于他们提出了在传统经济学和当代各国国民经济统计中并没有注意到的一个概念，这就是无形［资产］投资。这实际上反映的是 21 世纪初以来世界经济正在发生一个新的革命性变化。自 19 世纪的欧洲工业革命和现代市场经济形成以来，各国的经济成长主要靠有形物质资本投资来实现，如纺纱机、蒸汽机、轮船、火车、铁路、汽车、飞机、现代工厂、高楼大厦、大型商场、机场码头、医院学校、高速公路乃至计算机等等有形资产的生产、建造和扩展。但是，随着计算机网络和移动互联网信息时代的来临，尤其是到了 21 世纪之后，最有价值的投资则是软件开发、电影电视、游戏、视频网站和社交媒体的开发和设立、数据库的集成、艺术创作、科技创意、研发、营销与品牌建设、新的商业模式、企业培训等等方面。于是，在他们的眼中，就有了无形投资（intangible investment）和无形经济（intangible economy）这些概念。

无形投资和无形经济都是新概念。它们非同于第三产业、服务经济、虚拟经济、数字经济等。这些概念之间的关系是什么？怎样测量？在哪些方面重合？还都是些值得研究的问题。现在看来，至少从物理性质上来看，投在实物产品生产上的投资叫有形投资（tangible investment），而投在不具备实物形态（当然总是在实物尤其是机器设备和建筑物上承载着）的无形的东西上的投资叫"无形投资"。

要弄清这两个概念，还得从各国国民生产总值统计的历史来从头说起。从经济史来看，世界各国开始计算 GDP 大致在 20 世纪 40 年代。1931 年，英国国会召集了一批专家讨论经济中的一些基本问题，认为必须对国民收入总量进行一个全面而广泛的评估。不久之后，经济学家西蒙·库兹涅茨（Simon Kuznets）被安排去发展一套统一的国民账户体系。这个体系就被认为是 GNP（国民生产总值）的原形。按照哈斯克尔和韦斯特莱克在《无形经济的崛起》中的说法，经济学家们在 20 世纪 40 年代才开始着手对各国 GDP（国内生产总值）进行测度，但在现实中一国 GDP 的计算殊为不易。首批 GDP 数据的估算便采取了支出法，原因在于支出的测度是较为容易的。国民经济统计师可以通过消费者调查和企业调查，分别获得消费支出的数据和企业投资支出的数据，而投资是 GDP 统计中的一个重要部分。在经历了二战的重创之后，各国急欲重振工业产能，故此类有形物质生产的投资颇为重要。但此时的国民经济测度体系仍将"投资"严格定位在"实体物品"的生产。按照这一体系，车企添置新型机器可以计入投资，而设计师设计新车花费的时间和精力却不能计入投资。哈斯克尔和韦斯特莱克还指出，这一体系很快受到了经济学界的质疑。奥地利

学派经济学的旗手路德维希·冯·米塞斯的学生弗里茨·马克卢普
(Fritz Machlup) 在 1962 年就出版过一本书《美国的知识生产与分
配》，提出应该将各类知识视为有价值的东西，就像机床加工和喷漆
车间一样。接着马克卢普还测度了企业在研发、营销、品牌宣传和培
训方面的支出。(同上书，pp. 37 - 38) 到 2002 年，一些美国经济学
家 (如 Carol Corrado，Dan Sichel 和 Charles Hulten) 才建立起一套框
架来统计各种无形投资和它们对 GDP 的贡献。直到 2010 年，一些美
国、英国、日本的经济学家，包括本书的作者哈斯克尔等，才对美
国、英国和日本的无形投资规模进行估算。同时，各国官方统计机构
开始关注无形投资，并将其纳入国民经济体系 (同上书，pp. 42 -
43)。根据这一动态演进，哈斯克尔和韦斯特莱克做了一个无形投资
的分类表，从中可看出哪些无形投资被列入了国民经济账户统计，哪
些还没列入。(同上书，p. 44)

在现代经济中，无形投资 (intangible investment) 和无形经济
(intangibles) 无疑已经大量存在。这并不神秘。虽然无形投资被他们
视作投资中的"暗物质"，但实际上它们在现代经济体系中已经大量
存在了。两位作者举例道，到 2006 年，微软市值已经冠居全球，市
值约 2 500 亿美元。但是从微软的资产负债表来看，企业资产估值为
700 亿美元，其中 600 亿美元为现金和各类金融工具，而微软的厂房
和设备等传统物质资产的价值仅为 30 亿美元，只占微软总资产的
4% 和市值的 1%。因此，微软的无形资产 (intangibles) 占其市值的
近 99%。由此，两位作者称微软公司为当今世界的一个经济奇迹，
代表了"没有资本的资本主义"。(同上书，pp. 4 - 5)

在这本书一开始，两位作者就指出："本书讨论了过去 40 年间发
达国家普遍存在的投资类型的变化。我们研究了投资即企业和政府为
打造未来生产能力而投入的资金。在过去，投资主要指的是实体投资
或有形投资，如机器投资、车辆投资、建筑物投资；政府投资则为基
础设施投资。如今，无形资产投资已经颇具规模，这类投资包括与知
识产品相关的投资，如软件投资、研发投资、设计投资、艺术原创投

资、市场调研投资、培训投资和新型商业流程投资，等等。"（同上书，p. 29）他们还认为，与有形资产投资相比，无形投资所形成的知识型资产（intangibles）具有 4S 的特性：更具有可扩展性（sca-lablility）、导致沉没成本（sunkenness）、出现收益外溢（spillovers），并且不同无形资产之间容易产生协同效应（synergies）。（同上书，p. 58）他们的研究还发现，到 21 世纪初，在西方发达国家，无形投资迅速上升。到 2008 年左右，在美国和欧洲国家，无形投资已经超过了有形投资。而在英国，早在 21 世纪初无形投资就超过了有形资产的投资。1999 年到 2013 年期间，在英国、芬兰、美国和瑞典等发达国家，无形投资占 GDP 的比重都超过了有形投资。（见图 12.2）

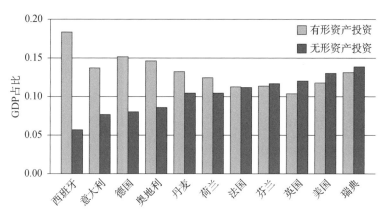

图 12.2　部分发达国家无形资产投资和有形资产投资在 GDP 中占比（1999—2013）

　　但是，两位作者也发现，尽管在西方发达国家的企业投资已经历并还将持续进行着从有形资产投资向无形资产投资的转变，但企业资产负债表和国民经济账户却远远未能反映这一变化。其原因在于，企业会计师和统计师们往往将无形支出不算作投资，而是算作日常开支。另外，由于许多无形投资变成了"沉没成本"，投资一旦失败，这些无形资产会变成零，不像有形资产那样还有建筑物和机器等有形物质可以作价处理。

最后两位作者认为，21世纪后西方发达国家无形投资的迅速扩张，带来的社会影响是巨大的，主要催生了如下四类现象：一是经济的长期停滞。由于部分无形投资未纳入投资统计，尤其是大量无形投资并没有形成有价资产，造成西方发达国家国民经济统计中投资过低的表象。尤其是在2008—2009年全球金融危机和接踵而来的经济衰退之后，西方发达国家的无形经济发展放缓，其外溢规模和扩展效应同时下降，从而导致发达国家全要素生产率增长缓慢，经济增长长期停滞。二是加剧了社会不平等。在无形投资尤其是网络知识型经济迅速崛起中，少数生产知识型产品的企业、社交平台、网络媒体公司、搜索引擎平台公司，乃至网络销售平台——像微软、Facebook、亚马逊、Google，以及中国的腾讯、淘宝、新浪、百度、抖音、拼多多等等——迅速成为市值达数百亿乃至数千亿美元的大型企业，创办这些企业的企业家也很快变成了世界超级大富豪，而大量小型创投企业则因无效率乃至破产收不回投资。这也拉大了西方发达国家收入分配和财富占有上的不平等。三是对金融体系形成挑战。债务融资不适用于资产沉没成本较高的企业，即使存活下来的企业也在股权市场上估值过低。四是对基础设施形成新的需求。无形资本更需要IT基础设施投资，同时也更需要"软性基础设施投资"，更需要企业家、民众、政府之间的协作，要求新规范和准则的创立等等。

自21世纪以来，尤其是在2008—2009年全球金融危机以来，为了应对经济衰退，美联储和西方发达国家央行拼命进行量化宽松，疯狂地向市场注入基础货币，导致各国的广义货币迅速增加；另一方面，各国政府财政赤字迅速增大，负债随之急剧增加。同时，西方发达国家的股市和债市却一片繁荣，指数上涨，总市值不断膨胀。譬如，根据一些国际组织的统计，在1970年，全球债券加股票的总市值大约在3 000亿美元以内，到1980年也在1万亿美元以内；到1990年，这个数字已经扩张到23万亿美元；2000年这个数字是64万亿美元；2010年这个数字为139万亿美元；到2020年，这个数字则高达210万亿美元，是2009年全球GDP总量87.75万亿美元的约

2.4 倍。如果考虑到 2020 年全球经济因新冠疫情的冲击而大幅度萎缩，这一倍数应该更大。

但是，自 2008 年全球金融危机以来，尽管发达国家的广义货币、政府债务、金融市场都在膨胀，但各国的投资却没有呈现出强劲的增长，经济也陷入了萨默斯所说的"长期停滞"。这一格局原因何在？美联储和各国央行创造的货币流向了哪里？发达国家金融市场的繁荣为什么没有带来投资的大幅度增长？抑或是大量无形投资没有统计出来或投资下去而没有形成固定资产？另一个非常奇特的现象是，在 2008—2009 年全球金融危机后，西方发达国家公司的负债率并不高，现存企业的资产回报率却很高，这又导致现存成功上市企业的股价一直在攀升，金融市场的总市值在膨胀。这种独特的世界经济变局，也许只能从各国央行量化宽松与发达国家无形投资所导致的无形经济的崛起来理解，才能理出一个头绪。

到这里，我们就可以将三本书所描述的西方世界新的经济现象整合起来，构筑出 21 世纪以来整个世界经济变局的一个大致图景了。20 世纪 80 年代后，西方发达国家和日本均快速进入数字记账货币时代，随后全世界各国的货币总量都开始扩张，尤其是 2008 年金融危机之后，更是如此。货币扩张的背后是政府为救助经济而导致的负债增加，央行增发基础货币也导致西方国家的金融市场繁荣，人们的虚拟财富在增加，从而导致从事金融投资和网络信息技术的成功人士的虚拟财富快速增加。但是，到了新世纪之后，随着人类社会进入互联网信息时代，西方发达国家的无形投资在增加，而有形资产投资在下降，表现为西方国家的城市面貌、道路交通，机场码头、厂房和仓库，以及城市乡村的基础设施都没有多少变化，制造业技术也没有多少进步，以致发达国家将产能转移到中国和其他发展中国家。无形投资的增加和有形资产投资的下降，也导致很大一部分企业的投资在企业和国民经济统计中体现不出来，从而产生西方发达国家投资过低的表象。即使投资统计出来了，但因大量投资失败不能转化为固定资产，也无法反映在 GDP 增长的统计指标上，从而导致当今世界西方国家经济的低增长乃至长期停滞。可能也正是在这种意义上，哈斯克尔和韦斯特莱克把他们的书名叫作《没有资本的资本主义》。但现在看来，他们选这一题目也许有误导。因为全球的资本市场仍然在膨胀，资本主义不是没有了资本，而是更多地变成了虚拟资本和金融资本，而且虚拟资本还在不断地成长和膨胀。哈斯克尔和韦斯特莱克在书中所描述的，实际上只是发达国家的物质资本投资的减少和无形经济的崛起。用传统的政治经济学的术语说，资本主义在 21 世纪并没有衰亡，而是转换了形态在各国遁形地成长。

附

录

凯恩斯在 1936 年出版的《就业、利息和货币通论》一书中论述了自己的经济学思想。这本《通论》也被认为是经济学史上最具影响力的书籍之一，是流传至今的经典，在未来也将继续影响经济学的发展。但是，翻开《通论》阅读，人们一定会困惑于他的晦涩难懂。这一点恰恰与其他经济学名著，比如亚当·斯密的《国富论》形成鲜明的对比。凯恩斯的文章以华丽的修辞手法和深邃含蓄著称，《通论》也是如此，只读一遍即可领会其全部含义的人恐怕还未出现。也正是因为《通论》难懂，凯恩斯的经济学含义及其政策意义经常被误解，有时甚至被歪曲。

——宇泽弘文①

---

　　① 《像经济学家一样思考》，李博、尹芷汐译，北京：北京联合出版公司 2022 年出版，第 90 页。

理解我们这个时代：凯恩斯视角下的中国与世界经济的前景

——2021年9月17日在复旦经济学院与张军院长和王永钦教授的讲演与对话

> 最抽象的东西是解决现实问题最有力的武器，这一悖论已完全为人们所接受了。
>
> ——阿尔弗雷德·N·怀特海（Alfred N. Wheathead，1861—1947）①

王永钦：

在新的学期里，我们开启了"中国经济对话"系列。这个系列旨在思考中国经济重大问题，引发政策的讨论，启发师生和社会各界对中国重大宏观发展问题的思考。中国经济目前处在一个非常特殊的时期，包括世界经济。今天的第一讲是："理解我们这个时代：凯恩斯视角下的中国与世界经济的前景"。

这个题目看着非常大，为什么研究凯恩斯视角下的中国与世界经济？大家知道，凯恩斯距离现在这个时代，差不多一百年。凯恩斯是宏观经济学的奠基人。他当时思考的问题，和我们这个时代面临的问题是同样的，例如：经济发展放缓、金融危机、巨大的收入差距等。在凯恩斯所处的时代，世界的货币体系、货币政策，也处于重大的转折点。凯恩斯《通论》最后一章的主题是收入差距与可持续发展的问题。一个社会如果收入差距太大了，经济发展肯定受限，因为富人的

---

① 这段话出自 Alfred N. Whitehead, 1925, *Science and Modern World*, New York: Macmillan. 转引自 M·克莱因，1953，《西方文化中的数学》，张祖贵译，上海：复旦大学出版社，2004年，第464页。

消费倾向递减，产品过剩。

大家知道，1920 年的时候，美国是镀金时代。这个镀金时代的收入差距大到惊人。昨天我看了一个数据，1920 年代，美国最富的 10% 的家庭占美国家庭收入的 40%。后来美国爆发了经济危机。大概七八十年之后的 2008 年，美国收入差距再一次达到同样的水平，又爆发了金融危机。一般来说，金融危机和杠杆是高度相关的。这个容易理解。因为收入差距大的时候，富人可以借钱给穷人，导致杠杆比较高。又过去一百年了。马克·吐温说过一句话：历史不会重演、但总会有相同的韵律。一百年之后，今天的韵律跟当年是一样的。

中国经济从 2008 年金融危机之后，发生了一系列变化，有这样几个特征：第一，中国的 GDP 增速从 2012 年之后，跌落到两位数之下。第二，2012 年的跌落是"断崖式"的下跌，不是慢慢下跌的。第三，中国的债务全面上升。中国的家庭债务从 2007 年的 4 万亿不到，到了最近的 60 万亿，主要是住房抵押贷款。大家知道，中国的住房抵押贷款涨了好几倍。第四，中国的 TFP 等度量经济增长的指标全面下降。第五，最近也有很多讨论的是，中国地区之间的差异越来越大，这就是所谓的"南北差距"。当然不仅南北差距，区域之间的差距也全面拉大。

近年来，中国面临着巨大的挑战：包括与美国的贸易战、技术上被"卡脖子"、新冠病毒全球大流行等。中国提出双循环战略，是由于国际贸易渠道在各个方面受到限制。这些问题与当年的凯恩斯面临的问题是非常相似的。

韦森老师最近几年一直研究凯恩斯，他写了一篇特别长的文章。有五六万字，来讨论凯恩斯。从凯恩斯这个主题开始，其实看似讨论的是凯恩斯，本质是讨论今天的世界。所以今天讨论分三个环节，第一个环节由张军教授先做一个开场的演讲，讲一下中国当前的一些宏观经济问题。第二个环节由韦森教授讲一些研究凯恩斯的思考，尤其是货币跟信用创造这个方面的。第三部分是一个对话，对话的时候我们看得更细一点，讨论一些更加具体的问题。由于时间关系，不占用时间了。首先欢迎张军老师做开场演讲。

张军：

这个题目是韦森教授出的。他给了两个题目，我选择了这个题目。主要的原因是在暑期里面，我读了韦森教授写的《阅读凯恩斯》这样一篇长文。我看过两本凯恩斯的传记。刚刚我问韦森教授，他说其实有好几个人写了凯恩斯传记。

我念大学的时候，也就是在 40 年前，凯恩斯在大学校园里面的影响力是非常大的。因为那个时候，我们的老师们学的都是凯恩斯的理论。所以我还记得，我很有幸在刚刚工作的时候，参加了全国的外国经济学说研究会年会。我见到了很多非常资深的经济学家。他们都是张口凯恩斯闭口凯恩斯。我记得前一段时间我去武汉大学。我就一直跟他们讲，武汉大学那个时候，他们老一代的经济学家当中，好几位是凯恩斯的学生，如刘涤源先生、费英才先生等。所以做凯恩斯研究，在 40 年前，在我们很多高校里面其实是主流。中国人民大学有一位翻译萨缪尔森经济学教科书的高鸿业教授，最近中国人民大学在纪念高教授一百岁诞辰。1980 年代高教授来复旦参加活动的时候，我到他住的复旦大学招待所（那个时候是招待所）去看他。他就跟我讲，凯恩斯的书博大精深，书里面有很重要的关于资本市场和证券市场的论述。而且那是我第一次听到他说，凯恩斯最重要的贡献就是把预期引入了经济分析当中。凯恩斯的《通论》在 1936 年出版时就谈到了预期。最近我接受"澎湃新闻"专访，稿子还没有出来。我主要谈了中国经济当前在宏观层面上面临的一个很重要的问题，就是我们的宏观政策不怎么注意市场预期的变化。我说预期就是一个"锚"。所有的宏观政策，如果你没有这个预期的话，最后这个经济滑到什么地方都不知道。所以我认为这是我们现在面临的比较大的一个问题。

我想，我们的央行肯定觉得很冤枉，怎么可能没有注意预期呢？因为每个季度，央行都向金融机构发放问卷。但是我想，我们的政策在多大程度上是基于这个市场预期的？我觉得可以打个问号。美联储有自己的预测模型。每个季度，美联储向市场主体收集接下来对经济走势的看法，随后算出这个市场预期的中位值或者均值，跟自己的模型去对照。通过观察缺口来调整宏观政策。这样做就可以稳定市场预期。

大家知道，宏观经济学从凯恩斯开始。虽然凯恩斯不一定是第一位，但我想他绝对是少数的在那一代经济学家当中，认为经济短期的这个状况很大程度上受到市场预期的支配。也就是说，这些市场主体的预期决定了经济明天怎么样，而不是政府决定明天怎么样。这点对经济的运行是非常重要的。所以预期应该成为我们宏观经济政策管理当中的一个锚。遗憾的是，我个人认为中国在这个方面没有做得很好。

我们今天还要讨论凯恩斯时代。凯恩斯时代是指什么？大家通常会回答，凯恩斯时代是 20 世纪 30 年代的那个时代，因为凯恩斯开创了对宏观经济的分析。当然，把凯恩斯经济学发扬光大的，不是凯恩斯，而是凯恩斯在美国的徒子徒孙们。凯恩斯时代到底是什么时代？我想，这个等一下我们在对话当中来讨论一下。但是有一点越来越明显，全球经济遇到一个严峻的挑战，就是需求低迷。大家知道，凯恩斯学说一个最核心的问题就是研究总需求，而现在我们的这个时代就是没有需求。

日本没有需求已经 30 年了。今天我们说佛系，我想日本的年轻人一代代就是佛系没有欲望，所以日本的经济 30 年没有进步，他们没有需求。日本央行行长当时信心满满，相信通过量化宽松应该可以刺激需求。但是事后我们看，安倍晋三首相在位这么长时间里，日本经济没有反弹。

美国经济现在面临的问题也是需求的问题，没有需求。但是想想美国经济没有需求怎么造成的？其实大家来看，美国经济这 30 年是从金融自由化开始的，从华尔街开始的。金融自由化有一个好处就是促进了全球化，因为资本是跨国流动的。但是美国经济的基本面发生了一个巨大的改变——整个社会的撕裂。过去我们学美国政治的时候，有一个很重要的模型叫作中位投票人的模型，也就是老百姓对两党的看法比较接近。所以选出来的政府其实是可以做事情的，因为国会里面两个党有很多的共识。那今天大家来看，现在的两党撕裂得很厉害，他们其实没有办法在经济的问题上达成共识。所以政府是没有办法做事情的，都看到了美国现在基础教育是很大的问题，这是不平等的根源之一，但是政府做不了事情。所以财富的巨大鸿沟，实际上是金融自由化以后，逐步地造成的，所以我想美国在战后有很好的经济发展，出现过黄金时代、美国梦。但是到了1980年代之后，其实美国经济开始走向了由金融自由化引发的结构撕裂、社会撕裂、政府撕裂这样的一个过程。这也导致美国的经济其实跟今天我们看到的欧洲和日本源头不一样，但是你看它最后的结果是一样的，需求低迷。日本人为什么没有需求，刚刚说是因为低欲望时代，其实日本是一个非常有趣的案例。你看欧洲这30年发生了什么，我想欧洲跟美国最大的不同就是欧洲的劳动力市场跟美国的结构完全不一样。阿玛蒂亚·森说，欧洲人对失业率的容忍比美国要高得多。为什么？因为它的劳动力市场。所以欧洲一直受到劳动力市场不能出清的困扰。所以我想，就像托尔斯泰说：所谓幸福的家庭都是相同的，但是不幸的家庭各有各的不幸。过去30年，其实最后都是走向这样一个结局，就是需求没有了。

在过去30年中，中国的崛起在很大程度上我觉得是一把"双刃剑"。就是它既向发达国家低收入家庭提供了廉价的商品，但是同时也提供了这样一个机会，让发达国家在过去的二三十年当中大量把它的产业外包出去，所以就出现了今天我们知道的西方发达国家的平民百姓所抱怨的这样一个问题。所以当中国经济刚刚开始崛起的时候，我们还是"世界工厂"的时候，我想，发达国家的这些家庭也许还可以享受来自于中国的实惠的、廉价的商品，有一种幸福感。但是中国今天强大了以后，我们看到，发达国家跟中国在贸易上面开始产生比较大的摩擦。这个反过来又让发达国家在经济恢复的道路上困难重重。今天我觉得这个时代，可能原因或形成过程不见得是一样的，但最后的结局其实就是这个需求慢慢地消失。我们又进入到凯恩斯时代。

所以我们要研究凯恩斯。我想，凯恩斯最关注的问题，无非就是需求的管理。需求到底从哪里来？今天在中国经济发展 40 年之后，我们也有类似的问题，当然这个问题的严重性我想远远低于发达国家。今天还需要高度关注怎么样来管理需求，管理预期。因为没有需求，没有预期，经济前景就是低迷的。

今天中国经济发生了一系列的事情。最近这一段时间的新闻令人眼花缭乱，爆雷的企业行业层出不穷。最后的结局怎么样，大家可以来讨论一下。整个市场会变得越来越悲观，我们的家庭投资者、金融机构、实体企业，他们的需求哪里来？这也是今天生产力发达以后面临的巨大的问题。所以像日本这样的发达国家就认为，因为大家都没有欲望，日本人会说其实经济不增长，对我的生活没有太大的影响。过去草坪修得比较漂亮，今天这个草坪看上去不是那么漂亮，但是也没有关系，他们还可以过上比较平稳的和富裕的生活，但是在欧美，情况不完全是这样的。美国的穷人家庭越来越多，你去观察美国穷人的状况，你就要去麦当劳肯德基这样的店，这里面去吃麦当劳和肯德基的都是穷人。所以，如果一个地方在这两个店前你要排队的话，那么这个地方的经济基本上就可以给它打一个分数，我想这个分数肯定是不及格的。

至于欧洲，大家知道今天欧洲出现的经济的问题，长期来讲其实是劳动力市场的问题。在欧洲，由于中国的崛起，还有其他新兴市场的发展，大部分的公司都开始外包它的生产，导致欧洲自己的劳动力市场不能调整，比较有黏性。黏性的劳动力市场造成了欧洲大规模的失业。欧洲的失业率长期维持在比较高的水平上。在这样的情况下，很难想象欧洲的需求来自哪里。面对这么大规模的失业情况，只能靠政府的救济。对欧洲来讲，政府的债务显然是一个非常严重的问题。所以在 2008 年金融危机以后，为什么全球的债务危机会突然转向欧洲，我想跟劳动力市场这个结构是很有关系的。

总而言之，我觉得，全球的需求在生产力高度发达的今天，其实面临着严峻的挑战，所以这个时候我们又需要从凯恩斯这个角度去思考问题。我感觉中国最近一二十年，不像我念书的时候，大学里面大家讲凯恩斯比较多。今天好像大家都在回避凯恩斯。如果经济学家队伍当中有人在讲凯恩斯，基本上会被认定这是一个左派，这是一个对改革不友好的经济学家。所以我现在都不敢讲凯恩斯，因为我不希望被贴上这样的标签。韦森教授过去讲哈耶克，应该不讲凯恩斯，不知道今天他是否已经转变成凯恩斯经济学家。我并不是认为要在需求管理这个问题上走向极端，但是必须要面对今天总需求面临的严峻挑战。这是一个现在全球比较难以解决的问题，我们要寻找未来的出路。从这个意义上来讲，我引用狄更斯在双城记里的话："这是一个光明的时代，也是一个黑暗的时代，这是一个充满希望的时代，也是一个令人绝望的时代。"谢谢大家！

王永钦：

感谢张军院长精彩的开场演讲。张老师提到一个很重要的观点就是，凯恩斯的《通论》其实是一本划时代的著作，第一次有经济学家从宏观的角度进行分析。在凯恩斯之前，主要是微观分析。宏观分析和微观分析非常不一样的地方在于，它是高屋建瓴地从上到下。你可以看到微观经济的宏观决定因素和宏观基础。我们现在投资的时候，会想其他人要不要投？现在的信息怎么样？还要考虑整个经济其他人怎么想的？这个就是协调的问题。因此，预期非常重要，这是第一个问题。

另外，张教授讲了凯恩斯的需求不足理论对于理解当前世界的意义。第一个是美国收入差距的问题，导致需求不足，凯恩斯的《通论》最后一章讲的，欧洲是由于劳动力僵化，日本也是劳动力僵化，即是不能解雇的，简单来讲的话就是美国撕裂、日本佛系、欧洲躺平了，下面请韦森老师来跟我们讲一下凯恩斯。

韦森：

首先谢谢张军院长、王永钦教授安排今天这个对话。实际上，大家知道我从1998年回国以来一直在做哈耶克和奥地利学派经济学的研究。正是因为读到哈耶克和凯恩斯论战，使我关注了货币，关注了凯恩斯。刚刚张军教授讲到了，国内现在一讲凯恩斯，好像就是左派。去年杭州开的那个奥地利学派会上，我就问一个著名经济学家读过凯恩斯的《通论》吗？他说，韦森教授，我还没有读过。我说没有读过《通论》，你就来"埋葬"凯恩斯？今天我不是讲凯恩斯已经被宏观经济学和各国政府所采纳的理论。我是讲被大家忽视的凯恩斯本人的经济学理论。在世界上，凯恩斯的理论被误解得特别多，尤其是他的货币论被误解得很多。

凯恩斯在大学期间没有学过经济学，他在剑桥大学读的数学和古典文学。1905年毕业后，凯恩斯获剑桥文学硕士学位。毕业后，凯恩斯又滞留剑桥一年，师从马歇尔和庇古学习经济学，并准备英国的文官考试。1906年，凯恩斯以第二名的成绩通过了文官考试，入职英国政府的印度事务部。1908年凯恩斯从英国财政部回到剑桥任讲师，教的就是《货币论》这门课。我们先看一下凯恩斯在《货币论》序言讲的这句话："尽管就我的研究领域而言，世界各大学都在开设货币理论这门课程。但令人倍感奇怪的是，据我所知，对现代世界中存在的'指代性货币'（representative money）的理论研究，在任何语言中都没有出版过系统而透彻的专论。我希望能利用我现在已经获得的经验，以较小的规模提供一些东西，并尝试发现解释这一问题的最好的方法。"我认为，"指代性货币"这个概念是今天在英语外的世界中很难被理解翻译的。

实际上，凯恩斯被误解最多的是什么？新出版的《凯恩斯传》里面说过，我们首先要正确地理解凯恩斯和凯恩斯主义。作者罗伯特·斯基德尔斯基指出，在英国，凯恩斯被认为是一个社会主义者甚至是政府干预论者。这个观点是错的。另一个，他发现凯恩斯不是一个计划经济的支持者，也不是政府干预论的支持者。他说，凯恩斯被认为是"永久预算赤字的信徒"，这和凯恩斯事实上没有关系。作者还提到，凯恩斯也不是狂热的政府征税的支持者。他晚年甚至质疑政府支出占国民收入的25％是否太高了。如果你读凯恩斯的著作，你会发现凯恩斯一生都是反对通货膨胀的。

整个凯恩斯全集一共30卷，我读了前14卷和第18、28和29卷。没有读过的是他的《概率论》。凯恩斯的概率论是最重要的一个理论，对理解凯恩斯经济学特别重要。理解凯恩斯很重要的一点在于什么呢？在于凯恩斯本人的整个经济学是一个非决定性的体系。为了传播凯恩斯的思想，剑桥的经济学家约翰·希克斯和埃尔文·汉森做了IS-LM模型，之后整个凯恩斯的理论就变成了一个简单的决定性理论体系了。这是对凯恩斯理论最大的曲解和误解，而概率论恰恰是凯恩斯理论的基础。

今天因为时间关系，我把整个演讲控制在40～50分钟。我讲一下凯恩斯在"货币三论"中被大家忽视的观点（"货币三论"指的是《货币改革论》《货币论》《就业、利息和货币通论》），而不是被大家熟悉、采纳并应用的观点。

凯恩斯可以说是一个萧条经济学家。他一生研究问题的核心是解释资本主义市场经济的经济周期。先说《货币改革论》。1923年11月，凯恩斯出版了他的"货币三论"的第一本书《货币改革论》。在这本著作问世时，第一次世界大战刚结束，英国经济还处在战后的恢复期。在第一次世界大战之前，英国已经经历了四次大的系统性经济衰退周期，即1819—1841年、1842—1866年、1867—1892年、1893—1914年的经济周期，其中每个周期都伴随着不同程度的金融危机。在第一次世界大战结束后不久，英国陷入又一次经济萧条。到1920年，英国的失业率就高达17％，并且在整个1920年代的"英国病"时期，英国的失业人口常年在100万左右。这就使凯恩斯从在剑桥教"货币经济学"到财政部工作，以及参加各种社会活动，始终脑子里念念不忘的是如何消除失业和减缓当代资本主义中的商业周期问题。他的三本书最终都是为了解释经济周期（business cycles）的原因是什么，如何治愈，所以凯恩斯的经济学又被称为"萧条经济学"是没错的。

《货币改革论》非常好读，这本小册子大家可以把它读一下。凯恩斯这本书的核心思想是通过管理货币来稳定物价，反对通货膨胀。当时英国和欧洲通货膨胀非常厉害，对社会各阶层和企业的影响非常大。通缩和通胀一样不利于经济发展。凯恩斯坚决反对通货膨胀，也让人们认识到通货紧缩的不利之处。有了管理货币的思想，他提出通货管理势在必行。在《货币改革论》中，凯恩斯认为，"然而，我们还没有达到可以把通货管理权完全委托给一个权威机构的阶段。在纸币和银行信贷流行的现代世界里，不管我们喜欢还是不喜欢，我们没有任何办法可以逃脱'管理'通货；纸币转化为黄金也不会改变黄金的价值取决于中央银行的政策这一事实。"

大家知道，在凯恩斯出版《货币改革论》的时候，美联储刚建立不久，英格兰银行还不像现在这样具备完全的管理货币职能——尽管英格兰银行已经成立了一百多年（1694 年成立），但到 1928 年它才成为英国唯一的发行货币的银行。

另外有一点特别特别重要。在认识现实经济问题上，今天我们许多人都还没有转过这个弯。凯恩斯认为，一国的物价水平是由银行信贷决定的。今天好多人都相信货币是央行发出来的，相信央行一发基础货币就通胀，一减少基础货币，物价就会下降。其实这里的误识在于所有货币都是中央银行发出来的，故所有通货膨胀问题都是央行超发基础货币造成的。大家知道，2020 年发生了新冠疫情之后，美国的基础货币从 3.8 万亿美元增加到 8.9 万亿美元，净增了 5.1 万亿美元，但是广义货币只增加 2 万多亿美元。中国的广义货币增量每年都是 14％到 15％的增长。最近降了一点，也在 10％左右。但中国央行的基础货币一直比较稳定，在 33 万亿元到 39 万亿元之间上下波动。凯恩斯提到，由商业银行"如此创造出来的信贷数量，反过来大致可以由银行的存款数量来衡量——因为银行存款总量的变化必定是与它们的投资、所持票据和预付款项（advances）的总量的变化相对应的"。这是凯恩斯在他的"货币第一论"里面就表明的货币内生的观点。这个观点在《货币论》以及在之后的《通论》里面讲得比较多，但是它被大家忽视和忘记了。

并且在《货币改革论》中凯恩斯提到，是信贷而不是央行发行的基础货币决定了货币的总量。凯恩斯十分清楚地提出，现代货币银行制度下，货币主要是内生的："当今的趋势是——我认为这是对的——密切关注和控制信贷的创造，让货币按照信贷创造做，而不是像以前那样，去关注和控制货币创造，而让信贷的创造按照货币创造去做。"

大家看一下，现在我们观察每一次货币政策调整都是盯着央行降不降准，印不印发新钞。最近几年，中国央行实行了以 MLF 和 SLF 为代表的货币工具来调节的办法。因为中国的国债比较少，故主要都是通过降准和"麻辣粉"（MLF）、"酸辣粉"（SLF）这两个渠道来调节货币供给。实际上，凯恩斯曾指出，更应当关注信贷创造。这个思路在目前中国的宏观政策中更应该值得重视。凯恩斯的这些观点在今天特别特别重要。另外，就是刚刚张军老师讲到的，要特别关注预期，在《货币改革论》里面，凯恩斯那么年轻，就提出了要关注预期在经济运行中的作用。特别当时他用了一个词 businessman，后来才改成了 entrepreneurs，他强调企业家的预期在经济增长中的作用，到《货币论》里面已经更多地和更清楚地表达出来了。

第二个被忽略的凯恩斯本人的理论贡献就是，《货币论》的理论发现最多，但现在很少经济学人在读《货币论》。凯恩斯在《货币论》第一章，一下子讲了十几种货币概念，把大家给弄懵了，就不想读了。实际上，大家知道，《通论》大家还可以啃下来，《货币论》能啃下来的人真不多。《货币论》的理论发现是真的很多。凯恩斯最重要的第一个理论贡献就是重新强调了"记账货币"（money of account）这个概念。当然，"记账货币"这个概念较早是英国经济学家威廉·斯坦利·杰文斯在 1875 年的《货币与交换机制》中就使用过的，并做了详细的阐述。这个概念最早是谁使用过的，我们现在还无从可考。但是，像凯恩斯在《货币论》上卷第一句就谈记账货币，并说它是货币的原初概念，这恐怕还是第一次。到目前为止，人们还是停留在商品货币的思维阶段。经济学的整个思路说到底还是商品货币。大家坚持认为货币就是商品交易的媒介，没能理解货币的本质职能是还债。大多数人还没有认识到货币的债务本质观，是债务导致了货币的起源，其次才是商品交换的媒介。这一点被大家忽视了。

研究远古东西方货币史，就会发现，货币从开始出现的那一天起，首先是充当还债的手段，然后才用于商品交易。大家要看一下远古两河流域乌尔王朝的《乌尔纳姆法典》，其中没有讲市场交易，全是讲的还债，还有就是罚款。这就是说，货币在初期时，主要是还债，向王朝政府缴纳罚金，以及在人们相互身体伤害以及其他刑事冲突中支付赔偿。在这方面我已做了一点研究，在之前的《腾讯·大家》上发表的"货币的故事"的专栏文章中，做了一些解释。中国的货币最早也是从还债开始出现的，其次是商品交易。但这一点被经济学家和许多钱币学家忽略了。也正是在这个意义上，只有从货币和债务的关系才可以理解当前世界各国货币总量与债务总量的关系。许多人到今天还不能理解，货币的增长和债务的增长几乎是一枚硬币的两面。

凯恩斯的《货币论》还有一个贡献，就是根据"指代性货币"（representative money）提出了相关的多个货币概念：国家货币、银行货币、商品货币、收入货币、营业货币、储蓄货币、不兑换纸币、流通货币，等等。因为当时还没有 M1、M2、M3 的概念，但凯恩斯在《货币论》中所使用的"流通货币"（current money）概念，有点相当于今天的 M2。

凯恩斯的贡献还包括，从自然利率与市场利率的背离来解释现代市场经济的商业周期。凯恩斯认为，自然利率与市场利率的上下波动导致了繁荣与萧条，简单地说，繁荣与萧条就是信用条件在均衡区间上下摆动的结果的外在表现。这一思路来源于瑞典经济学家维克塞尔，在这一点上，凯恩斯与米塞斯和哈耶克的思想同源。从经济思想史来看，维克塞尔曾受瓦尔拉斯一般均衡理论的影响，也受奥地利经济学家庞巴维克迂回生产过程和资本理论的影响，在此基础上他提出了均衡市场经济中的自然利率和市场利率的概念。他的理论发现后来影响了米塞斯、哈耶克和凯恩斯。

《货币论》除了讨论银行货币的内生创造，还有一个重要的观点对我影响比较大，就是如何判断一个国家的经济增长期。在 2012 年左右，我提出了中国经济要走 L 型下行，就主要受到了凯恩斯的理论洞见的影响。凯恩斯说："国家财富不是在收入膨胀当中增进的，而是在利润膨胀当中增进的。也就是说，发生在物价超越成本而向上飞奔的时候。""我要提请史学家特别注意的明显结论是，各国的利润膨胀与紧缩时期与国家的兴盛时期和衰败时期特别地相符。"

在 2012 年，我就发现，中国的三类企业，国有企业、民营企业和外资企业的利润都在负增长。由此我认为中国经济高速增长的时期可能快结束了，至少增速开始往下走。这一点主要就是受凯恩斯这个观点影响的。当时我已经读过一遍《货币论》了，读到上述两段话时，觉得醍醐灌顶、茅塞顿开。

大多数人没有注意到的另一点是，人们都以为凯恩斯在《货币论》中主要讨论中央银行是如何增发货币的，但是很少人注意到在该书最后的三十一章到三十三章，凯恩斯用大量的篇幅讨论要不要限制中央银行发行货币的权力。这就是说货币也有一个限政问题。就管窥所见，在经济学家中，凯恩斯可能是最早提出这个问题的。这一点也是今天许多人误解凯恩斯思想的地方。

首先看一下记账货币的概念。《货币论》的第一句话是这样的："表示债务、物价与一般购买力的计量货币，乃是货币理论当中的原初概念。""记账货币是与债务以及价目单一起诞生的。债务是延期支付的契约，价目单则是购销时约定的货价。这种债务和价目单不论是口传的，还是在烧制的砖块或记载的文件上做成的账面记录，都只能以'记账货币'来表示。""由于债务的价格用记账货币来表示，所以，货币的性质是从其与记账货币的关系当中衍生出来的。货币本身是交割后可清付债务契约和价目契约的东西，而且是存贮一般购买力的形式。"《货币论》开篇第一段话，就提出了两个重要的问题：一个是货币首先是一种记账货币；另外一个就是货币是债务的起源观。在2011年大卫·格雷伯的 *Debt：The First 5 000 Years*（中译本：《债：第一个 5 000 年》）和 2013 年菲利克斯·马汀的 *Money：The Unauthorised Biography*（中译本：《货币野史》）两本书出版后，人们才慢慢地认识到这一点。

货币首先是一种记账货币，这是凯恩斯在两卷本《货币论》的第一句对货币下的定义。在《债：第一个 5 000 年》一书里，美国人类学家大卫·格雷伯又重新解释了这一点。这是今天我们理解货币本质的一个关键。实际上，无论在历史上，还是在现在，人们在市场交换和债务借还中，所使用的金币、银币、铜币、纸币，以及在雅浦岛上使用的大石轮，实际上都是记账货币。世界上许多国家在历史上和现在都是这样的。按照最近几年世界货币史的研究，商品货币如金银铸币，在历史上许多时期，极少是在现实中买卖东西时使用的。在公元前 7 世纪的吕底亚王国（今土耳其境内）最早出现的琥珀金铸币，以及后来许多国家铸造的金币和银币，主要是发军饷用的，在大宗商品交易中大多是用来记账的一个单位，只是在最后清偿的时候才会用到。就是早期我给你发一批货，你发我一批货，到半年或一年清偿时，才用金银铸币来支付差额。到了今天，各国的记账货币已经占货币存在形式的 95％ 以上。我今天查了一下，我国的广义货币 M2 总量目前到了 231 万亿元，M0 只有 8.5 万亿元！这意味着我国的 221.5万亿元是银行存款，这都是记账货币。更不用说，现在的比特币以及其他所有数字货币，都是记账货币了。记账货币确实是货币的原初概念，到今天也越来越成了各国货币的主体，也成了央行基础货币的主要构成部分。

这个观点实际上去年我在武汉大学和北京大学汇丰商学院的讲座里都讲了。大家看一下，在美索不达米亚，苏美尔人在最早使用的白银粒，很大程度上用来记账的，而不是实际用来转手买卖商品的。按照大卫·格雷伯在《债》这本书中的研究，苏美尔人用白银粒做货币，但主要存在神庙中，主要也是记账货币。格雷伯首先发现，信用货币最早曾在美索不达米亚这一人类所知最早的城市文明中普遍流行过："在巨大的庙宇与宫殿中，货币很大程度上起到的是记账单位的作用，而不是实际的转手。而且，商人和小贩还发展出了他们自己的信用安排。这些多以泥板为物理形式出现，上面刻有未来偿还的义务，然后又用黏土封装起来，上面盖有贷款人的标志。出借人会保留这个包封，作为信物，到偿还时再打开它。至少在一些时候或地方，这些封存的文件发挥了我们今天所说的可转让票据的作用。"这确实证明了凯恩斯后来的断言，记账货币是货币的原初形式。再仔细看一下《汉穆拉比法典》，会体会到法典中讲的白银货币也主要是记账货币。因而，正如凯恩斯所言，记账货币是货币的原初概念。

另据世界货币史专家的研究，最早古希腊语的货币概念用的是"pecunia"。pecunia 原来是"牛"的意思。在古希腊，人们用牛做货币，牛实际上也是一种"记账单位"，而不是把牛牵到别人家去买卖商品和财产。古希腊人之所以这么做，其原因是，公牛是当时古希腊人供奉神祇的祭品，因而代表绝对的价值。最早古希腊的铸币，受吕底亚铸币的影响。人类社会最早的铸币是吕底亚人铸造的琥铂金（electrum）铸币，吕底亚还在人类历史上最早建立了零售商店。去年我在巴黎货币博物馆和大英博物馆看到了吕底亚金银混合铸币的实物。吕底亚的金银混合铸币后来传到了古希腊，而古希腊的铸币主要是银铸币，叫德拉克马（Drachma）。罗马人最早也是采取牛羊为货币（表示"钱"的拉丁单词"pecunia"就源自代表"牛"的单词"pecus"）。但是在罗马王政、共和帝国时期，先是使用铜铸币，到公元前 2 世纪才开始铸造银币和金币。西罗马帝国灭亡后，在后来的法兰克王国、查理曼帝国，市场交易都很少，货币基本上很少用了，黄金和白银及其铸币都被埋起来了。很少的一些交易也多采取虚拟货币的形式。到后来，佛罗伦萨和热那亚在 13 世纪商业和海外贸易发达了，才发行了弗洛林（florin）金币。威尼斯 15 世纪到 17 世纪铸造里拉（lira）银币，并在 17 世纪发行了达卡特（ducate）金币，大都是用于大宗海外贸易。但是，在这一时期，贸易也主要采取记账货币的形式。而源自罗马帝国时期的镑（又称 lira），一直是意大利城市国家的记账货币。这就是说，在大宗贸易中，这批货我发给你，价值是多少，你发我一批货，价值是多少，都先赊着，记着账，到年底总清偿结算时，才采用真实的金币或银币找齐。甚至在古代不列颠人那里，大家使用锡青铜合金币和金币，在公元 7 世纪又开始铸造银币。在爱德华三世时期（1327—1377 年），英国大量铸造金币。中世纪前后，在英国乡村或小镇中，人们不可能买条面包和一瓶牛奶就付金币或银币。剑桥研究经济史的专家发现，在诺曼底王朝时期，货币也是采取记账单位的形式。一般是到最后结算的时候，一年或半年结一次，才使用真实的铸币。故英国中世纪的金币和银币基本上是以记账货币的形式来完成交易。英国经济史学新秀克雷格·缪尔德鲁（Craig Muldrew）研究了 16—17 世纪英国的财产清单和法庭案件，发现 15 世纪后流入欧洲的美洲黄金和白银，只有很少一部分最终流入普通农民和商贩的口袋，而大部分金银藏在贵族、伦敦大商人或王室国库的保险柜中。在城市或大型城镇周边的地区，店铺老板会仍然发行他们的铅质、皮质或木质代币，常常会 6 个月或 1 年才进行一次结账清算，差额之处才用铸币或其他物品来补足。不但在英国，在中世纪的欧洲大陆也是这样。在欧洲中世纪，黄金、白银也很多存放在教堂里，流通中的货币则采取虚拟货币形式（支票、符木和纸币的形式）。在 12—13 世纪乃至 17 世纪，威尼斯、热那亚和佛罗伦萨等城市国家几乎全部铸造金币或银币，但主要也是采取"记账货币"（参《剑桥欧洲经济史》第二卷，第 12 章，见 Postan & Miller, 1987, pp. 787 - 863）。研究过苏美尔人和早期两河流域各国，以及从古希腊、古罗马到中世纪欧洲的货币史，我们才知道，杰文斯和凯恩斯提出"记账货币"这个概念，应该说看得很准。因此，从人类诸社会的货币大历史的回顾中，我们才能理解记账货币的原初概念，也使我们真正认清货币的本质。

今天流行的商品货币观，看来主要产生于 17—18 世纪，葡萄牙与西班牙开发美洲后，大量的黄金和白银流到了欧洲，欧洲各国都用黄金和白银做货币。欧洲开始脱离"虚拟货币"和"信用货币"，再度用金属块作为称量货币。这一点被约翰·洛克和亚当·斯密看到了，于是就出现了"商品货币观"，后演化为马克思的"金银天然不是货币，但货币天然是金银"之说。最后，一代一代传下来，形成了经济学家们旷日持久的"商品货币观"。然而，货币从它一开始诞生，虽然是从银、金、铜实物称量的形式开始，但实际上多是用于记账、战争筹款、发军饷以及交税和罚款的。在实际市场交易中多被用于记账单位。一直到今天，货币的本质也主要是记账货币。这一点是常常被大家所忽视的。当然这里也要看到，自春秋时期开始，中国是采取贱金属铜铸币，从布币、刀币、圜币、蚁鼻钱，到秦半两、两汉时期的五铢钱，以及唐宋以来的天圆地方的通宝铜币，走了一条独特的货币制度发展演变道路，历朝历代商贩和百姓也多用实物铜钱来做市场交易。只是到明代中后期，随着西方大量的白银流入中国，人们才大量用称量白银（元宝、银锭和碎银）乃至少量黄金做交易媒介和流通手段。因此，记账货币概念在中国古代文献中不是太彰显和流行。

凯恩斯还讲到太平洋雅浦岛上的叫"费"（fei）的大石轮的故事。弗里德曼也专门写过雅浦岛上大石轮货币制度的文章。"费"实际上是一种记账货币，一种记账单位，并不是一块块大石轮，即使大石轮沉入海底，也没有任何问题。对此，英国财经作家菲利克斯·马汀的《货币野史》认为，"雅浦岛的货币不是'费'，而是背后一套以信用记账以及靠这种账目进行清算所构成的体系"。因而，作为大石轮的"费"，只不过是用来记账和进行清算的表征（tokens）："和纽芬兰一样，雅浦岛的居民在交易鱼、椰子、猪和海参的过程中，会积累信用与债务。这些信用和债务可以用来抵消交易中彼此需要清算的款额。只要交易对方允许，人人都可以用'费'这种通货兑换适当价值，通过这种方式在单笔交易完成后把未结清的账目清掉，也可以按日或周为期限结清；卖方和雅浦岛上的其他人都享有这种赊账的信用，而

'费'就是对这种信用的有形可见的记录。"根据上述推理，马汀正确地认为："硬币和通货都是表征，是背后用来记录信用账目（credit accounts）并背后进行结算的体系。……即使在经济规模比雅浦岛更大的地方，也需要信用账目和清算体系。但通货本身不是货币，货币是信用账目及其清算所构成的体系，而通货只是这个体系的代表。"（Martin, 2013, p. 14）

所以，今天我们回过头来读凯恩斯的《货币论》，会知道凯恩斯在 20 世纪 20 年代就意识到了这一点是多么了不起了。前面讲到，英国经济学家杰文斯在 1867 年出版的《货币与交换机制》中就讲到了"记账货币"这个概念，之前是否有人使用过这个概念，我们现在还无从可考。但是，凯恩斯在《货币论》开篇第一句话就讲记账货币是货币的原初概念，这是非常了不起和极其重要的。今天世界各国的现实又恰恰印证了凯恩斯的这个理论。今天人类社会越来越趋向于无纸币社会，即纸币使用的场合越来越少。如果央行有数字货币了，更是如此。人们现在都越来越多用支付宝或者是微信支付，那本质上就是记账货币。人类社会的发展趋势恰恰印证了凯恩斯的这个理论，这里不再具体展开讲了。

凯恩斯在《货币论》中的第二个重大理论贡献是货币的债务观。货币起源于债而不是最初起源于商品交换，这一点也常常被人们所忽视。当然，像亚当·斯密这样的伟大经济学家是个例外。因为，货币主要用于借债和还债的这种本质性的职能，早在亚当·斯密那里就提出了，故最早提出来的并不是凯恩斯：在《法理学讲义》中，亚当·斯密说："货币有两种用途：一为还债，一为购物。"（见《亚当·斯密全集》中文版，第 6 卷，第 208 页）斯密这句简单平实的话，道出了任何社会的货币的本质。货币，不管是以金银块、金银铸币、铜铸币、锡铸币还是铁铸币，甚至以海贝的形式存在（在宋元时期云南南召和大理以及 15 世纪之后在南亚、西非曾以贝作币），无论是用皮币、纸币和支票的形式出现，还是现在以电脑和手机中的数字存在，一旦创生出来，一是用于人们之间的债务清偿（国王和政府支付官吏和行政勤杂人员的薪酬及军官和士兵的军饷——这可以认为是支付他们为国王和政府服务的劳务所还的"债"），一是用于物品和劳务交换。但是可惜的是，在当代经济学中，货币的还债（支付手段）的功能被绝大多数经济学家所忽视和遗忘了，而只把货币当作购物和市场交易的一种手段（交换媒介）了！从这个意义上来讲，我们现在只是考虑到了货币的市场交易功能，而忘记了货币的债务清偿功能，并且是货币原初和首要的功能。实际上，货币主要的功能是记账和计价单位，当然细分下来，货币还有交换媒介、支付手段、价值贮藏等职能。故理解记账货币概念是十分重要的。

货币的本质是一个债，是清偿债务的一种手段，这才是货币的本质特征。在英国，每一张英镑纸钞正面都印着的一句话，就表明了货币实际上是一种债："I PROMISE TO PAY THE BEARER ON DEMAND THE SUM OF × POUNDS"。这句话的意思是说，这个纸票是我（国王）欠你的债，如果你来找我要，我会还给你×镑。1694年，英格兰银行成立后，核心理念是把国王和王室成员的私人债务转化为国家的永久债务，并以全民税收做抵押，由英格兰银行来发行基于政府债务的国家货币。这个设计把国家货币的发行和永久国债死锁在一起。要新增货币就必须增加国债，而还清国债就等于摧毁了国家货币制度。这更昭显了货币的债务本质。纸币的发行并不意味着金币和金条金块不再重要了。因为在金本位制下，英国货币是用含金量来明确确定的。现在连港币上也是这样印的。特别有趣的是美元正面印着的一句话，这更说明货币的本质是欠的债。美元在每一张钞票上印着货币是用来偿债用的一种法定的东西："THIS NOTE IS LEGAL TENDER FOR ALL DEBTS, PUBLIC AND PRIVATE"。很可惜而且非常遗憾的是：货币的债务起源和本质被我们大多数经济学家忘掉和忽视了！英镑和美元纸钞印得非常清楚，货币是用来还债的，纸币的发行本身就是国家欠国民的一种债，而货币的主要功能又是偿债的手段。这一点恰恰与我们老是讲货币的产生缘起于商品和劳务的交换，以及货币具有调节宏观经济运行的功能等传统认识大不相同，因为大家都往往忘记或忽略了纸币尤其是记账货币的本质是一种债且是清偿债务的一种工具这一点了。

从凯恩斯等经济学家的货币债务起源观看待当今世界，就会有不同的理论视角。现在我们大多数人只是看到了各国的广义货币在增加，但没注意到背后更多的是债务在增加，现在世界各国的债都比广义货币还多，也增加得更快。无论是中国还是西方，全球的债务量都在增加。各国的具体数字和数据我在这里就不再具体列举了。现在各国的债务都在增加，这确实是事实。因而，在中国乃至在全世界，不能只看到广义货币的增加，更要看到债务总量的增加更多。这里要特别注意强调二者之间演变的内在逻辑：**不是货币多了，债务增加了，而是债务增加了，货币才增多了。**

国内常常流行一个观点是央行"超发"货币导致了房价上涨。我的理解是，从货币内生的角度看，是房价和地价的上涨导致了贷款的增加，从而导致了广义货币增加。这是一枚硬币的两面。这样才能真正理解中国经济面临的问题。这正是凯恩斯经济学和后凯恩斯主义经济学所提出的"银行贷款创造存款"即贷款创造了广义货币的现象。现在，我们可以这样说，贷款创造债务，债务增加、存款与广义货币同时增加，这正是今天发生在中国的事情。中国债务增速和总量远远快于 M2 的增长速度和总量。今天我们忘记了凯恩斯的教诲，许多宏观经济现象就会看得不很清楚。如果理解了凯恩斯关于债与货币的关系的理论洞见，你就会感到对现在中国经济中许多现象和问题的认识茅塞顿开，因为现实就是这样运作的。

还有一个例子，就是自 2008 年美国金融风暴以来，美联储超发的基础货币很多，但广义货币的增长相对很慢，从中也可以理解贷款创造存款进而创生广义货币，即货币主要由商业银行内生创造这一原理。我这里请大家看有关美联储资产和美国广义货币这几张图。美联储作为发行货币的机构，经常发布基础货币的相关数据，主要通过美联储的资产负债表反映出来。自 2021 年初新冠疫情在美国暴发以来，美国政府给美国居民家庭进行了几轮家庭生活补助，同时美联储加大了印钞（增印 M0）的速度，美联储的资产从 2020 年底 3.8 万亿美元狂增到 2022 年年中的 8.9 万亿美元。但是，直到 2022 年年底，美国的广义货币增长速度远远小于美联储资产（增印货币）的增速。因为美联储印钱和财政部发钱给美国家庭以后，美国的家庭并没有增加存款，而是大量买中国和其他国家进口的廉价商品。所以，美国的广义货币是增加了一些，但是几乎与美联储增发货币 M0 的速度同步。

从过去 15 年中国央行和美联储的资产与两国的广义货币 M2 的增长差异的历史轨迹中，可以大致看出这一点。根据中国央行、美联储和有关方面的历史资料统计，在 2008 年底，中国央行的总资产为 20.71 万亿元，当时中国的广义货币为 47.51 万亿元；到了 2022 年年底，中国央行的资产为 41.68 万亿元，比 2009 年初翻了不到一倍；但是中国的广义货币 M2 却达到了 266.43 万亿元，比 2008 年年底差不多翻了 5.6 倍。同一时期，在 2008 年，美联储的资产还不到 1 万亿美元，同期美国的广义货币 M2 为 16.03 万亿美元；到 2022 年 7 月初，美联储的资产达到 8.9 万亿美元，翻了近 9 倍，但是美国广义货币总量到 2022 年底才达到 21.21 万亿美元，15 年才增长了 31％左右。这一鲜明的对比在下面四张图中充分反映出来：

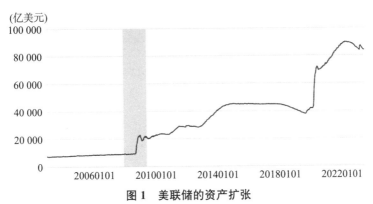

图 1　美联储的资产扩张

数据来源：Board of Governors of the Federal Reserve System, US, H. 6 Money Stock Measures.

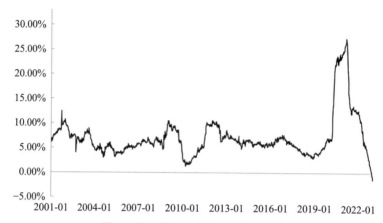

图2　美国的广义货币 M2 同比增速

数据来源：同上。

（十亿美元）

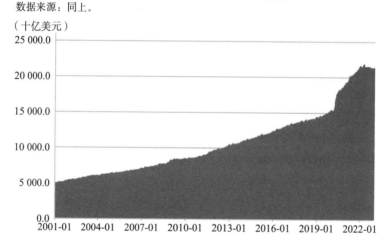

图3　美国的广义货币 M2 总量

数据来源：同上。

从图 1 到图 3 中我们也可以直观地看出，尽管新冠疫情在美国暴发后，特朗普政府和拜登政府对美国家庭进行了几轮补贴，而同时美联储拼命印钞，随着 M0 的增加，美国的 M2 也几乎同量地增加，但是 M2 的增速并没有翻倍。并且随着美国通货膨胀在 2022 年的飙升，美联储自 2022 年下半年开始缩表和加息，随之美国的 M0 开始减少，同时美国的 M2 也开始下降，到 2022 年年中，美国的 M2 增速甚至

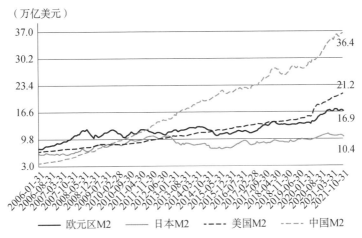

（万亿美元）

图 4　过去 15 年中、美、日及欧元区 M2 总量走势对比
资料来源：格隆汇。

降为负数（见图 2）。这充分说明，一国的广义货币增加，主要是商业银行贷款创造存款内生出来的，而贷款增加的另一面是政府、企业和家庭债务的增加。央行资产的增加，只是外生货币增加的一部分。当代世界主要国家的基础货币和广义货币的增长轨迹，也充分说明了凯恩斯经济学和后凯恩斯经济学的货币内生说。

　　让我们再回到凯恩斯《货币论》上、下卷所关注的问题的主线。大家知道，凯恩斯是从研究货币和金融问题进入经济学并进行他的理论创造的。但是，凯恩斯思想深层所关注的问题是自英国工业革命以来资本主义市场经济国家不断发生的周期性经济危机。就此而论，凯恩斯与米塞斯和哈耶克、费雪乃至当时的许多经济学家是一致的。且当时凯恩斯也是从自然利率和市场利率背离来解释现代市场经济中商业周期现象的。在前几年研究凯恩斯和哈耶克在 20 世纪 30 年代的理论大论战时我发现，正是因为哈耶克发起了对凯恩斯的理论商榷、批评和挑战，才在一定程度上促使凯恩斯写作了《通论》，从而也才有了今天的宏观经济学。上面说过，米塞斯、哈耶克和凯恩斯他们都是受到瑞典经济学家维克塞尔的影响，用中国的一句俗语说，是师出同门。维克塞尔是从自然利率和市场利率的背离来解释市场物价的变动。但是到米塞斯、哈耶克和凯恩斯这里，则变成了"市场利率围绕自然利率变化产生了现代市场经济中的商业周期和经济危机"。在资本主义市场经济中的商业周期理论问题上，哈耶克和凯恩斯在最初观点大致是一致的。

唯一的差别就是，维克塞尔这个人在许多方面都做了开创性的研究，譬如在财政学上影响甚大，对布坎南的社会选择理论也有很大影响。维克塞尔确实是一个如瓦尔拉斯、马歇尔这样在经济思想史上有很大影响的原创性的思想家。维克塞尔的思想和理论现在也被忽略得很多。维克塞尔认为市场利率围绕自然利率的波动，导致市场价格波动和工业波动。但是维克塞尔对自然利率这一概念的解释比较含糊，把它界定为"不使用货币、一切借贷以实物资本形态进行时由供求关系决定的利率"，对这一点凯恩斯不满意。而凯恩斯到《货币论》阶段，提出了一个"自然利率是使储蓄和投资正好平衡，从而使所有产出的价格水平刚好符合生产要素的有效率的货币报酬率"这个观点，影响了当代的宏观经济学基本理论框架的构建。凯恩斯认为，能让储蓄和投资价值正好平衡，这个利率叫作自然利率。但是凯恩斯到后来基本上放弃了自然利率的观点，转而使用他自创的资本的边际效率概念，构建了他的革命性著作《通论》里的货币理论和就业理论。

最后，让我在这里简单讲一下凯恩斯的《通论》。凯恩斯《通论》中主要的理论和原理大家也许比较熟悉了，我这里就不讲了。今天的宏观经济学的整体框架和大部分概念基本上来自于凯恩斯，包括总供给、总需求、有效需求、流动性偏好、边际消费倾向、乘数等等所有的这些，都是从凯恩斯《通论》中直接传承下来的。现在整个宏观经济学的基本框架，都有凯恩斯本人的原初理论贡献的影子。其中包括1937年到1938年，希克斯和汉森所做的 IS-LM 模型，成了宏观经济理论分析的一个基本框架。在一定程度上可以说，宏观经济学就是凯恩斯主义经济学。但是，许多经济学人没有意识到的是，很多凯恩斯在《通论》中的重要思想都被误解、夸大（包括 IS-LM 模型）乃至抛弃了。今天我只讲被大家忽略被误解的部分。

凯恩斯在《通论》的序言中,一开始就谈到了他的《通论》与《货币论》的关系:"当我开始撰写我的《货币论》时,我仍然沿袭着传统的思路,把货币的影响看成与供给和需求一般理论无关的东西。当我完成该书后,我在推进货币理论变成一个总产量理论方面取得了某些进展。本书已经演化成为一本主要研究什么力量在整体上决定产量的规模和就业量的著作,而不仅仅是它的方向。而且,我们发现,货币以一种根本的和独特的方式进入经济系统(economic scheme),而货币在技术方面的细节则变成了一个背景。我们将要看到,一种货币经济基本上是这样一种经济,在其中,对未来看法的改变不仅仅可以影响就业的方向,而且能影响就业的数量。然而,在分析这种关于未来观念变化影响当下经济体系的行为时,我们所使用的方法仍然是供给和需求之间的相互作用;从而,通过这种方法仍然与基本的价值理论结合在一起,我们就能得到一个更具有一般性的理论,而我们所熟悉的古典学派的理论则成为其一个特例。"(Keynes, 2013, *Collective Writings*, Vol. 7, pp. xv - xvi)

凯恩斯在"货币三论"里反复强调的都是企业家对未来的预期决定了整个经济的波动。大家知道,凯恩斯的《通论》是从货币的这个角度切入,从货币、利息研究就业,研究宏观经济。而你看一下今天的宏观经济学,在很大程度上是背离了凯恩斯的理路。只有最近在看的奥利维尔·布兰查德(Olivier Blanchard)、戴维·R. 约翰逊(David R. Johnson)合著的《宏观经济学》教科书第六版,才感觉经济学家们有点想回到凯恩斯原来分析理路的意思,即强调货币在整个经济运行中的作用。但是,凯恩斯《通论》中的一个重要概念即"资本的边际效率"在这本教科书中还是被忽略掉了。

众所周知,奥地利学派的经济学家们几乎都是批评凯恩斯的。他们相信,凯恩斯就是要政府干预,就是要财政赤字,就是要猛发货币。他们没有想到凯恩斯的《通论》所强调的主体是企业家:**"在任何场合,都应该记住,是企业家在给定的资本设备上来做出决策;当**

我们说一种增加需求的预期即总需求函数的上升会导致总产量的增加时，我们的实际意思是，拥有资本的厂商会被诱导增加劳动就业总量。"（同上书，p. 40）不理解这一点，就不能理解凯恩斯所谓的市场经济或自由经济的观点和理念。

凯恩斯《通论》的理论分析的核心是货币、利息在决定投资、总需求和就业中的作用："因而，在论述就业理论时，我主张使用两个基本计量单位，即货币价值的量和就业量。"凯恩斯《通论》的核心是分析市场经济条件下，私有企业家的投资和生产所带来的整个宏观经济运行的结果。凯恩斯的《通论》通篇特别强调预期尤其是企业家的预期的作用，认为是企业家的预期决定了投资，投资决定了就业，决定了经济的波动，这才是凯恩斯《通论》最核心的一个观点，这里面我就不再详细解释了。在谈到他的《货币论》与《通论》的关联时，凯恩斯还进一步解释说："如果用我在《货币论》中的语言来表达，我的新论点如下：在过去的就业量和产量既定的情况下，对投资超过储蓄的预期的增加，会诱导企业家增加就业量和产量。我现在和以前的论点的重要性在于试图说明，就业量取决于企业家对有效需求的预期。"（同上书，p. 78）

凯恩斯的观点对就是对，错就是错。这一点也是我们做经济学研究的同事和同学一定要学习的。自己错了，就承认昨天看错了。大家一定要记住，凯恩斯是一个实事求是的人。

凯恩斯在《通论》中，创造了一个"资本边际效率"的概念，原因是他发现自然利率是没有办法定义的，并且直到今天自然利率是否存在还是一个有争议的问题。我国央行的一位叫李宏瑾的处长，写了一部关于自然利率研究最新进展的著作，提出虽然自然利率在现实中很难或者根本没有办法计算出来，但最近十几年来，在国际上又有不少经济学家在探讨这一概念，并试图找到计算自然利率的办法。

在《通论》中，凯恩斯确实强调了投资对经济增长乃至经济波动的决定性影响。而决定企业家投资的是企业家的预期。为了论述投资诱导问题，凯恩斯发明了"资本的边际效率"这个概念。凯恩斯说：

"从资本资产的预期收益和它的供给价格或重置成本之间的关系，可以得到资本资产增加一个单位的预期收益和该单位的重置成本之间的关系。这种关系向我们提供了资本的边际效率的概念。更确切地说，我把资本的边际效率定义为一种贴现率，根据这种贴现率，在资本资产的生命周期所提供的预期收益的现值等于资本资产的供给价格。"（同上书，p. 135）

资本的边际效率是凯恩斯《通论》的一个核心概念。整个的理论分析都围绕这个概念展开。理解这个概念才可以理解整个《通论》。凯恩斯是通过预期，从这个概念讲到了有效需求，讲到利率、再讲到商业周期。凯恩斯有一句名言："对危机的更经典的而且往往是起决定性的解释是，主要不是利息率的上升，而是资本的边际效率的突然崩溃。"（同上书，p. 315）而资本的边际效率的周期性变动取决于资本家的预期。从这里，你可以看到凯恩斯的整个《通论》的基本分析理路了。这样在晚年，凯恩斯就把自己的理论和奥地利学派的经济周期理论区别开了。

奥地利学派认为，是市场利率背离了自然利率，市场利率低导致了企业盲目投资扩张。米塞斯、哈耶克和大多数奥派经济学家认为，如果银行通过持续不断地增加货币供给而把贷款利率人为压低到自然利率之下，会给生产者一个错误的信息去增加资本品的生产，结果导致全社会的消费和资本形成的比例的失衡，从而改变社会生产的结构，导致"过度投资"或"不当投资"（也就是相对于消费者推迟消费的那部分数量的、纯粹来源于银行体系所创造的信贷资金部分的"过量投资"），最后演变成经济危机。之前我个人是比较相信米塞斯、哈耶克和其他奥派经济学家的商业周期理论的，我的《大转型：中国改革下一步》和《中国经济的增长逻辑》，都是按照奥派经济学分析理论来看待当下中国经济格局及其走向的。

而凯恩斯反过来认为，受企业家预期影响的资本的边际效率相对于利息率的上下波动，才是经济繁荣与萧条的根本原因。对未来的投资的预期，决定了资本的边际收益率。用凯恩斯的原话来说，资本的边际收益率"取决于资本的预期收益，而不只是取决于现行的收益"。在凯恩斯看来，不是央行和商业银行人为操纵的市场实际利率与资本边际效率的背离导致了大萧条，而是市场"自发"运行中预期的资本的回报率与市场货币利率的相对背离与波动，才是经济繁荣与衰退交替发生的根本原因。

这点特别特别重要。整个凯恩斯的理论对资本主义市场经济是悲观的。凯恩斯认为，企业家的预期坏了，就很难扭转。因为这是没有办法的，故经济周期躲不了。正是因为这样，他甚至主张"不能把安排当下投资的责任完全地留在私人手中"。以至于大家一看《通论》就看到了这句话。财政部雇人把钱埋到矿井里面，再雇人挖出来，就是讲了一个极端的例子。整体看来，凯恩斯是主张在自由市场体制条件下，把政府的协调与私人的主动性结合起来，把总产量推进到充分就业的水平。千万不要把这个理解为，凯恩斯主张计划经济和政府对市场的全面干预。在《通论》当中，凯恩斯自己讲了这么一句话："除了以必要的中央控制来实现消费倾向和诱导之间的协调之外，我们没有比过去提出更多的理由使经济生活社会化。"（同上书，pp. 378 - 379）从这里我们就能理解，凯恩斯并不是完全主张计划经济。只是说，资本家的预期变坏，改变不了，只有政府能帮资本家改变预期。

但是可惜的是，也最头痛的是，当代的整个宏观经济学完全抛弃了凯恩斯《通论》中核心的"资本边际效率"的概念。现在，几乎没有人再提出这个经济学概念了。1987 年出版的 4 卷本《新帕尔格雷夫经济学大辞典》对凯恩斯这个概念还有一个简短的介绍；但是，到 2008 年 8 卷版的《新帕尔格雷夫经济学大辞典》里面，就没有这个概念的条目了。现在主流的宏观经济学抛弃了凯恩斯经济学的这个核心概念，相当于完全抛弃了凯恩斯经济学的"魂"，只是披上了"皮"。最核心的东西被抛弃掉了。"货币三论"最终的目的，都是在解释经济商业周期的原因及其解决办法。抛弃了资本边际效率这个概念，还讲什么凯恩斯的《通论》？这就是凯恩斯的理论今天被大家忽略的一个很大的问题。

回到今天我们的现实当中，就可以印证一下凯恩斯理论和思想的现实意义。大家知道，2008 年金融危机之后，美联储没有紧货币、去杠杆，而是通过三次量化宽松使美国经济快速复苏了。本来是债务导致了这场危机，这个时候应该紧货币。本·伯南克 2006 年做了美联储主席后，恰恰反其道而行之，实施了宽货币去杠杆的货币政策。所以，前两年我在国内平面和网络媒体上一再讲出自己的一个观点，在当下中国，宽货币才可以平稳地去杠杆。回顾这几年中国央行的货币政策，恰恰也是这么做的，央行对商业银行存款的法定准备金从 2011 年 6 月的 21.5% 调整到目前 10% 左右（2023 年加权平均法定准备金率为 7.6%——笔者补注）。当然，前两年也有奥派经济学的好朋友对我说，你多年研究奥派经济学的，你怎么主张宽货币？但是，现实经济格局就是如此，美国从格林斯潘 2001 年历次宽松到 2008 年的次贷危机，再到伯南克的宽货币去杠杆稳定和恢复美国经济增长的历史都告诉了我们应当如此。所以说，凯恩斯 20 世纪二三十年代所提出的看似非常抽象的理论，运用到现实里面，可以帮助决策者做出正确的选择。

大家再看一下新冠疫情发生之后美国经济的复苏情况。这次是美联储猛发基础货币，从 2020 年初的 3.8 万亿美元增加到现在的 8.5 万亿美元。结果，美国经济到 2020 年第三季度开始复苏，今年第三季度美国的经济增长速度可能超过中国。大家知道美国的人均 GDP 是 6 万多美元，我们才 1 万美元多一点，但美国的 GDP 增速还可以超过中国，这些是很值得研究的。

故 2008 年以来，凯恩斯理论在美国一次又一次得到验证。美联储资产大增和美国居民家庭的存款增加导致了美国广义货币的增长。所以在美国政府财政和货币"双扩张"的情况下，导致了美国人的家庭收入不降反增。这也导致了去年本来特朗普政府想通过对中国进口增加关税来遏制中国出口，但是中国对美国的出口不但没降，反而在继续增加。

因为采取极度宽货币的宏观政策，美国的失业率在疫情发生后剧增到高于6%，但现在又降到了5%以下。美国的消费品零售也上去了，制造业的产能也恢复了，还有通胀率都在上升。最近新华社做了一个访谈。大家都认为美国的通货膨胀是美联储"双宽松"的结果。其实，我却发现，美国通胀的一个重要原因是美国政府对中国产品的进口增加了21%的关税，再加上海运价格急剧上升，一个海运集装箱的价格从两千多美元到了两万二到两万四。这最后都会加到美国的家庭消费者的头上，消费品价格自然上去了。所以，我认为，是美国政府发起的对中国的贸易战和他们自己的政策导致了通货膨胀，不完全是美联储大规模发货币的结果。

另外大家看一下，因为超发货币，美国的股市大涨。这是从特朗普时代开始一路不回头地往上涨，拜登上台以后，又一路地往上涨。大家知道，如果股市大涨，消费需求也会增加。这是什么效应？你的股票在涨，肯定就是大吃大喝敢买东西，感觉比较爽，导致了消费很强。这就是金融市场所带来的"财富效应"。还有美国的房价，纽约也好，洛杉矶也好，华盛顿也好，房价和销售量都在上涨。结果导致美国在新冠疫情发生后经济迅速复苏。回到中国来，我们就看到了，中国的体制是很特别的，股市一直在3 000点上下波动，大家在股市里大部分都是亏的，怎么有心情消费？故而凯恩斯的货币理论仍然有参考意义。

刚才讲了，这几年中国央行一直在降准，降了十几个点了，但是央行的资产却一直没有增加多少。中国的广义货币在增加，但是主要还是商业银行内生的，而不是中国央行像美联储那样直接增加M0。这几年我一直在讲，去杠杆千万不能紧货币，要宽货币才可以平稳地去杠杆，旨在通过央行释放基础货币来影响企业家和投资者的预期，同时减少企业和地方政府还本付息的负担。另外一个比较有趣的问题，就是目前在新冠疫情和中美贸易战的冲击下，经济增速在下行，企业投资在下降，企业负债和地方政府负债都到了不堪重负的情况，为什么央行不降息？目前中国的实际贷款利率和融资成本仍然很高，实际利率都是在 6% 到 7%。大家知道，房地产的贷款都是从信托和各种其他融资渠道来的，除了一些大的央企，大多数房地产公司根本从银行拿不到贷款。在这种情况下，为什么利率降不下来？问题在哪里？

我记得英国在二战时期的首相丘吉尔在之前做财长的时候说过一句很有意思的话，可以今天拿来对比一下。他说："当政府在货币市场上借款时，他就成为企业的竞争者，并且占有这些原本用于私人企业的资源，从而推高所有资金需求者的货币租金。"去年下半年，整个大宗商品的价格几乎都在上升，中国经济学家大部分都呼吁要紧货币，他们基本上相信预期通货膨胀要来了，所以要紧货币，防通胀。

但是在一些会议上，我就讲，现在不是要紧货币，而是要宽货币，不用担心中国未来会出现通货膨胀。盛松成、余永定等经济学家也主张如此。2021 年 5 月 5 日的中央政治局会议提出"稳健的货币政策需要保持流动性合理充裕"，这说明决策层也没有紧货币的意思。今年到现在的货币政策基本上是不松也不紧的。但是，为什么央行就是不降基准贷款利率？回到凯恩斯的理论上，降息不但会减轻企业和地方政府负债沉重的还本付息负担，更关键的问题是要企业家改变预期。用凯恩斯的术语说，企业的资本边际收益率开始下降，做企业不赚钱了，大量企业关门倒闭了，就业问题如何解决？又怎么能期望有高的经济增长？

现在问题是什么呢？从国际上来看，2014 年 6 月，欧洲央行把隔夜存款利率降到了 -0.01%，随后一些主要西方国家出现了低利率、0 利率甚至负利率！但投资仍然不启动，到了负利率，企业家还是不投资。这就是张军教授刚刚讲到的总需求的问题。投资是总需求很重要的一个方面，消费西方还是比较强的，这向现有的经济理论提出了新的挑战。量化宽松的国家增发货币不导致通胀，利率降到 0 乃至负利率，西方国家企业仍然不投资，全球陷入流动性陷阱，降到 0 降到负值，大家还是不投资。我们呢？投资主要是靠政府推动的投资，铁、公、基之类以及建设各类展馆、园区和美化城市面貌等等方面的投资，即使利率再高，地方政府为了保增长也要借债猛增投资。

这更符合凯恩斯当时的想法？比凯恩斯的理论主张更凯恩斯？而企业是否投资呢？在目前如此高的借贷和融资成本格局下，企业家的预期在变差，或者用凯恩斯的术语说，如果整个社会各行各业和各企业的资本的边际效率（我不大相信凯恩斯在《通论》中所说的全社会的资本的边际效率）都在下降，那未来中国经济又将如何增长？我讲完了，谢谢大家！

王永钦：

感谢韦森老师非常精彩的演讲！关于对凯恩斯的重新思考，大家知道，现在的货币大多其实并不是我们手里面拿的纸币，而是银行创造的信用，大概占 95％～97％。你在星巴克买咖啡就是信用——星巴克接受了银行债务。像苹果公司制造苹果手机一样，银行制造的东西就是债务。凯恩斯注意到，货币其实本质上是债务。大家想一想这个意义。我们稍微回顾一下卢卡斯学派的一些观点，卢卡斯主张货币中性，货币在生产中没有任何作用。这显然是荒谬的。货币是信用，而信用直接影响到生产决策。

凯恩斯有两个重要的思想。第一个思想就是他提出预期的作用。凯恩斯对人的理性有清醒的认识。人的理性是有限的。人有的时候不是那么理性的。人有的时候过于悲观，有的时候过于乐观。这是"动物精神"（animal spirit），跟货币的创造有关系。所以凯恩斯提出肯定有经济周期，跟非理性有关。借助了货币的力量，信用的力量，经济的流动性越多，资产价格越高涨。凯恩斯其实早托宾 30 年提出"重置成本"的思想。如果重置成本小于资产价格，企业会追加投资。大家对它的评价，对它的期望远远高于重置成本。对企业来说，股票和债券的价格很便宜。这是金融和实体经济的联系。凯恩斯大概早三四十年就有了这个思想。总结一下，通过货币、信用，影响托宾 Q，影响到实体经济。这个不一定是理性的。比如说过于膨胀的产能过剩是这样的，还有动物精神，货币的生产性理论建立了，经济周期建立了。凯恩斯比大多数经济学家都要看得远。比卢卡斯那些经济学家都看得远。

后来芝加哥学派放弃了凯恩斯的思想，成为主流经济学思想。有些人看不下去这个现象，特别是克鲁格曼。他认为宏观经济学没有进步，反而倒退了。特别是芝加哥学派完全错得离谱。芝加哥学派认为货币是中性的。这样的话就理解了很多的现象，包括货币政策、中国的货币创造……那么，因为时间的关系，很多的评论这里就不展开了。希克斯的 IS-LM 模型在教科书里面，其实是非常有偏的。因为这个里面没有预期，没有动物精神，就是一个机械的东西。席勒（Robert J. Shiller）也批评过，包括人的信心乘数都没有。人对未来的信心，应该有一个乘数效应。所以，接下来我们大家针对这些问题，结合中国相关的问题展开更加具体的讨论。请两位老师到前台就座，我们开始讨论具体的问题。"头脑风暴"之后再提开放性的问题。

王永钦：

今天我听得非常兴奋，因为韦森老师讲的很多的东西，对我的启发很大。我从第一个问题展开。韦森老师讨论了很多货币信用对经济发展的影响。我最近看一本书，是英国的学者写的，他叫 Richard Warner，号称是最早做 QE 的。他有一个观点，说日本早期的时候，经济发展是比较健康的。因为日本当时信用创造是基于外贸的，像中国一样，就是银行把钱借给你，你以外贸仓当作抵押品借钱。后来发生了变化，房地产作为抵押品借钱很容易，银行愿意借给他，房价上涨了，抵押品价值上升，那可以借更多的钱。现在中国很像，首付率只需要 30％。我想请教韦森老师，中国从 1978 年改革开放到现在，最近的这四十多年，如何从中国信用创造的角度，理解中国经济发展的几个阶段？

韦森：

从 1978 年开始是吧？

王永钦：

也可以短一点的。

韦森：

实际上我给企业界讲中国的宏观经济时提到，中国实际上是有三次主要增长。第一次是 1978 年到 1990 年的增长。第二次是 90 年代有一波增长，后面有一些下降。第三次是 2001 年开始的一波增长。最大的一波增长很大程度上是在 2001 年加入 WTO 之后，基本上可以分为以上三个阶段。

回到今天的话题，中国经济高速增长的时期，也是广义货币迅速扩张的时期。2001 年，中国政府的债务量只有 1 万亿，现在中国政府的显性负债是 31 万亿，债务量翻了 31 倍。还有一个就是房地产迅速发展时期。从这个意义上来讲，房地产、基建确实是中国过去 40 年增长的一个基本推动力。还有，最近伍戈博士做了一个研究，我也注意到了。他发现中国经济的"双引擎"：一个是房地产，一个是基建投资。房地产投资比基建投资对中国经济的贡献还大。一到经济下行的时候，实际上就是房地产下行的时期。

但是现在问题就来了。大家也知道，中国的基建投资目前已经降到了 5％以下，主要的一个原因就是地方政府没钱。地方政府去年发了 7 万多亿的债，包括信用债、城投债、这个债发了很多。但是按照赵伟博士的研究，现在我们的城投债，76％到 80％都变成了"借新债还旧债"。连信用债也是，甚至 80％～90％的是借新债还旧债。虽然地方政府在发债，但是没有在做固定投资，基建投资的下降是必然。如果房地产再下去，中国经济增长就很成问题。但是由于大量的债务扩张，像是恒大、现在的绿地等，多少的房地产企业都陷入了债务困境。去年是 440 家房地产企业倒闭，2021 年起到现在也有 270 家倒闭。且倒的房地产企业越来越大了，原来就是地方的一些小房地产公司。现在问题确实是很大的。如果资本的边际效率再下降，就是预期变差，会造成更大的问题。

王永钦：

　　第二个问题想问张老师。张军教授是产业经济学的奠基者之一。90 年代初，我读过张老师的《产业经济学》。张老师很年轻的时候写的，不到 30 岁写的这本书。张老师在很多年前的中国经济年会上推荐一本书就是《资本的秘密》。张老师讲，资本像是信用货币，银行创造的。这本书里面提到一个观点，为什么拉丁美洲一直没有发展上去，因为这些国家产权界定不清楚，土地没有基本的产权，不能作为抵押品向银行借钱，没有抵押品就不能创造信用和资本。我想请张老师从这个角度讲一下，中国过去的信用创造的制度基础以及中国未来有没有可能创造新的资本出来？

张军：

　　谈到债务或者说是信用创造，其实实质上我觉得是财政货币化的过程。因为经常说土地财政，这个土地是政府的资产，它需要货币化，所以我们建了很多的融资平台。这些融资平台，拿这个土地抵押去银行做贷款。所以刚刚韦森教授说的房地产基建，其实都是跟土地有关的。所以今天我觉得真正要公平地评价这些债务在中国经济发展当中扮演的角色，我觉得今天不能"一边倒"，就是说还要有一个平衡的看法。因为你想一想，30 年前，哪怕我们浦东这样的地方搞开发，政府说又要开放又要开发，小平同志说没有钱只给政策。对地方政府来说怎么办呢？就要拿土地想办法。当时的浦东现在总结，它有一个创新，不知道在座的知道吗？浦东最重要的创新是什么？就是"土地空转"。所谓"土地空转"，意思是这个地还是在这里的，但是它换手了，它从财政到了银行。当时为了创造这个信用，又不能违法，倒逼他们做了一个很有趣的事情。其实就是土地大概属于上海土地局。财政局给土地局开一张支票，然后又回到了财政局。这个支票不需要兑现。这个过程当中，就是法理上解决了这个矛盾。这个土地实际上就批租出去了，给了外商。这是很有意思的一个事情。

其实我们土地批租最早的是虹桥那一块土地，叫作26号地块，印象当中这一块地要拍给日本人，是朱镕基还在上海做市长的时候。日本人当时就说，我能不能从中国的银行去借钱来租这一块土地。当时好像是2800万美元。日本人就说我要借你的钱，来租这一块地。那个时候大家都不是很理解。所以当事人就向市长汇报。朱镕基一听很恼火：日本人想得出来！批给你土地还要借我的钱。后来他去咨询了香港的梁振英和罗康瑞，他们认为这是一个好主意。这样的话相当于挣了两笔钱，土地批租和银行都挣了钱。后来朱镕基想通了，这是有道理的，就同意了。其实整个中国开启发展的过程的时候，我们当时面对的约束就是这样的，我们的起点不一样。最重要的一个要素——土地在政府手里，所以必须要把它货币化。如果不能货币化，你这个融资的约束就找不到缓解的办法。其实刚开始大家都是没有钱的。你想想深圳的特区，当时也是通过这个土地融资。第一个特区——比深圳早了8个月的蛇口，当时搞基础设施的更新，建货柜码头，也是没有钱。所以当时香港招商局董事长袁庚给广东省委写了一个报告，他说香港的货柜码头租土地的地价很贵，建议在蛇口可以干同样的事情，比香港要便宜很多，这样的话香港的货柜可以搬到我们这里。后来政府就批准了，就干了蛇口工业区。其实就是人家的钱，无非就是他把这个地方租给人家了，整个深圳其实也是这样做的。

所以我觉得这是整个打开"死结"的思路。没有这个突破的话，无论是浦东还是广东整个经济的发展都很难想象。所以刚才说，De Soto的书讲"资本的秘密"，其实在拉美因为土地是私有的，这是一个我觉得跟中国很不同的地方。在中国来讲，整个资本的积累其实是从土地货币化，或者说财政货币化这样的一个突破当中找到了一个解决的办法。

王永钦：

张老师讲得非常好，从体制性的原因给我们分析中国资本创造的秘密。其实很多拉美国家包括印度，都是这样的，产权界定是不清楚的。所以他们很难创造货币，本身不能内生地创造资本。资本和货币不太一样。我们说的资本不是通胀性的，而是"做大蛋糕"的作用。

第二个跟凯恩斯的思想有关的问题，是关于预期的。张老师特别看重预期。我最喜欢《通论》的第十二章，读了无数遍。里面有很多思想和比方很优美，很有哲理。关于中国经济的下滑，有很多解释。现在从预期方面问张老师一个问题。是不是中国特殊的制度——GDP目标制是符合凯恩斯的精神的？实际上，宏观的环境怎么样，期望定好了，宏观经济目标也就锚定了。你知道这个社会大致如何发展，你配合着一起做，大家一块努力。一个人去做的话肯定不行的，这个是连在一起的。中国的GDP目标制这种独特的制度很有意思，你怎么看这个问题？后面中国的政府越来越弱化这个指标，说科学发展观，现在更不看重GDP增长目标了。这对于中国的经济增长意味着什么？

张军：

这个思想是比较复杂的。去年我跟樊海潮、许思伟在《经济研究》发表了一篇文章。这些年我们经济增速持续下降，而且这个压力应该来说一直没有得到缓解。我一直觉得这不是一个很复杂的问题。因为你想，温总理在最后一年任期的时候，作政府工作报告，当时还是信心满满地说我们定8%的目标，应该没有问题。那么为什么时隔一年，新政府执政一年以后，我们的经济增速就掉下去了？而且不是说一年两年掉下去，总体上就是持续下降到现在的。我们的想法其实很简单，就是这个市场预期改了。那么市场预期为什么改了？因为我们现在中长期的这些规划的东西出来了，它不希望你跑那么快，不鼓励地方在GDP这个上面过度去追逐。这是一个大的背景的改变。中组部在2014年出台了关于地方干部政绩考核的新的文本，当中就谈到了不希望让大家去追逐GDP。然后提出了要关注其他的东西，比如说环保的问题，防止金融风险的问题。这样弄了以后，就变成一个所谓的"多任务"的目标，单任务变成多任务。对地方政府来讲，关心的是怎么去平衡这些目标，因为你的 GDP 增长跟环保可能是冲突的。这两个都要的，不是说 GDP 不要，GDP 也要增长，没有增长就没有财政和收入。但是又不能对环境造成比较大的压力，同时又要防止出现金融风险，每个地方政府的官员肯定要寻找一个最优的组合。当时就是我觉得没有那么复杂。不像很多的经济学家说的因为人口红利下来了，时间上碰巧而已，那个背后没有什么特别的直接的关系。其实就是整个的上面的要求变了，上面不让你这么干了。然后要放慢投资的增长，在当时来看这是最重要的。怎么放慢投资的增长？肯定要去压缩产能。所以在 2015 年，中央开始有一个想法，应该来自于中财办。他们的想法就是说，整个经济的管理，要从需求侧转向供给侧。也就是要开始关注怎么样去压缩产能。2015 年的思想就是"供给侧结构性改革"。2016 年正式写到了中央的文件当中，要求地方去进行供给侧结构改革。当时提出了三年的任务。中国很多的上头的这些想法或思想，其实会变成一个短期的、运动式的做法。三年里面，分解到各个省、各个市和各个县，就是要求关企业。关哪些企业呢？就是污染比较严重的，高能耗的，往往都是去关那些民营企业。所以那几年参加我们论坛的很多企业家上来就抱怨。市场预期在这个过程当中慢慢地就开始恶化了。那么刚刚韦森教授 PPT 最后几张谈了，其实我们的管理当局在这种情况下，他们也没有办法作为了。上面要求你要压缩产能，要去产能，去库存，"三去一补"。

在这种要求之下，你说我们的中央银行，它也是没有办法。所以央行知道市场预期在恶化，也很难。在这种情况下，像韦森说的，其实应该宽货币，需求改了没有人投资了，应该宽货币。但是不行。这个就是中国的货币宏观管理当局面临的很大的约束，这是跟美国不一样的。美联储按照自己对市场的预期和观测，是可以做调整的，中国的央行不能这样做。我深深地体会到，无论当年的周小川还是易纲，他们现在干的活是不容易的。因为他们不能突破，没有空间。我看着经济往下掉，我能做的就是尽量托一把，尽量托住。下行的压力是持续稳定的，央行只能托住，不要下得太厉害。所以现在有点羞羞答答，创造了很多的货币工具，刚刚说的"麻辣粉"什么的，总量上他不敢突破，他只能做"结构性的货币增长"。这是很有意思的。凯恩斯如果活过来，不知道他会怎么想，估计他会觉得很可笑。因为宏观经济可以加进去很多结构性的货币增长，最后变成"产业政策"。哪有这样规定的？

经济下行，我觉得某种意义上来讲，道理没有那么复杂。但是经济学家们把这个问题搞得很复杂。所谓"三个叠加"，我现在背不出来了。意思就是说我们倒霉，因为运气不好，几个不利因素叠加在了一起，所以潜在的增长率肯定下降的。现在的 5％、6％的增长没有关系，潜在增长率就是这个水平的。

我认为宏观经济，如果需求不能反弹的话，经济没有波动的话，我们如何知道潜在增长率在哪里？根本没有办法知道。我们之所以知道潜在增长率，就是因为我们"回头看"这个经济波动的时候，它是围绕着一个水平在波动的。

王永钦：

张老师刚才提出的观点很重要。把潜在经济增长率和现实的差距，作为宏观经济政策的依据，事实上很难做到。因为它是 counterfactual 的。如果政府不这么做的话会怎样，我们不知道。如果波动的话，会给我们信息。

张军：

是的。一有波动的时候，我们才知道潜在增长率是什么水平的。你现在怎么能说，潜在增长率是 5％，我认为这个完全没有道理。但是我们的官员很可能相信了这一点。我觉得易纲不会相信的，但是他没有办法，坐在了央行行长的位置上。他也是一个经济学家，他懂这个道理，但是没有办法突破。现在就是这样的困局。我们不能更多说什么，就是表达一些担忧。我并不认为央行真的会有什么大的行动，但是我还是想表示担忧，至少有权力表示担忧。

王永钦：

非常精彩，给一点掌声。那么我也非常感慨，因为凯恩斯讲过一句话，经济学家、政治学家的思想的重要性，远远超过了我们的想象。世界上大部分的事情就是受少部分人的思想影响的。中国的政策很多不一定受到正确的影响，感觉很多宏观政策确实应该听一下复旦的声音。

张军：

刚刚我讲的这个东西，其实我觉得我也不是很孤单的。刚刚韦森说宽货币，我很认同。我也是主张宽货币的。我认为这个时候应该宽货币。余永定也认为应当宽货币。其实在"供给侧改革"提出来后不久，当时很有影响的报纸，组织了八位经济学家谈这个宽货币的事情。现在想想，当时我们看得比较准的。你想想看如果不宽货币的话，2008年以后积累的债务问题，根本没有办法化解。中国的很多事情要动态地来看，不要把它静止在一个截面上。否则你会觉得中国的经济要崩溃的，那是无解的。资产负债表要动态地调整，我认为是可以慢慢地走出来的。如果你看静态的截图，你真的觉得这个经济完全要崩溃。但是实际上想想看，所有的宏观指标，影响预期和信心的指标都是一个比例，分母都是GDP。如果GDP往下掉，往下掉得比那些债务的压缩还快，那这个比例其实还是上升的。即便你经济放缓了怎么样呢？债务占GDP的比重还会上升的，不会改变。我个人觉得宽货币很重要。

王永钦：

张老师讲得非常好。他从政治治理的角度讲中国经济下滑的原因，和韦森老师讲的货币创造结合起来。因为货币创造不是央行发钱，下面有需求，他把钱创造出来，最终还是要作用于实体经济。2008 年的时候，中国经济研究中心的老师们一起思考，中国经济发展的政治经济学的基础在哪里？当时我们的结论就是，中国有独特的 GDP 锦标赛的制度。地方政府的目标非常清楚，就是 GDP 最大化。到了最近几年，又要这样又要那样，一票否决制，不管 GDP 发展得多好，如果有矿难、环境出问题了，那就是一票否决。大家知道，数学上变成了 Max 和 Min，短边的规则，机制完全变了。

第三个问题我想问韦森老师。复旦大学中国经济研究中心跟很多经济学家都讨论过一个问题。在 2012 年大家都发现，中国企业的利润率下降了。为什么是 2012 年？大家知道金融危机是 2008 年。2012 年美国的 GDP 已经上升了。2021 年中国的 GDP 跌落到两位数之下，百分之 7 点几。这跟债务有很大的关系。先请韦森老师讲一下。

韦森：

中国政府的债务率现在单从政府来看不是太高。按照央行的统计，现在中央政府的债务在 18 万亿不到，还有地方政府的债，加起来不到 GDP 的 60％。还有企业债在 170 万亿左右；特别是家庭加杠杆已经到了 60％左右，但是整个加起来是 GDP 的 280％到 290％，与发展中国家的平均水平差不多。

但是中国的问题是贷款和实际融资利率太高。为什么我主张宽货币？一个主要的原因是我们的利率高。大家知道，美国的债务今年是在猛涨，GDP 会到 21 万亿美元左右，它的债务就是联邦政府的债务到了 28 万亿美元这么高！但是美国利率低，甚至到了零利率、负利率。美国政府的还息成本非常小，几乎没有多少利息。借就借吧，敢借。我们的债务不算多，但是利率都是 6％到 7％，甚至到 8％或更高。企业受不了，政府受不了。所以说现在我主张宽货币，很重要的一点就是主张把利率降下来。在亚布力论坛和其他场合，我曾当面问央行的官员，为什么央行不降息？我们的基本利率 3.85％，存款利率 1.7％左右，息差这么大，这不是央行规定让商业银行赚钱？

王永钦：

今天中午跟一个朋友吃饭，他说即使你用宽松的货币政策，商业银行也不想借给民营企业。这个问题怎么解决？

韦森：

民营企业去年倒闭的比较多，特别是山东倒闭了很多。商业银行现在采取贷款坏账终身负责制，你是银行贷款经理，你在任的时候，要扣你的奖金；退休了还要找你。所以在这里面，每位经理经手的每一笔贷款要终身负责的。这种情况下，民营企业的坏账比较大，还有国有企业坏账也很大，但是国有企业尤其是大国企政府不允许倒闭。在这种情况下，我贷款给国有企业，都是市政府省政府让我贷的，不是我的责任。这就导致大量贷款给了国有企业。大家知道，民营企业利润率在下降，国有企业利润率在上升。一个很重要的原因，很大程度上国有企业赚的不是营运净利润，而是它把这个低成本获得的贷款再次放贷给其他企业，赚一笔息差。这就产生了很多问题。

王永钦：

像一个影子银行。2012 年以后债务基础是否和资产负债表的衰退有关系？

韦森：

这几年我一直关注这个问题。如刚才所说的，我们国家各部门的整体债务率与国际比较不是太高，但问题是市场利率太高，显示出来就是你所说的资产负债表的衰退，一些企业也就关门倒闭了。观察近代以来的各国经济史，在一个经济高速增长的时期，利息率都高。一旦高速增长的时期过去了，利率降也得降，不降也得降。中国降低贷款利率和融资成本，是一个改变不了的趋势。但是到目前为止，我们这个体制恰恰不让降息。

王永钦：

请张老师讲一下，2012 年之后的增速为什么突然下滑了？以及中国债务问题的破解之道何在？

张军：

其实有很多似是而非的说法，说了三遍我们就相信了。这是一个比较大的问题。比如说，现在希望经济增长慢一点，这样可以提高经济增长的质量。我不知道你们在座的有多少人相信？我相信这个话是可以打个问号的。如果经济增长放慢，其实我觉得最重要的要看经济增长的来源是什么？谁在推动经济增长，生产率提高靠谁？经济增长快也不见得你的质量就差，实际上你看我们经济增长快的时候，往往都是我们最有活力的部门，会更加活跃，会有更好的一个产出效率的提升。所以经济增长的质量也不见得是差的。

但是现在经济增长慢了，需求下去了。我们大量的有活力的企业现在都已经退出了，其实你的质量也还是在恶化的。所以说我觉得这些都是似是而非的东西，需要我们认真地思考。甚至有的时候还要反思这样一些说法。当然我理解 2012 年之后我们的经济放缓，跟前面4 万亿是有关系的。我们整个的信贷扩张比较快，到了 2011 年之后，经济出现过热，宏观上开始收紧。正常情况下，有一两年的时间，差不多这个政策又开始放松。没有想到在 2013 年之后，政策没有放松，相反我们自己给自己找了为什么不放松的理由。我们的理由就是说中国经济的主要问题不是需求的问题，是供给低效的问题。背后有很多经济学家讲出来这些东西。供给低效必然就进行供给侧结构改革，那么就说要用行政办法去压缩那些无效的产能和库存，所以就提出了供给侧结构性改革。说是搞三年，最近看总理在今年的政府报告当中说，供给侧结构性改革还在进行当中，还是一个进行时。

所以我们很多的政策特别是中长期改革的政策，其实需要考虑怎么样跟短期的宏观的政策协调起来。我们不能说中长期的政策出来了，我们就暴风骤雨式地变成了短期，希望两三年一下子达到目标。我想天下没有这种事情。美国的一个反垄断反微软花了十年的时间，最后司法部和微软是和解的。现在我们要修改这个《反垄断法》，一个礼拜就结束了。这样市场的预期就不能连续，觉得这个政策不断在改，不断有新政出来。所以实际上整个市场来不及消化，你想要做一个投资，要办一个厂，没有十年八年不可能的。但是你的政策一年当中可能就变了两次，整个的市场预期其实就完全被扰动了。再加上刚刚说的，中长期的政策出来以后，其实宏观的政策现在很被动。我们现在要环保。环保其实要靠价格机制，靠市场机制，慢慢进行绿色的转型，而不是靠行政干预的办法，去关掉那些企业。你现在关了以后，最后你的经济也没有改善，而且预期在恶化，最后这个投资需求也没有了。

刚刚韦森教授说的现在基建投资下来很厉害，没有人投资了。那经济的生产率怎么改进？所以现在我感觉就是想法都是好的，但是中国的这个体制很容易把这些中长期的目标迅速地短期化变成运动式的，都变成行政指标，压在地方政府的头上。所以它们不得不采取这种粗暴的办法，关停并转。很多企业还没有投产就被关掉了。

王永钦：

可不可以解释区域分化问题，北方和南方的差异？北方受污染更大是不是受政策的影响更大一些。

张军：

我有一个学生在研究这个，南北差距当中，他发现一个很重要的原因，就是这个十年南北差距的扩大跟环保的政策有关系。环保的监管措施出台了以后，其实是加强了对北方这些经济的硬约束，使得企业来不及转型，产能就下降了。

王永钦：

张老师讲的是目前的中国经济文献里面很热门的问题，叫经济政策不确定性，就是 EPU 这个研究，金融上也有很多表现，企业发债比较短，不敢投长期的项目等等。

张军：

刚刚说的银行的问题。我记得我大概四年前到马尼拉去开会。亚洲开发银行给一些国家提供基础设施的贷款都是十年以上的。可是你看中国的商业银行，哪个贷款会超过五年？贷给你三年就要还。很多拿这个钱去做长期投资的话，还没有开始盈利就要开始还款，加上利息这么高，中国的这些企业真的很不容易。开发银行贷给你这个国家，他也知道基本上打水漂的，他可以贷十年二十年。当时中国拿了太多世界银行和亚洲开发银行的贷款，这些钱都是几十年的。怎么可能说一个商业银行的贷款给你三年五年就要马上还？中国哪个企业可以？除非他去干房地产。所以我就去干这些高风险的投资，高风险投资导致违约概率大幅度提高，整个风险就提升了。我觉得中国的商业银行这是一个悖论。

王永钦：

张老师讲得非常好。包括中国经济短期化，TFP 下降的原因是什么？是民营企业不想投资，还是贷不到钱，企业没有长期研发的动机了？

我再问一个相关的问题。刚刚在讨论中得到一个观点，中国的货币政策感觉财政化了。变成了产业政策，扶持哪个产业哪个部门。产业政策本来是财政发力的，财政没做。央行做的事情应该是全局性的。财政方面，包括财政支出和税收方面，有没有一些减负等可以做的事情？

韦森：

减税是我近几年一再呼吁的重点。包括我在多次会议上都提出来了。2019 年的 11 月份，在北京开了一个会。在那个会议上，我当时讲了一个观点，这个观点就是关于财政政策。我在会上提出来一个问题。我说现在中国中央政府的负债并不高，当时只有 16.8 万亿。我们有 100 万亿 GDP，中央政府债务不到 GDP 的 20%。美国政府已经到了 28 万亿美元，是 GDP 的百分之一百还多。为什么我们不多发些国债？

大家知道，地方政府现在没有钱。地方政府没有钱，要举债发展经济，但是地方政府发债的权力要财政部批。地方政府发了债，又新债还旧债，大部分没有办法转换为投资。财政部为什么不发国债？发了国债，可以发专项债，可以进行地方债务置换，更多地直接地变成投资，多好的一个事情！国债这么低，有三个好处。第一个好处，现在这个财政赤字很大，不发也要发，这是一个必要的选择。

第二个好处，实际上我们学宏观经济学就知道了，中国正是因为国债太低了，央行不能通过在货币市场上通过买卖国债来增减货币，导致出现了"麻辣粉""酸辣粉"，通过发央票，用一些地方债和企业债来抵押，非常不规范，给央行带来的风险比较高。如果我们的中央政府的债务可以到几十万亿，甚至七八十万亿，这个时候就可以为未来中国的货币政策奠定一个制度基础。这也是长期要做的一项制度建设。

第三个好处，大家知道，我们银行一年期的存款利率只有1.75%，通货膨胀在 3% 左右，老百姓存在银行里面的货币每天都在贬值。买股票亏得更厉害，买房你还敢买吗？买卖外币比特币更不是一般老百姓可做的。我说发国债，是主张要发长期国债，且主要发储蓄国债，而不是记账式国债。记账式的国债都被商业银行和国外机构买去了，普通居民家庭买不到。如果发 10 年期、30 年期的储蓄国债，甚至可以考虑像英国 17 世纪英国政府那样发永续金边国债，只付利息不赎回。比如十年期票面利息 3.08％，30 年的国债可以到 3.5％或者 3.8％。老百姓买到储蓄国债，至少可以让老百姓有一个资产保值增值的机会。但是财政部说，我们现在不宜发国债，马上就否定掉了。结果中央决策层还是部分接受了这个意见。去年的政府工作报告，提出发两万亿的抗疫国债。再看去年财政部的财政收入报告，你会发现财政部竟然只发了 3 600 亿的短期国债，只有 3 年期。其他的就没有发。最近财政部有个司长带几个处长来上海调研，我那天从南京匆匆赶回来，当面问财政部的官员现在不发国债的理由，他们没有回答。现在就清楚了。大家想一想，发国债谁付利息？当然是财政部了。地方政府发债了，你发的利息你自己付，美其名曰叫"谁家的孩子自己抱"。去年的地方政府发债七万多亿元，但是国债发的不多，特别是储蓄国债就没发。

王永钦：

我说一句，其实国债还有另外一个好处。现在发现国债发行多的在美国，有挤入效应。国债是银行间市场的抵押品，即使美国也缺抵押品。美国的国债长期占债的 31.5％，是恒定的一个地基。中国这个水平太低了。中国现在需要做很多的事情，货币政策需要做的事情，现在要找到财政部来做，增加国债的供给、减税。张老师请说两句。

张军：

当然我是同意财政要更加积极。财政的积极，可能在我们经济下行压力比较大的时候，可以有比较好的效果。对中国来讲，财政相对来说，我觉得更加保守一点。大家要知道，中国的财政有一个传统，是从延安时代这样过来的。新中国成立以后搞计划经济，我们在财政上面吃了很多的亏。当时吃的亏就是我们说财政过度开支，没有钱，那怎么办呢？我们就从银行透支，也就是用今天的话来说，就是财政赤字的货币化，当时带来很严重的宏观问题。

所以我想可能在我们的整个财政系统里面，这个记忆还是比较明显的，摆脱不掉，思路一直打不开，就觉得赤字确实不能货币化。现在来看发达国家已经开始讨论 MMT（现代货币理论）了，可是我们的财政还是这样的思维。

我们的财政一直贯彻一个理念，就是过"减日子"（austerity）。在我们整个的计划经济时期，经济出现困难比较多。所以基本上就埋下了这样的基因。我觉得中国的财政部一直还没有现代化，还是比较传统的思维。所以我理解，这不一定是一个特别重要的原因，但很可能是在真正起作用的原因。这是新中国的历史造成的。在陈云时代，他不断提醒财政部不能搞赤字，不能赤字货币化。不能透支，低工资低物价好。那个时候留下来这样一些管理国家、制度治理的思想。

但是现在你看，十八大以后还是十九大开始，就开始提国家治理的现代化。其实这个很重要，只是现在我们讨论得不够，研究得也不够。什么叫作国家治理能力的现代化？这当中不仅是央行要有预期管理，要尊重市场的预期，要稳定市场预期。而且我个人觉得，对财政来讲，你要有现代的手段，不能老是过减日子的财政。老是想这个钱省着。最重要的，要有现代的工具，现代的视野。发达国家有很多的做法，他们都在考虑 MMT 了，你还是不发这个国债。你看 MMT 当中有一个很重要的想法。就是财政部向央行去发债，不进入二级市场，这个债永远停留在央行的资产负债表上。我认为这个思想他们已经很成熟了，但是在中国我们现在连想都不敢想。所以我觉得财政的体制是相对比较落后的。尤其是经济处于下行的压力当中，财政作为还不够。你看发达国家包括美国疫情来了以后，首先想着给老百姓发钱。一张支票，1600 美金寄到家里去了。中国的财政在这个过程当中，还是想着去跟企业做一点纾困，减免一些税收。他其实没有想到，在财政工具箱当中，现在要想办法往里面丢很多的工具进去。

王永钦：

没有想到凯恩斯的需求管理。

张军：

他想一发钱，这个缺口又大了。所以老是在想这些东西。现在融资手段的这个方面，我认为还是相对比较落后的，我们着急也没有用。但是我觉得中央提出来国家治理能力的现代化，这是很重要的。再过 15 年我国都变成人均 3 万美元的经济体了，相当于韩国人均GDP 的水平。美国是 6 万，你是它的一半，人口是 4 倍，经济总量就是美国的 2 倍了。真正达到这个目标的话，那手段还是停留在这个很传统的阶段上面。这个经济我觉得就是"四不像"。总量很大，人均水平也挺高的，但是管理经济的能力没有。

王永钦：

我也同意这个观点，货币政策体系已经现代化，财政体系一直还停留在计划经济时期。最后一个问题。这个问题是关于目前稍微短期一点的问题。大家知道恒大最近出了流动性的问题，政府也在限制房地产，某种方面可能操之过急。三条红线，房地产借不到钱。大家知道房地产是信用创造的抵押品，地方债的抵押品，企业的抵押品，80％的抵押品都是住房。债务总量是给定的，如果抵押品缩水的话，违约就开始了。中国整个经济的体系是嵌套的，我的资产是你的负债。一旦我无法给你钱，你不能还给另外一个人钱，这个经济就陷入停顿了。我想问一下两位老师，关于房地产的流动性危机，这个怎么处理？以及中国的房地产政策是不是有更好的政策？

张军：

我回答不了这个问题。但是我觉得刚刚讲到的房地产市场，我们也不能够一棍子打死。我们对房地产市场的认识还有待提高。房地产市场就是住房的问题。房子是住的。房地产还是一个刚刚说的抵押品，有金融属性。金融的话跟整个系统是嵌套在一起的。对这个市场的管理，我觉得需要智慧。

现在各个地方因为压指标，房价不能动，还要限购。供给需求整个的金融的支持，都全部要阻拦掉，所以现在这个市场很尴尬。最近看到房地产市场有些爆雷的事情，这是迟早的事。大家担心会不会就到了雷曼时刻，这个还是值得高度关注。我今天在学生开学典礼上提到一个事情，就是走一般均衡的思想。我们老觉得城市里面见到了很多高级的房子、公寓，好像这样会损害我们的中低收入家庭的购房能力，或者支付的能力，因为他们可能认为整体上会抬高租金的水平。但是有一项芬兰的经济学家研究发现，因为各个市场其实是相互影响的，豪华的公寓建了以后，其实会产生一个类似于"过滤"的效应，总体上会对房地产市场的租金水平有向下的影响。也就是会拉低租金，而不是抬高租金，所以这样对中低收入家庭来讲，不是一个诅咒，而是一个扶持。

我们需要对整个房地产市场有更深刻的认识。通过这样的研究，反过来对政策可能会有一个启发。不能简单地认为，房地产市场很单一的就是一个住房。住房要价格低，每个人可以住得起这个房子，这个问题就解决了。其实问题远远没有解决。这个市场可能被看得过于简单了。再加上抵押品对金融的影响，因为抵押品对整个金融系统有巨大的关联影响；同时房地产又是中国经济发展当中很重要的一个支柱，我们还是要承认的。在这个情况下，这个市场管理不好的话，那真的是危险性比较大的。

王永钦：

一般均衡的思维，像国债不是一个财政的问题，房地产不是一个单纯的房地产的问题。请韦森老师讲一下。

韦森：

今天上午正好参加了在上海浦东召开的中国房地产的一个高峰论坛，我做了主旨讲演。在讲演中，我最后一个结论就是"四保均衡"

决定了目前中国房地产的发展。中国房地产取决于"四个保"：中央政府要不要保增长？地方政府要不要保财政收入？按照财政部的数据，整个卖地收入和房地产的各种税收，跟房地产有关的财政收入加起来，占中国整个财政收入的 40.3％。这是全国。有些地方政府的出让金达到整个财政收入的 50％～70％，高度依赖卖地收入。今年的卖地收入再下降的话，地方政府就卖不出地了，地方政府要保财政收入。房地产企业主要是保不破产。老百姓保什么？保值增值。这几年，中国家庭的存款超过一百万亿。中国的蛇口、深圳、上海的住房增幅高于纳斯达克指数的增幅。炒股基本上没有收益，老百姓发现弄了半天还是买房赚钱。**中央政府保增长，地方政府保财政，房地产企业保不破产，老百姓保增值**。这四个保的均衡与张力决定了中国房地产的走势。最大的变量在于房产税。从去年开始到现在是紧锣密鼓地讲开征房地产税。5 月 6 日，财政部就说要推进房地产立法。四个部委联合开了专家咨询会议，要推房地产税。财政部的一位副部长也说今年要进行房地产税征收试点。

现在中国的房子是什么情况？这里看到的数据是中国的自有房率已经很高了，超过了 90％，全球才 66％。按照甘犁和中金公司的统计，中国的城镇居民家庭的人均套数是 1.16 套，就是说三口之家大约平均有 3.5 套房！要是征房地产税，现在有人说第一套不征，第二套开始征，有人说第三套开始征，不管怎么征，现在的整个趋势就是中国的人口在下降，老龄化在上升。特别是今年报出来的一个数据是，在 2020 年，中国的新增人口下滑到了 1000 万之下。现在就是人口在下降，房子这么多，再征房产税，你想想是什么结果？

王永钦：

对房地产政策的推出要非常谨慎，包括房地产税的提出。

韦森：

在这种情况下，征房地产税，是很麻烦的。你想想当你退休了，你有三套房子，你的退休工资只有七八千块钱。那到明年说你有三套房，第二套房子要交税一万块钱，我怎么给它交？这可是个大事情。如果房地产税开征的话，将会导致整个中国经济的版图和产权制度发生根本性的变化。

王永钦：

所有重大政策的思考要有一般均衡的思维。我们留一些问题给听众。

学生提问 1：美国是如何通过宽松货币政策解决债务问题的？

韦森：这一点只要看 2001 年以来美国货币和经济的演变史，就明白了。简单再回顾一下美国 1929—1933 年大萧条的原因及过程，就更清楚了。从 1917 年一直到 1929 年，美国的股市、房市和商业地产都在高速增长，到 1929 年 10 月 24 日"黑色星期四"股市突然暴跌，当时美联储实行了紧缩货币政策，导致四五千家银行破产，美国经济萧条了 20 多年才复苏。正是因为这一点，长期研究美国大萧条的专家本·伯南克在 2006 年任美联储主席后，吸取了 1929—1933 年大萧条期间美联储的错误货币政策导致危机的发生和加深的教训，在上任后采取了宽货币去杠杆的货币政策。虽然在格林斯潘任美联储主席期间自 2001 年多次降息和量化宽松，导致了 2008 年美国的次贷危机和全球金融风暴，但即使在这种情况下，伯南克接任美联储主席后，不是紧货币，而是宽货币，自 2008 年下半年到 2009 年，进行三次量化宽松，从而使美国经济自 2009 年就快速复苏了，平稳地度过了美国的次贷危机。这是最近一次美联储成功宽货币、保经济增长、最后平稳去杠杆的极好的例子。但是，2008 年的全球金融风暴发生后，英国央行和欧洲央行还是坚持陈旧的理论思维。他们不敢宽货币，迟迟不敢采取量化宽松的货币政策，导致欧洲经济许多年没有复苏，失业率在 10％以上迟迟下不来，甚至之后多年乃至到现在失业率仍然居高不下。记得 2014 年我去美国首都华盛顿做了一次中国经济史的讲座。讲座和住宿都是在美国白宫和美国财政部旁边的美国著名的 Willard Hotel。在吃早餐时，我读到伯南克在 *Financial Times* 上发表的一篇文章，他在那篇文章中就多次批评甚至嘲笑欧洲央行在 2008 年保守的甚至愚蠢（stupid）的货币政策。伯南克也写过一本叫《行动的勇气》的自传，他在书里反复讲一个观点，2007—2008 年的金融风暴主要是由于格林斯潘时期美联储不断地降利率，导致了房地产泡沫、股市泡沫、次贷膨胀。在这种情况下，按照常理是减货币去泡沫。结果伯南克减货币了吗？没有。他吸取大萧条的教训，连续进行了三次量化宽松，使美国经济到 2009 年就复苏了。20 世纪 30 年代的大萧条是 20 年没有复苏，这一次到 2009 年就复苏了。伯南克在《金融时报》的文章嘲笑欧洲央行，意思是说我是研究大萧条的，经济泡沫那么大的时候我没有紧货币，三次量化宽松美国经济就复苏了，而欧洲看经济泡沫那么大，一直不敢量化宽松，到 2012 年才开始量化宽松，结果欧洲经济到现在迟迟不能复苏。美国两次经济危机的历史经验告诉我们：去杠杆不是要央行紧货币，而是宽货币才能平稳地去杠杆。从 2001 年宽货币，到金融危机的爆发，伯南克和美联储继续三次大规模的量化宽松，恰恰是解决债务负担的一种手段。这里关键问题在于什么？在于利息率高低。因为美国和西方各国的银行贷款利率以及国债利率都非常低，导致了它的付息负担并不大。在这种情况下它们的经济是稳的，即使短期有经济波动，但很快就恢复了。但是，新冠疫情以来，美联储的大规模宽货币主要是通过增印 M0 来实现的，且宽松量是超前的，乃至超过美国历史上任何一次量化宽松。另一方面美联储印出来的钱，实际上通过财政部补贴了疫情暴发后的居民家庭，结果美联储的货币宽松和美国政府的负债加杠杆同时发生，即是说，美国近几年的情形是宽货币，不是去杠杆，而是加杠杆。这样下去，会发生什么？目前还很难预测。如果在这种情况下通胀来了，若美联储开始加息，那问题将会很严重。

学生提问 2：我是经济学院 2021 级的博士生。中国经济未来的增长会依靠什么？因为刚刚老师说，从投资端来说，地产和基建这个增长都受到了一定的限制；出口方面的话，也不再可能像刚刚加入世贸组织或者 2008 年以前的样子了；还有一个消费，但是国内的消费比例比国外同期还是要低的。未来的经济增长会依靠哪个？

王永钦：

这个问题非常好，消费最终是结果。这个同学的问题就是说中国经济增长的动力何在？

张军：

其实我们每个人，包括你，包括我，其实我们在思考这个问题的时候，不要在这里，或者在书房里面，教室里面，我们要跑下面。你如果到下面去跑跑，在长三角这个地方，你就会发现中国经济增长的动力在什么地方。

我举一个例子，前不久我碰到蚂蚁金服里面的一位高管。他说，最近有一个项目。这个项目他们看到有一个南京的企业家，很年轻的，好像是一个女士，现在并购了 Zara。Zara 大家知道是做服装的。因为 Zara 在过去并购了其他品牌，全球服装出货量最大。南京这个企业出货量比它小了一倍，你不能想象。你如果走进中国经济的最底层去看，那些人不关心政治，不像我们在这里忧国忧民。他们一直在关注市场机会，他们一直要把事情做得最好，要去抢占市场份额。我觉得中国有太多这样的可能名不见经传的人，可能是黑马，只是不知道他在哪里。但是你知道现在这么多的投资机构、PE、基金公司，其实他们都在下面跑。

我儿子从北美回来差不多半年了，天天跟着他的朋友去长三角跑，去了很多的县级市，里面有很多这样的公司，其实做的都相当好。现在他在帮他们寻找机会，比如说跟一些大的企业接触，有的时候准备上科创板，再进行辅导。我觉得这就是中国经济的希望。这样的一些名不见经传的人，他们就在做他们认为最重要的事情。他们去开创、创业，把技术做得最好。现在在医药、电子、互联网等等方面，中国有太多这样的人。你不要只看到蚂蚁金服，不要只看到恒大，要看我们的底板，整个经济的底板其实是一波一波的。用股市里面的话来讲就是"韭菜"，真的很厉害。我觉得这就是中国经济增长的动力。不要去想着我们的出口现在不行了，基建投资不行了，消费不行了，不要从这个角度去想问题。你要去想谁在创业，每天产生多少创业型的企业。去看这个东西，这才是中国经济的希望。

王永钦：

90年代张老师写过一个小册子，叫《企业家精神》。要释放企业家活力。最后一个同学。

学生提问3：

我是数理班的本科生。关于宽货币有很多的争议，比如僵尸企业的维护。我最近看到争议，宽货币的情况下，是否会拉大贫富差距？还有欧洲央行一些研究者在讨论这个问题，在宽信用宽货币的情况下，一些更加有钱的企业和企业家（包括富人）更容易借贷，在资本市场上容易得利，如何看待这样的问题？央行的基本准则原来包括充分就业、收支的平衡，现在央行是不是要多一个维护贫富差距这样的新指标？

韦森：

这其实就是最近一直说的共同富裕问题。刚刚那位同学讲了一个很重要的观点。现在我最担心的就是，我们国家才到人均GDP 1万美元的时候，就开始讲要关注收入分配问题了，这在某种程度上给大家一个信号：政府要杀富济贫了。这会影响到企业家的信心和预期，而实际上中国经济增长的根本动力在于企业家精神。我们已经知道，按照奥派经济学的经济周期的观点，企业家精神才是技术创新和经济增长的动力。而按照凯恩斯的经济学理论，企业家的预期，才是经济波动的主要原因。当然要看到，在中国的社会转型时期，目前真正富裕的主要并不是一些企业家，他们的资产和财富看起来数字很大，但大家看不到的是这背后他们的负债更大，他们很多人并不是"富人"，而是"负（债）人"。在当下中国，真正富裕的人，是那些靠政府权力腐败寻租的人。

张军老师和朱天老师有一篇文章，那篇文章非常经典的。刚刚那个同学问到了就是说三驾马车，消费、投资、进出口，它们其实是结果，不是增长的动因。经济增长的动力实际上是靠固定资本投资、人力资本投资和TFP。固定资本投资和人力资本投资现在是肯定要下降的，只有靠TFP创新。但是现在的政策恰恰是毁掉了中国的企业家预期和企业家精神。我碰到了太多的民营企业家都做到世界第一了。确实了不起。他们才是这些年中国经济增长的主力军。我调研了很多的企业。我讲一个例子，就是我们在浦东的一家很大的企业——微创科技。大家知道的动脉血管支架，进口的原来五万多一个，国产的也三万五。现在上海微创医疗器械（集团）已经是世界第一的动脉血管支架和其他医疗器械生产的大企业了，前几年这个企业增长、销售扩张很厉害的，制造技术也领先世界，产品销售到100多个国家。前一段公司邀请我给他们的高管讲宏观经济形势，我也顺便在他们的企业里做了一些调研。大家知道，去年国家实行动脉血管支架集采制度，据说最高有效申报价方面，冠脉支架产品最高有效申报价为798元/个，伴随服务最高有效申报价为50元/个，最高有效申报价合计为848元/个。这家公司的技术很先进，动脉血管支架都做到第三代、第四代了。去年突然限价只有800多元，连生产成本都cover不了，那未来这家企业怎么做？又怎么发展？它还生产了膝盖的人造半月板，前几天限价8500元。这样一来，政府自己的政策搞死了民营企业。进行价格控制，你至少连支架给8 000～10 000元。限价到七八百块钱，一些粗制滥造的廉价产品就会出现。好的企业马上资不抵债。这种情况下，我觉得又来强调收入分配平等，不是机会平等，而是结果平等，这对未来中国经济增长会有利吗？你大学硕士、博士毕业了，还敢去创业做企业吗？实际上在过去改革开放的40年，中国经济的动力就在几千万人都想成为马云、马化腾、刘强东、郭广昌、常兆华，都想把自己的企业做成世界第一。这才有了过去三四十年中国经济增长的伟大和辉煌成就。有了我们中国人的企业家精神，我们未来的经济增长什么都不用怕，没有钱，没有资本，可以钱生钱，可以创造资本，可以有无数企业崛起。另外，我的观察是中国人也有工匠精神，绝对不亚于任何一个民族。我觉得我们是应该有这点自信的。唯一担心的是，最近国内国外的经济形势和政策环境恰恰是在毁掉企业家预期，也在某种程度上毁掉企业家精神。这对中国经济的长期增长的影响将会是很大的。其实，政府的宏观经济政策包括财政政策和货币政策都是次要的，关键是市场经济制度，是企业家的创业和创新精神。不管凯恩斯在"货币三论"中是如何讲的，也不管哈耶克的货币与商业周期理论是如何讲的，如果要回到计划经济，还能期望中国经济有高速增长吗？

王永钦：

因为时间关系，我们的讲座就告一段落了。我最后给大家一点小提议，大家回忆一下索罗增长模型，有三个要素。A 是前面的系数，TFP 很重要。TFP 是一个黑箱子，里面有制度变化，也有技术进步。中国有很多的空间可以做，中国的 TFP 增长最快的时候，都是制度变化最快的时候，比如说加入世贸组织、国企改革。再看函数里面的两个要素，资本 K 和劳动 L。劳动 L，中国人口虽然开始老龄化了，但是劳动力素质在提高，可以加强教育，可以靠科技灵感而不是靠流汗。资本 K 通过产权改革是可以创造出来的。产权界定清楚了，就创造出来资本了。中国目前农村土地都没有产权。中国的城市产权清楚了，还有资本形成的城市化，农村还有很多的空间，很多企业家的才能加上资本的翅膀，可以腾飞起来。中国有很多潜在的企业家，只要有资本，都可以发展起来。所以中国的未来要把政策做对，要判断好中国所处的阶段、面临的问题，我觉得中国将会越来越好，在座的各位会出现很多的马云、马化腾，也会出现很多的思想家、很多的企业家，将来也可能会成为央行的行长，你们会做得更好。谢谢大家！

（本文由李博博士等根据 2021 年 9 月 17 日在复旦大学经济学院举行的张军院长和韦森教授的讲演对话录音稿整理而成，王永钦教授主持了这次讲座，讲座地点为复旦大学经济学院大楼大金报告厅。）

参考文献

Blanchard, Olivier, 2017, *Macroeconomics*, 7th ed., London: Pearson Education.

Blaug, Mark, 1998, *Great Economists since Keynes: An Introduction to the Lives & Works of One Hundred Modern Economists*, 2nd ed., Cheltenham, UK: Edward Elgar. 中译本：布劳格，《凯恩斯以后的100位著名经济学家》，冯炳昆、李宝鸿译，北京：商务印书馆2003年出版。

Blaug, Mark, *Economic Theory in Retrospect*, 5th ed., Cambridge: Cambridge University Press. 中译本：布劳格，《经济理论的回顾》，姚开建译，北京：中国人民大学出版社2009年出版。

Caldwell, Bruce, 1998, "Why Didn't Hayek Review Keynes's General Theory?", *History of Political Economy*, Vol. 30, no. 4, pp. 545–569.

Caldwell, Bruce, 2004, *Hayek's Challenge*, Chicago: University of Chicago Press. 中译本：布鲁斯·考德威尔，《哈耶克评传》，冯克利译，北京：商务印书馆2007年出版。

Commons, John R., 1934/2017, *Institutional Economics: Its Place in Political Economy*, London: Routledge. 中译本：康芒斯，《制度经济学》上、下卷，于树生译，北京：商务印书馆1997年出版。

Davision, Paul, 2007, *John Maynard Keynes*, New York: Palgrave Macmillan. 中译本：戴维森，《约翰·梅纳德·凯恩斯》，张军译，北京：华夏出版社2009年出版。

Davision, Paul, 2009, *Keynes Solution*, New York: Palgrave Macmilan. 中译本：戴维森，《凯恩斯方案：通向全球经济复苏与繁荣之路》，北京：机械工业出版社2011年出版。

Dimsdale, Nicholas & A. Hotson, 2014, *British Financial Crises Since 1825*, Oxford: Oxford University Press. 中译本：蒂姆斯戴尔，霍特森，《1825年以来的英国金融危机》，沈国华译，上海：上海财经大学出版社2017年出版。

Dow, Sheila, 2023, "Keynes on Theorising for Policy", in Drakopoulos

Stavros & Ioannis Karselidis（eds.），*Economic Policy and History of Economics Thought*，London：Routledge，pp.173 - 187.

Eagleton, Catherine & Johnathan Williams, 2007, *Money*, London: The British Museum Press. 中译本：凯瑟琳·伊格尔顿、乔纳森·威廉姆斯，《钱的历史》，徐剑译，北京：中央编译局出版社 2011 年出版。

Eatwell, John, 1987, "Marginal Efficiency of Capital", in John Eatwell *et al* eds. *The New Palgrave Dictionary of Economics*, 1st ed., Vol.3, London: Macmillan, pp.318 - 319. 中译本：伊特韦尔等编：《新帕尔格雷夫经济学大辞典》，北京：经济科学出版社 1996 年出版。

Ebenstein, Alan O., 2001, *Friedrich Hayek: A Biography*, Basingstoke: Palgrave. 中译本：艾伯斯坦，《哈耶克传》，秋风译，北京：中国社会科学出版社 2003 年出版。

Eichner and Kregel（1975）. "An Essay on Post-Keynesian Theory: A New Paradigm in Economics", *Journal of Economic Literature*. 13: 1293 - 1314.

El-Erian, Mohamed A., 2016, *The Only Game in Town: Central Banks, Instability, and Avoiding the Next Collapse*, New Haven: Yale University Press. 中译本：穆罕默德·埃尔-埃里安：《负利率时代：货币为什么买不到增长》，北京：中信出版社 2018 年出版。

Feinstein, Charles, H., Peter Temin, & Gianni Toniolo, 2008, *The World Economy between the World Wars*, Oxford: Oxford University Press.

Friedman, Milton & Charles A. E. Goodhart, 2003, *Money, Inflation, and the Constitutional Position of Central Bank*, London: The Institute of Economic Affairs.

Friedman, Milton, 1983, "A Monetarist Reflects", *The Economist*, 4 June.

Gamble, Andrew, 1996, *Hayek: the Iron Cage of Liberty*, Cambridge: Polity Press. 中译本：《自由的牢笼：哈耶克传》，王晓东、朱之江译：南京：江苏人民出版社 2002 年出版。

Garrison, Roger, 1999, "Foreword", in J. P. Cochran & F. R. Glahe, *The Hayek-Keynes Debate: Lessons for Current Business Circle Research*, Leweiston-Queenston Lampeter: Edward Mellen Press.

Gleeson, Simon, 2018, *The Legal Concept of Money*, Oxford: Oxford University Press.

Goodspeed, Tyler B., 2012, *Rethinking the Keynesian Revolution: Keynes, Hayek and Wicksell Connection*, Oxford: Oxford University Press. 中译本：泰勒·B. 古德斯皮德《重新思考凯恩斯革命》，李井奎译，北京：商务印书馆 2018 年出版。

Graeber, David, 2011, *Debt: The First 5 000 Years*, Brooklyn, N. Y. : Melville House. 中译本：大卫·格雷伯，《债：第一个 5 000 年》，孙碳、董子云译，北京：中信出版社 2012 年出版。

Grant, James, 2014, *The Forgotten Depression: 1921: The Crash That Cured Itself*, New York：Simon & Schuster. 中译本：詹姆斯·格兰特，《被遗忘的萧条：经济危机与应对之策》，吴烽炜译，北京：中信出版社 2021 年出版。

Harrod, R. F. , 1951/1972, *The Life of John Maynard Keynes*, London: Penguin Books. 中译本：哈罗德，《凯恩斯传》，刘精香译，北京：商务印书馆 1997 年出版。

Haskel, Jonathan and Stian Westlake, 2018, *Capitalism without Capital: The Rise of the Intangible Economy*, Princeton NJ: Princeton University Press. 中译本：乔纳森·哈斯克尔、斯蒂安·韦斯特莱克：《无形经济的崛起》，北京：中信出版社 2020 年出版。

Hayek, F. A, 1931a, "Reflections on the Pure Theory of Money of Mr. J. M. Keynes", *Economica*, No. 33, pp. 270 - 295.

Hayek, F. A, 1935, *Price and Production*, 2nd ed. , London: Routledge.

Hayek, F. A. von. , 1929/1933, *Monetary Theory and the Trade Cycle*, trans. by N. Kaldor and H. M. Croome, London: Johathan Cape.

Hayek, F. A. von. , 1935, *Prices and Production*, 2nd ed. , London: Longmans Green & Co. . 中译本：海约克，《物价与生产》，滕维藻、朱宗风译，上海：上海人民出版社 1958 年出版。

Hayek, F. A. , 1931b, "A Rejoinder to Mr. Keynes", *Economica*, No. 34, pp. 398 - 403.

Hayek, F. A. , 1932, "Reflections on the Pure Theory of Money of Mr. J. M. Keynes (Continued)", *Economica*, No. 35, pp. 22 - 44.

Hayek, F. A. , 1933, *Monetary Theory and Trade Circle*, trans. by N. Kaldor & H. M. Croome, New York: Sentry Press.

Hayek, F. A. , 1937, *Monetary Nationalism and International Stability*, London: Longmans.

Hayek, F. A. , 1939/1975, *Profits, Interests and Investment and other Essays on the Theory of Industrial Fluctuations*, Clifton, NJ: Augustus M. Kelley Publishers.

Hayek, F. A. , 1941, *The Pure Theory of Capital*, Nowrwich: Jarrold and Sons.

Hayek, F. A. 1966, "Personal Recollection of Keynes and the 'Keynesian Revolution", *The Oriental Economist*, Vol. 34, No. 663, pp. 78 - 80.

Reprint in F. A. Hayek, 1978, *New Studies in Philosophy, Politics, Economics and the History of Ideas*, London: Routledge and Kegan Paul, pp. 283 – 289.

Hayek, F. A. , 1967, *Studies in Philosophy, Politics and Economics*, London: Routledge and Kegan Paul.

Hayek, F. A. , 1972, *A Tiger by the Tail*, 2nd ed. , London: The Institute of Economic Affairs.

Hayek, F. A. , 1974/1990, *Denationalization of Money: The Argument Refined*, 3rd ed. , London: The Institute of Economic Affairs.

Hayek, F. A. , 1976, *Choice in Currency: A Way to Stop Inflation*, London: The Institute of Economic Affairs.

Hayek, F. A. , 1976, *Denationalization of Money*, London: The Institute of Economic Affairs.

Hayek, F. A. , 1978, *New Studies in Philosophy, Politics, Economics and the History of Ideas*, London: Routledge and Kegan Paul.

Hayek, F. A. , 1984, *The Essence of Hayek*, Stanford, CA: Hoover Institute Press.

Hayek, F. A. , 1994, *Hayek on Hayek*, eds. by Stephen Kresge &Leif Wenar, Chicago: The University of Chicago Press.

Hayek, F. A. , 1995, "Contra Keynes and Cambridge: Essays and Correspondence", ed. by Bruce Caldwell, *The Collective Writings of F. A. Hayek*, Vol. 9, Chicago: University of Chicago Press.

Hayek, F. A. , 1944, *The Road to Serfdom*, London: Routledge.

Hicks, John R. , 1936, "Keynes' Theory of Employment", *The Economic Journal*, Vol. 46, No. 182, pp. 238 – 253.

Hicks, John R. , 1937, "Mr. Keynes and 'Classics': A Suggested Interpretation", *Econometrica*, Vol. 5, No. 2, pp. 147 – 159.

Hicks, John R. , 1980, "IS-LM: An Explanation", *Journal of Post Keynesian Economics*, Vol. 3, pp. 139 – 154.

Hicks, John R. , 1982, *Collected Essays on Economic Theory*, Vol. II, Cambridge: Harvard University Press.

Hicks, John R. , 1988, "Towards a More General Theory" in M. Kohn and S. C. Tsiang (eds), *Finance Constraints, Expectations, and Macroeconomics*, Oxford: Clarendon Press, pp. 6 – 14.

Hicks, John, R. , 1937, "Mr. Keynes and the 'Classics': A Suggested Interpretation", *Econometrica*, Vol. 5, No. 2, pp. 147 – 159.

Howson, Susan, 2001, "Why Didn't Hayek Review Keynes's *General*

Theory? A Partial Answer", *History of Political Economy*, Vol. 33. No. 2, pp. 369 – 374.

Jevons, William Stanley, 1875, *Money and the Mechanism of Exchange*, London: D. Appleton and Company. 中译本：杰文斯，《货币与交换机制》，佟宪国译，北京：商务印书馆 2020 年出版。

Kahn, Richard, 1931, "The Relations of Home Investment to Unemployment", *Economic Journal*, Vol. 41, June, pp. 173 – 198.

Keynes, John Maynard, 1919, *The Economic Consequences of the Peace*, in *The Collected Writings of John Maynard Keynes*, Vol. 2, Cambridge: Cambridge University Press (2013).

Keynes, John Maynard, 1924, *A Tract on Money Reform*, in *The Collected Writings of John Maynard Keynes*, Vol. 3, Cambridge: Cambridge University Press (2013).

Keynes, John Maynard, 1925, *The Economic Consequences of Mr. Churchill*, in *The Collected Writings of JohnMaynard Keynes*, Vol. 9, Cambridge: Cambridge University Press(2013).

Keynes, John Maynard, 1926, *The End of Laissez-Faire*, in *The Collected Writings of John Maynard Keynes*, Vol. 9, Cambridge: Cambridge University Press (2013).

Keynes, John Maynard, 1930, *A Treatise on Money*, 2 vols, in *The Collected Writings of John Maynard Keynes*, Vol. 5, Vol. 6, Cambridge: Cambridge University Press(2013). 中译本：凯恩斯，《货币论》上、下卷；上卷，何瑞英译，下卷，蔡谦等译，北京：商务印书馆 1997 年出版。

Keynes, John Maynard, 1931, "The Pure Theory of Money: A Reply to Dr. Hayek", *Economica*, No. 34, pp. 387 – 397.

Keynes, John Maynard, 1936, *The General Theory of Employment, Interest and Money*, in *The Collected Writings of John Maynard Keynes*, Vol. 7, Cambridge: Cambridge University Press (2013). 中译本：凯恩斯，《就业、利息和货币通论》（重译本），高鸿业译，北京：商务印书馆 1999 年出版。

Keynes, John Maynard, 2013, *The Collective Writings of John Maynard Keynes*, 30 vols, eds. by Donald E. Moggridge for the Royal Economic Society, Cambridge: Cambridge University Press.

King, Mervyn, 2017, *The End of Alchemy: Money, Banking, and the Future of the Global Economy*, New York: W. W. Norton & Company. 中译本：默文·金，《金融炼金术的终结：货币、银行与全球经济的未来》，束宇译，北京：中信出版集团 2016 年出版。

Klein, Lawrence R., 1948, *The Keynesian Revolution*, New York: Macmillan.

Krugman, Paul R. 2009, *The Return of Depression Economics and the Crisis of 2008*, New York: W. W. Norton,

Lachmann, Ludwig, M., 1994, *Expectations and the Meaning of Institutions: Essays in Economics*, ed. by Don Lavoie, London: Routledge.

Leijonhufvud, Alex, 1968, *On Keynesian Economics and Economics of Keynes: A Study of Monetary Economics*, New York: Oxford University Press.

Lucas, Robert E. Jr., 1996, "Nobel Lecture: Monetary Neutrality", *Journal of Political Economy,* Vol. 104, No. 4, pp. 661 – 682.

Mankiw, Gregory, 2016, *Macroeconomics*, 9th ed., New York: Worth Publishers.

Martin, Felix, 2013, *Money: The Unauthorized Biography-From Coinage to Cryptocurrencies*, New York: Vintage Book. 中译本：菲利克斯·马汀，《货币野史》，邓峰译，北京：中信出版社 2015 年出版。

Minsky, Hyman P., 2008, *John Maynard Keynes*, New York: McGraw Hill. 中译本：明斯基，《凯恩斯〈通论〉新释》，张慧卉译，北京：清华大学出版社 2009 年出版。

Modigliani, Franco. 1944. "Liquidity Preference and the Theory of Interest and Money", *Econometrica*, Vol. 12, No. 1, pp. 45 – 88.

Nicholson, Joseph Shield, 1895, *A Treatise on Money and Essays on Monetary Problems*, Chapter VI, "Effects of Credit or 'Representative Money' on prices", London: William Blackwood and Sons, pp. 72 – 74.

Orrell, David & Romen Chlupatý, 2016, *The Evolution of Money*, New York: Columbia University Press. 中译本：戴维·欧瑞尔、罗曼·克鲁帕提，《人类货币史》，朱婧译，北京：中信出版社 2017 年出版。

Partinkin, Don, 2008, "Keynes, John Maynard", in Steven N. Durlauf & Lawrence E. Blume eds, *The New Palgrave Dictionary of Economics*, 2nd ed., London: Macmillan, Vol. 4, pp. 687 – 717. 中译本：史劳文·N. 杜尔劳夫、劳伦斯·E. 布卢姆主编：《新帕尔格雷夫经济学大辞典（第二版）》，北京：经济科学出版社 2016 年出版。

Pigou, Arthur Cecil, 1936,　"Mr. J. M. Keynes' General Theory of Employment, Interest and Money", *Economica*, Vol. 3, No. 10（May），pp. 115 – 132.

Postan, M. M. & Edward Miller, 1987, *The Cambridge Economic History of Europe：Volume II：Trade and Industry in The Middle Ages*,

Cambridge：Cambridge University Press. 中译本：M. M. 波斯坦、爱德华·米勒，《剑桥欧洲经济史（第二卷）：中世纪的贸易和工业》，北京：经济科学出版社 2004 年出版。

Presley, John. R. 1978, *Robertsonian Economics: An Examination of the Work of Sir D. H. Robertson on Industrial Fluctuation*, London: Macmillan.

Robertson, Dennis H. 1915, *A Study of Industrial Fluctuation: An Enquiry into the Character and Causes of the So-Called Cyclical Movements of Trade*, London:PS King.

Robertson, Dennis H. , 1952, *Utility and All That*. London : George Allen and Unwin.

Robinson, Joan, 1964, *Economic Philosophy*, Harmondsworth: Penguin Books.

Robinson, Joan. 1975. "What Has Become of the Keynesian Revolution?", in Milo Keynes (ed.), *Essays on John Maynard Keynes*, Cambridge: Cambridge University Press.

Rogoff, Kenneth S. , 2016, *The Curse of Cash*, Princeton NJ : Princeton University Press. 中译本：肯尼斯·S·罗格夫，《无现金社会：货币的未来》，纪晓峰，李君伟，张颖译，北京：机械工业出版社 2018 年出版。

Samuelson, Paul A. 1976, *Economics*, 10th ed. , New York: McGraw-Hill.

Shackle, G. L. S. , 1967, *The Years of High Theory: Invention and Tradition in Economic Thought* 1926 – 1939, Cambridge: Cambridge University Press.

Shackle, G. L. S. , 1982, "Sir John Hicks' 'IS-LM: An Explanation': A Comment", *Journal of Post Keynesian Economics*, Vol. 4, pp. 435 – 438.

Skidelsky, Robert, 1992, *John Maynard Keynes: The Economist as Saviour 1920 – 1933*, London: Macmillan.

Skidelsky, Robert, 2003, *John Maynard Keynes (1883 – 1946): Economist, Philosopher, Statesman*, New York: Penguin Books. 中译本：斯基德尔斯基，《凯恩斯传》，相蓝欣、储英译，北京：三联书店 2006 年出版。

Skidelsky, Robert, 2009, *Keynes: Return of the Great Master*, New York: Penguin Books. 中译本：斯基德尔斯基，《重新发现凯恩斯》，罗一琼译，北京：机械工业出版社 2011 年出版。

Steel, G. R. , 2001, *Keynes and Hayek: The Money Economy*, London and New York: Routledge.

Tobin, James & Stephen S. Golub, 1998, *Money, Credit, and Capital*, Boston, Mass. : Irwin/McGraw-Hill.

Tobin, James, 1989, *Policies for Prosperity: Essays in a Keynesian Mode*, Cambridge, Mass.: MIT Press.

Wapshott, Nicholas, 2011, *Keynes Hayek: The Clash that Defined Modern Economics*, New York: W. W. Norton & Company. 中译本：韦普肖特，《凯恩斯大战哈耶克》，闰佳译，北京：机械工业出版社 2012 年出版。

Weber, Max, 1937, *General Economic History*, trans. by Frank Knight, Glencoe Ill: The Free Press. 中译本：马克斯·韦伯，《经济通史》，姚曾廙译，韦森校，北京：商务印书馆 2021 年出版。

Weintraub, S. (1982), "Hicks on IS-LM: more explanation?", *Journal of Post Keynesian Economics*, Vol. 4, pp. 445 - 452.

Wicksell, Knut, 1893/1956, *Value, Capital and Rent*, translated by S. H. Frowein, London: Allen & Unwin.

Wicksell, Knut, 1898/1936, *Interest and Prices: A Study of the Causes Regulating the Value of Money*, trans. by E. Classen, 1901, reprint London: Routledge and Kegan Paul. 中译本：维克塞尔，《利息与价格》，蔡受百、程伯撝译，北京：商务印书馆 2007 年出版。

Wicksell, Knut, 1906/1977, *Lectures on Political Economy,* Vol. 1, *General Theory*, eds. by Lionel Robins, trans. by E. Classen 1901, Fairfield, NJ: Augustus M. Kelley. 中译本：维克塞尔，《国民经济学讲义·上卷，一般原理》，解革、刘海琳译，北京：商务印书馆 2017 年出版。

Wicksell, Knut, 1906/1977, *Lectures on Political Economy, Vol. 2, Money*, eds. by Lionel Robins, trans. by E. Classen 1906, Fairfield, NJ: Augustus M. Kelley. 中译本：维克塞尔，《国民经济学讲义·下卷，货币》，解革、刘海琳译，北京：商务印书馆 2017 年出版。

Yergin, Daniel & Joseph Stanislaw, 1998, *The Battle for the World Economy*, New York: Simon & Schuster.

方福前，《从〈货币论〉到〈通论〉——凯恩斯思想发展过程研究》，武汉：武汉大学出版社 1997 年出版。

林毓生，《中国传统的创造性转化》（增订本），北京：生活·读书·新知三联书店 2011 年出版。

彭信威，《中国货币史》，上海：上海人民出版社 2007 年出版。

千家驹、郭彦岗，《中国货币演变史》，上海：上海人民出版社 2014 年出版。

宋丽智、邹进文，2015，《凯恩斯经济思想在近代中国的传播与影响》，《近代史研究》，第 1 期，第 126 - 138 页。

韦森，《重读哈耶克》，北京：中信出版社 2015 年出版。

韦森，《大转型：中国改革下一步》，北京：中信出版社 2012 年出版。

韦森，2014，"哈耶克与凯恩斯的论战：来龙去脉与理论遗产"（上、下），

《学术月刊》第 2、3 期。

韦森，2021，"奥地利学派的货币与商业周期理论"，《经济思想史学刊》第 1 期第 97-123 页。

杨斌，《海贝与贝币》，北京：社会科学文献出版社 2021 年出版。

亚当·斯密：《亚当·斯密》全集（1—7 卷），北京：商务印书馆 2021 年出版。

姚朔民（主编），《中国货币通史》，第一卷，长沙：湖南人民出版社 2018 年出版。

宇泽弘文（Hirofumi Uzawa），2014, *Keizaigaku No Kangaekata*, Tokyo: Iwanami Shoten Publishers. 中译本：《像经济学家一样思考》，李博、尹芷汐译，北京：北京联合出版公司 2022 年出版。

跋

> "真实世界是杂乱无章的（a muddle）。而如果真实世界是一团糨糊，那么要想弄清楚它就是一个巨大的错误。"

> ——肯尼斯·E. 鲍尔丁[①]

　　人类的经济社会是一个极其复杂且不断演化和变迁着的系统。正如美国经济学家肯尼斯·E. 鲍尔丁如上所言，真实世界常常如一团糨糊。进入文明社会以来，人们从事生产、进行劳动分工和贸易，并进行消费和交往，经济也常常出现繁荣和萧条，更多时间是停滞和"内卷"（involution）。无论在历史上还是在当代，人类社会充满了饥荒、瘟疫乃至战争、掠夺、强权、欺诈。一些追求个人建功立业的帝王和好大喜功的王朝政府，妄图非理性甚至荒唐地折腾整个社会，不惜发动战争导致整个社会和他国的经济灾难。尽管如此，在几千年的人类社会文明演化史中，世界各国和社会还是逐渐演化出了私有产权、劳动分工以及在契约和法律规制下的贸易，并在近代工业革命以来开始有了真正的经济发展。然而，要广泛地进行国内和国际贸易和交易，就必然也必须建构出各种形制的货币和不同的货币制度。一旦货币开始出现在人类社会交往中，会不时地产生通货膨胀、通货紧缩，并产生随之而来的经济繁荣、衰退、萧条、停滞和复苏。人类诸社会

---

　　① 这段话来自鲍尔丁（Kenneth E. Boulding）1985 年在美国乔治梅森大学所讲的"政治经济学的伟大历史"课程的笔记（见 Kenneth E. Boulding, *Great History of Political Economy*, George Mason University, September, 10, 1985）。

和各经济体也会常常出现鲍尔丁教授所说的各种各样的"muddle"。即使到了 21 世纪，大多数国家已经进入了现代社会，但不同国家的社会制序、法律制度、政治体制、经济组织、市场交易乃至货币和金融制度，仍有着很大的差异。因之，世界各国不同流派的经济学家，受不同的个人生活和学习经历、知识背景、观察现实问题、解释问题的方法乃至自己长期形成的信念和观念体系（ideologies）的影响，对现实经济运行会各有各的理论解释和表诠，故在经济学家中常常会出现巨大的理论分歧、争论、商榷乃至相互攻讦。

尽管人类诸经济社会是如此的复杂和多变，但鲍尔丁教授说要弄清它是一个巨大的错误，就有点言过其实了。受不同的文化传统、观念体系和社会制序历史发展过程路径依赖的影响，现实经济世界确实常常会呈现出像一团糨糊的状态。但是，从世界各国发展演变的大历史尤其是世界各国的"现代化过程"的整体来看，不同经济社会的运行还是有一般法则的。我们甚至可以把这种运行法则称作经济社会运行的"天道"（英语为"providence"）或者"自然法则"（英语为"natural law"，这里不是在西方法学中"自然法"意义上使用的）。因而，探索人类经济社会运行的自然法则或曰"天道"还是有意义的，这种探讨也不是徒劳无益的。

有一位博学而深刻的日本经济学家宇泽弘文（Hirofumi Uzawa）曾说过："经济学有两个目的：一个是运用科学和理智理解经济现象；另一个是提出实践性的建议，让人们都过上富足的生活。所以经济学人既需要一颗火热的心，又需要一个冷静的头脑。经济学的这种双重性格使这门学问更具魅力，也更复杂。于是出现了数量众多且有时彼此矛盾的学说。"（宇泽弘文，2022，第 5 页）。宇泽弘文的这段话，确实道出了经济学的本质以及经济学家的"天职"。无论凯恩斯，还是哈耶克，如大多数经济学家一样，一方面对经济运行的自然法则不断进行理论探索和理论解释，另一方面又实际上不断地参与现实的国家和个人的经济活动和社会活动，并不断提出各种各样的实践性建议。在后一个方面，凯恩斯显然做得更多一些或者说更好一些。而哈耶克本人，则更加致力于思考并弘扬人类社会运行的长期自然法则和基本原则。哈耶克与凯恩斯是论敌，也是朋友，二人也一同成为了 20 世纪影响人类社会历史进程的最伟大的经济学家。笔者有幸在过去二十多年的时间里，研读了这两位的绝大部分著作，分别写出了《重读哈耶克》和《重读凯恩斯》。

这本小册子的出版，曾得益于笔者的许多学界朋友、同事和学生们的指正和文字修改。这里就不一一致谢了。在此谨对《学术月刊》的金福林总编辑尤其是沈敏编审致以特别的谢忱，不但感谢他（她）们在发表该刊上的两篇长文进行过精心的编辑校对，还允许我把两篇长文的主要内容收入本书（但这里均做了较大的增补和修改）。笔者感谢《读书》杂志特别是饶淑荣编辑在收入本书第 12 章的文字表述上的修改意见。也特别感谢香港中文大学商学院的本力研究员在我于 2017 年 11 月 24 日在北大汇丰商学院"耦耕读书会"讲座上所做的"从货币的起源看货币的本质及其东西方社会的不同演化路径"讲演的录音稿整理上所花费的辛劳。最后，也是最重要的，笔者要特别感谢我的多本著作的编辑匡志宏、李英和谷雨三位女士在编辑和出版上所花费的辛劳。是在匡志宏的一再提议和催促下，我才决定汇集和撰写了这本小册子。而作为多年的编辑朋友，几乎我的所有著作和文章都要经过谷雨编辑校对一遍，我才敢放心地投出去——尽管我个人几乎有一种文字洁癖，文章和著作中的每句话和每个字我都常常推敲多遍、反复斟酌，但是总是有一些打字错误和冗句自己看不出来。经过她们三人辛劳的编辑工作和仔细校对，我的许多著作和文章才能以较为可读和愉悦的文字形式付梓于世。最后，这里谨志跟我读书多年且帮助我处理许多行政和科研事务的我的博士生苏映雪。是映雪从外网上辛苦下载了英文《凯恩斯全集》30 卷和其他许多有关的英文著作，才使我能在近三四年中在电脑和 iPad 上通读凯恩斯的大部分著作和文集，从而撰写出这本《重读凯恩斯》的小册子。近一两年来，我新招的博士生张嘉诚在数据和资料搜寻、外文著作下载、我的几篇论文的文字修改、电脑软件的安装和应用上也给予了我许多帮助。另外，杭州师范大学的李秀辉教授、我的复旦经济学院同事和学生王永钦教授也帮我下载了许多英文著作和文章，使我能够通过阅读大量英文原文来撰写这本小册子和其他文章。最后，在这本著作出版后，梁小民大兄盛情地写了一篇书评，并提醒我在"凯恩斯经济学思想在中国的传播"中遗漏了陈彪如先生和武汉大学刘涤源教授在 20 世纪 70 年代把凯恩斯和凯恩斯主义经济学理论介绍到中国方面的贡献（因为自 20 世纪 80 年代开始到 2001 年初，笔者一直在国外留学、教书和访学，因而对这一时期国内经济学界的研究所知甚少）。这对我是一个巨大的提醒和帮助。在此已经按照梁小民仁兄的提醒尽量增补和改正了过来。这里谨一并致谢！

这里也特别感谢数年来国家社科基金重大项目"世界货币制度史的比较研究"（批准号：18ZDA089）以及国家社科基金重点项目："货币与商业周期理论的起源、形成与发展"（批准号：14AZD104）的研究资金支持。感谢复旦—金光思想库 2021 年度课题和 2022 年课题项目的资金支持。其中的许多论文都是这些项目资助的阶段性成果。

最后，我也特别感谢内子阮素娥和儿子李亚光，没有他们的照顾、陪伴和精神支持，我回国 20 多年来不可能有如此多的著作出版和文章发表。尤其是内子素娥，在我近几年身体健康状况有些下降的情况下，是她精心和辛劳的照顾，尤其是在医院病房的精心陪护、照顾和鼓励，使我到目前仍能继续保持高强度的读书和写作。虽然已年近古稀，但自己感觉在学术探索和理论思考上才刚刚开始创新期，脑海里不时有许许多多 ideas 涌出。故对造物主、对社会、对复旦大学、对编辑、对近两年生病期间给予我精心治疗的专家、医生和护士，乃至对家人、学生和朋友，笔者均有特别感恩的心。感恩之下，更觉得在未来自己肩上的责任重大。作为一名社会科学理论工作者，未来笔者更要坐下来做真学问、精诚探索，无私、无我并无畏地为探索并弘扬人类经济社会运行的"天道"而尽自己一生的最大努力。

是为跋。

2023 年 5 月 15 日谨识于上海家中
2024 年 8 月 2 日增订

韦森作品

主要学术专著

《社会制序的经济分析导论》（上海三联书店，2001 年；2020 年第二版）

《经济学与伦理学：探寻市场经济的伦理维度与道德基础》（上海人民出版
　　社，2002 年；商务印书馆，2015 年第二版）

《文化与制序》（上海人民出版社，2003 年；上海三联书店，2020 年修订增
　　订版）

《经济学与哲学：制度分析的哲学基础》（北京世纪文景出版公司，2005 年
　　出版）

《思辨的经济学》（山东友谊出版社，2006 年出版）

《市场、法制与民主》（北京世纪文景出版公司，2008 年出版）

《经济理论与市场秩序：探寻良序市场经济运行道德基础、文化环境与制度
　　条件》（格致出版社，2009 年出版）

《大转型：中国改革下一步》（中信出版社，2012 年出版）

《重读哈耶克》（中信出版社，2014 年出版）

《语言与制序：经济学的语言与语言的制序分析》（商务印书馆，2014 出版）

《国家治理体制现代化：税收法定、预算法修改与预算法定》（商务印书馆，
　　2017 年出版）

《货币与经济周期》（商务印书馆，2023 年出版）

《重读凯恩斯》（上海三联书店，2023 年出版）

经济学随笔集

《难得糊涂的经济学家》（天津人民出版社出版，2002 年出版）

《经济学如诗》（上海人民出版社出版，2003 年出版）

主要译（校）著作

米勒：《管理困境：科层的政治经济学》（上海人民出版社，2003 年出版）

道格拉斯·盖尔：《一般均衡的策略基础》（上海人民出版社，2004 年出版）

道格拉斯·诺思：《制度制度变迁与及绩效》（格致出版社，2008 年出版）

马科斯·韦伯：《经济通史》（校订，商务印书馆，2004 年出版）

……